Calibration Guide for Test Equipment of Highway Engineering

公路工程试验检测仪器设备校准指南

山西省交通基本建设工程质量监督站
山西省交通规划勘察设计院 **组织编写**

人民交通出版社

内 容 提 要

为普及计量校准基础知识,指导实验室合法、合理、有效地开展仪器设备自主管理工作,规范公路检测行业管理,山西省交通基本建设工程质量监督站组织部分试验检测专家编写了本书。本书分三部分,第一部分介绍了计量基本概念以及量值溯源与传递、检定/校准等计量基础知识;第二部分根据公路工程综合乙级检测机构仪器设备配置情况,选择部分常用仪器设备编制了相应的校准/检查方法和记录;第三部分为计量校准方面的主要法律法规文件汇编。

本书可作为公路工程实验室正常开展校准工作的参考手册,也可供公路工程试验检测人员学习和参考。

图书在版编目(CIP)数据

公路工程试验检测仪器设备校准指南 / 山西省交通
基本建设工程质量监督站,山西省交通规划勘察设计院组
织编写. -- 北京:人民交通出版社,2011.5
　　ISBN 978-7-114-09132-2

　　Ⅰ.①公… Ⅱ.①山… ②山… Ⅲ.①道路工程-检
测仪表-校正-指南 Ⅳ.①U41-34

中国版本图书馆 CIP 数据核字(2011)第 092683 号

书　　　名:公路工程试验检测仪器设备校准指南
著　作　者:山西省交通基本建设工程质量监督站
　　　　　　山西省交通规划勘察设计院
责任编辑:沈鸿雁　周　宇
出版发行:人民交通出版社股份有限公司
地　　址:(100011)北京市朝阳区安定门外外馆斜街3号
网　　址:http://www.ccpcl.com.cn
销售电话:(010)85285857
总 经 销:人民交通出版社股份有限公司发行部
经　　销:各地新华书店
印　　刷:北京市密东印刷有限公司
开　　本:787×1092　1/16
印　　张:14.75
字　　数:335千
版　　次:2011年5月　第1版
印　　次:2025年6月　第15次印刷
书　　号:ISBN 978-7-114-09132-2
定　　价:40.00元

《公路工程试验检测仪器设备校准指南》
编 委 会

主 任：李新喜

副主任：聂承凯　胡旭东　虞翠云　黄仰收

委 员：陈 俊　侯兴杰　刘安民　窦光武　秦 阳

　　　　何晓明　刘少文　谢鹏远

主 编：王永红

副主编：任新玲　崔育其

编 写：张小毛　赵向敏　梁 勇　王金太　关锦茹

　　　　马丽霞　张艳鹏　樊慧平　康 江　郭 霞

　　　　宿 静　宋志芬　张 毅

序

当前，我国交通运输业正处于大建设、大发展时期。在加快转变交通运输发展方式的新形势下，面对畅通高效、安全绿色发展的新目标，各级交通运输主管部门积极开展建设领域中的规范化和标准化活动，有力地促进了建设工程质量和安全水平的提升。

仪器设备的计量检定是试验检测管理工作的重要组成部分。2005年以来，交通运输部相继出台了《公路水运工程试验检测管理办法》、《关于公布〈公路水运工程试验检测机构等级标准〉及〈公路水运试验检测机构等级评定程序〉的通知》等规范性文件，对试验检测仪器设备管理和校准工作提出了明确要求；2009年，交通运输部开展公路工程试验检测仪器设备检定校准体系及技术研究，对公路工程专业仪器设备的检定/校准工作进行系统规划，促进建立合理、可持续的专业检测仪器检定/校准体系；2010年，交通运输部基本建设质量监督总站组织了全国性基桩检测比对试验，对专业参数的量值统一起着积极的指导和规范作用。

按照交通运输部的有关要求，各级交通质监机构积极部署试验检测标准化建设工作，抓住试验检测仪器设备计量检定这个薄弱环节，提高专业仪器设备检定/校准工作的有效性，着力解决专业仪器设备量值可靠性问题，进一步提升试验检测数据的科学性和准确性，为交通建设的质量控制和安全监管提供更为强大的技术支撑。山西省交通基本建设工程质量监督站积极推动试验检测标准化建设，在规范仪器设备计量检定行为方面做了大量工作。为帮助行业管理部门和试验检测机构全面、系统掌握仪器设备的校准基础知识，熟悉校准技能，提高专业仪器设备校准的科学性和有效性，积极组织有关专家研究和编写校准方面的指导手册。本书详细分析了公路行业试验检测仪器设备计量工作的特点，系统阐述了行业校准的可行性和必要性，为常用的公路试验检测仪器设备编制了具有较强实用性和可操作性的校准方法，对仪器设备校准工作的规范开展和校准体系的有效建立起着积极的推动和引导作用。

由于本书是在山西本省公路建设需求的基础上编写的，可能在某些方面还存在一定的局限性或不足,但确是对公路试验检测仪器设备校准工作的一个有益尝试,值得借鉴和学习。希望大家在参考使用本书过程中可以总结经验,提出好的意见和建议;也希望更多的质监机构能积极研究和探索试验检测管理方面的先进技术和方法,共同促进公路水运工程试验检测市场健康和可持续发展。

交通运输部工程质量监督局副局长

2011 年 5 月

前　言

公路工程试验检测工作,是工程质量管理的重要组成部分,也是工程质量管理的重要手段。客观、准确、及时的试验检测数据,是公路工程实践的真实记录,也是指导、控制和评定工程质量的科学依据。要保证试验检测结果的准确性和统一性,实验室首先应确保其试验检测结果能够溯源到国家基标准。仪器设备的量值溯源是试验检测结果溯源的前提条件。

根据现行《中华人民共和国计量法》和相关法律法规的规定,试验检测仪器设备应依法进行管理,除强制检定外,实验室对仪器设备进行自主管理也是依法管理工作的一个重要部分。公路工程试验检测所用的仪器设备未纳入强制检定范围,因此如何才能实现有效的量值溯源,给实验室提出了更高的自主管理能力要求。由于历史和体制原因,大多数实验室对量值溯源知识缺乏、概念模糊、理解深度不够,这一部分工作经常是被动的外委了事。不论是检定、校准,还是测试,只要有一个证书,就可以作为开展工作的凭证和应对审查的法宝,忽视了量值溯源工作的有效性和准确性。

为普及计量校准基础知识,指导实验室合法、合理、有效地开展仪器设备自主管理工作,规范公路检测行业管理,山西省交通基本建设工程质量监督站组织部分试验检测专家编写了本书,作为实验室正常开展校准工作的参考手册。本书分为三部分,第一部分介绍了计量基本概念、量值溯源与传递、检定/校准等计量基础知识;第二部分根据公路工程综合乙级检测机构仪器设备配置情况,选择部分常用仪器设备编制了相应的校准/检查方法和记录;第三部分为计量校准方面的主要法律法规文件汇编(部分为摘录内容),方便使用者查阅和学习。

本书在编写过程中得到了度量衡实验室深度信息平台等单位的支持和帮助,在此表示感谢。

由于时间仓促,加之编者水平有限,《公路工程试验检测仪器设备校准指南》中的观点和内容难免有欠妥和错误之处,敬请大家在使用过程中根据情况灵活掌握和应用,同时可加以修改和完善,并提出指正意见。

编　者
2011 年 4 月

目　　录

第三部分　附　　录

第一部分 校准管理

1　计量基础知识

1.1　概述

1.1.1　计量

自然界的一切现象或物质,都是通过一定的"量"来描述和体现的。也就是说,"量是现象、物体或物质可定性区别与定量确定的一种属性"。因此,要认识大千世界和造福人类,就必须对各种"量"进行分析和确认,既要区分量的性质,又要确定其量值。计量正是达到这种目的的重要手段之一。从广义上说,计量是对"量"的定性分析和定量确认的过程。

计量是实现单位统一、保障量值准确可靠的活动。计量学是关于测量的科学,它涵盖测量理论和实践的各个方面,而不论测量的不确定度如何,也不论测量是在哪个领域中进行的。为了经济而有效地满足社会对测量的需要,应从法制、技术和管理等方面开展计量管理工作。

在相当长的历史时期内,计量的对象主要是物理量。在历史上,计量被称为度量衡,即指长度、容积、质量的测量,所用的器具主要是尺、斗、秤。随着科技、经济和社会的发展,计量的对象逐渐扩展到工程量、化学量、生理量,甚至心理量。与此同时,计量的内容也在不断地扩展和充实,现代计量的内容通常概括为6个方面:

①计量单位与单位制。

②计量器具(或测量仪器),包括实现或复现计量单位的计量基准、标准与工作计量器具。

③量值传递与溯源,包括检定、校准、测试、检验与检测。

④物理常量、材料与物质特性的测定。

⑤测量不确定度、数据处理与测量理论及其方法。

⑥计量管理,包括计量保证与计量监督等。

1.1.2　计量的分类

计量涉及社会的各个领域。根据其作用与地位,计量可分为科学计量、工程计量和法制计量3类,分别代表计量的基础性、应用性和公益性3个方面。

(1)科学计量

科学计量是指基础性、探索性、先行性的计量科学研究,它通常采用最新的科技成果来准确定义和实现计量单位,并为最新的科技发展提供可靠的测量基础。

(2)工程计量

工程计量又称工业计量,是指各种工程、工业、企业中的实用计量。随着产品技术含量提高和复杂性的增大,为保证经济贸易全球化所必需的一致性和互换性,它已成为生产过程控制不可缺少的环节。

（3）法制计量

法制计量是指由政府或授权机构根据法制、技术和行政的需要进行强制管理的一种社会公用事业,其目的主要是保证与贸易结算、安全防护、医疗卫生、环境监测、资源控制、社会管理等有关的测量工作的公正性和可靠性。

计量属于国家的基础事业,它不仅为科学技术、国民经济和国防建设的发展提供技术基础,而且有利于最大限度地减少商贸、医疗、安全等诸多领域的纠纷,维护消费者权益。

1.1.3　计量的特点

计量的特点可以概括地归纳为准确性、一致性、溯源性和法制性4个方面。

（1）准确性

准确性是指测量结果与被测量真值的一致程度。由于实际上不存在完全准确无误的测量,与测量结果相联系的必然是反映测量质量的、适用于应用目的或实际需要的不确定度。从这个意义上说,计量是与测量结果置信度有关的、与不确定度评定联系在一起的规范化的测量。因此在给出量值的同时,必须给出适应于应用目的或实际需要的不确定度或误差范围,否则,所进行的测量的质量就无从判断,量值也就不具备充分的社会实用价值。所谓量值的准确,即是在一定的不确定度、误差极限或允许误差范围内的准确。

（2）一致性

一致性是指在计量单位统一的基础上,无论何时、何地、采用何种方法、使用何种计量器具以及由何人测量,只要符合有关的要求,其测量结果应在给定的区间内一致。也就是说,测量结果应该是可重复、可再现（复现）、可比较的。

（3）溯源性

溯源性是指任何一个测量结果或计量标准的量值,都能通过一条具有规定不确定度的连续比较链与计量基准联系起来,使所有的同种量值都可以按照这条比较链通过校准向测量的源头追溯,也就是溯源到同一计量基准（国家基准或国际基准）,使准确性和一致性得到技术保证。如果量值出于多源或多头,必然会在技术上和管理上造成混乱。假设我国和美国的测量标准没有溯源到同一国际标准,势必造成两国测量结果没有可比性,致使不能实现互认,从而给经济贸易和技术交流等带来障碍。可见量值溯源是测量数据可信性的基础。

（4）法制性

法制性源于计量的社会性。量值的准确可靠不仅依赖于科学技术手段,还要有相应的法律、法规、规范和行政监督管理。特别是对国计民生有明显影响,涉及公众利益和可持续发展,或者需要特殊信任的领域,必须由政府部门主导建立起法制保障,否则,量值的准确性、一致性和溯源性就不可能实现,计量的作用也难以发挥。

通过计量特性的分析,可见计量不同于一般的测量。测量是以确定量值为目的的操作,一般不具备、也不必具备计量的4个特性。所以,计量又严于一般的测量,在这个意义上可以狭义地认为,计量是与测量结果置信度有关的、与不确定度联系在一起的规范化测量。

1.1.4　测量结果的评定与表示

近年来国际上普遍引入测量不确定度的概念,对测量结果的水平或质量进行评定。《检测和校准实验室能力的通用要求》(ISO/IEC 17025)中指明:校准实验室出具的每份证书或报告,都应包括有关测量结果不确定度评定的说明;在检测实验室出具的检测报告中,必要时也应予以说明。

如何正确、统一地表达校准结果的可靠程度,是计量学中的一个十分重要的问题。

1993 年,ISO 以 7 个国际组织的名义出版了《测量不确定度表示指南》(Guide to the Expression of Uncertainty in Measurement,简称 GUM)第 1 版,1995 年又作了修改。

GUM 是国际计量界总结大量测量实践和误差理论研究的重要成果,对测量不确定度的定义、概念、评定方法和报告的表达方式等都作了明确的统一规定。它代表了当时国际上表示测量结果及其不确定度的约定做法,从而使不同国家、不同地区、不同学科、不同领域,在表示测量结果及其不确定度时具有一致的含义和认同,各有关方面都重视并采用实施。我国原国家质量技术监督局组织计量专家对 GUM 进行深入研究和探讨,原则上等同采用 GUM 的基本内容,并于 1999 年 1 月批准发布了适合中国国情的《测量不确定度评定与表示》(JJF 1059—1999),并于 1999 年 5 月起施行。

1.1.5　计量学基本术语的统一

统一计量学基本术语,对于形成计量界的共同语言、开展学术交流和普及计量知识、正确评价测量结果、实现法制计量管理规范化,都是十分重要的。

为了使计量学通用的基本名词在国际范围内得到统一理解,国际计量局、国际电工委员会、国际标准化组织、国际法制计量组织于 1984 年出版了《国际通用计量学基本名词》(International Vocabulary of Basic and General Terms in Metrology,简称 VIM),包括量和单位、测量、测量结果、测量器具、测量器具的特性、测量基准标准 6 章共计 138 条词目,并以《ISO 导则》的形式发表。文本出版以后, 在国际上被广泛采用,在统一计量术语和概念方面发挥了积极作用。

1993 年七个国际组织的专家在原有的基础上进行了修订,发布了《国际通用计量学基本术语》(International Vocabulary of Basic and General Terms in Metrology)。大部分术语比第一版更为简练、确切,如:真值、量值、计量学、不确定度、随机误差、系统误差等,都与原来的定义不完全相同。

国家计量技术规范《通用计量术语及定义》(JJF 1001—1998),等同采用《VIM》6 章的词条;并增加了"法制计量与计量管理"一章;对于"计量"和"测量"这两个容易混淆的名词,科学地界定了不同的含义;考虑到实施现行计量法律、法规的实际需要,约定计量单位与测量单位,计量器具与测量仪器,计量基准、标准与测量标准分别为 3 组同义术语,标准物质与参考物质也是同义术语,使以往出现的种种矛盾迎刃而解。再有,增加了关于不确定度评定和表述的 3 条词目。

测量不确定度的提出就是解决经典方法中存在的问题:

①是否可以知道真值和误差?

②真值是否唯一,真值的概念有用吗?

③如何利用大家公认的方法将"系统误差"和"随机误差"合成,并在测量结果的信息中给出?

1.2 计量常用术语

1.2.1 校准 calibration

在规定条件下,为确定测量仪器(或测量系统)所指示的量值,或实物量具(或参考物质)所代表的量值,与对应的由标准所复现的量值之间关系的一组操作。

注:①校准结果即可赋予被测量以示值,又可确定示值的修正值。

②校准也可确定其他计量特征。

③校准结果可以记录在校准证书或校准报告中。

1.2.2 检测(测试、试验) test

按照程序确定合格评定对象的一个或多个特性的活动。

注:"检测"主要适用于材料、产品或过程。

1.2.3 检查 inspection

审查产品设计、产品、过程或安装并确定其与特定要求的符合性,或根据专业判断确定其与通用要求的符合性的活动。

注:对过程的检查可以包括对人员、设施、技术和方法的检查。

1.2.4 法制计量 legal metrology

法制计量是计量的一部分,即与法定计量机构所执行工作有关的部分,涉及对计量单位、测量方法、测量设备和测量实验室的法定要求。

1.2.5 法定[计量]单位 legal unit [of measurement]

由国家法律承认、具有法定地位的计量单位。

1.2.6 法定计量机构 service of legal metrology

负责在法制计量领域实施法律和法规的机构。

注:法制计量机构可以是政府机构,也可以是国家授权的其他机构。其主要任务是执行计量控制。

1.2.7 [计量器具的]检定 verification [of a measuring instrument]

查明和确认计量器具是否符合法定要求的程序,它包括检查、加标记和(或)出具检定证书。

1.2.8 首次检定 initial verification

首次检定是对未曾检定过的新计量器具进行的一种检定。

1.2.9 后续检定 subsequent verification

计量器具首次检定后的任何一种检定,包括:

①强制性周期检定。

②修理后检定。

③周期检定有效期内的检定,不论它是由用户提出请求,或由于某种原因使有效期内的封印失效而进行的检定。

1.2.10 周期检定 periodic verification

按时间间隔和规定程序,对计量器具定期进行的一种后续检定。

1.2.11 检定证书 verification cetificate

证明计量器具已经过检定,并获满意结果的文件。

1.2.12 计量确认 metrology confirmation

为确保测量设备处于满足预期使用要求的状态所需要的一组操作。

1.2.13 溯源等级图 hierarchy scheme

一种代表等级顺序的框图,用以表明计量器具的计量特性与给定量的基准之间的关系。

注:溯源等级图是对给定量或给定型号计量器具所用的比较链的一种说明,以此作为其溯源性的证据。

1.2.14 计量器具的检查 examination [of a measuring instrument]

为确定计量器具是否符合该器具有关法定要求所进行的操作。

1.2.15 检验 inspection

通过观察和判断,必要时结合测量、试验或估计所进行的符合性评价。

1.2.16 计量器具的检验 inspection [of a measuring instrument]

为查明计量器具的检定标记或检定证书是否有效、保护标记是否损坏、检定后计量器具是否遭到明显改动,以及其误差是否超过使用中最大允许误差所进行的一种检查。

注:inspection in use 称为使用中检验。

1.2.17 量值 value of a quantity

一般由一个数乘以测量单位所表示的特定量的大小。

例:5.34m 或 534cm,15kg,10s, -40℃。

注:对于不能由一个数乘以测量单位所表示的量,可以参照约定参考标尺,或参照测量程序,或两者都参照的方式表示。

1.2.18　计量　metrology

实现单位统一、量值准确可靠的活动。

1.2.19　计量学　metrology

关于测量的科学。

注:①计量学涵盖有关测量的理论与实践的各个方面,而不论测量的不确定度如何,也不论测量是在科学技术的哪个领域中进行的。

②计量学有时简称计量。

③计量学曾称度量衡学和权度学。

1.2.20　测量仪器　measuring instrument

计量器具单独地或连同辅助设备一起用以进行测量的器具。

1.2.21　实物量具　material measure

使用时以固定形态复现或提供给定量的一个或多个已知值的器具。

例:①砝码。

②(单值或多值、带或不带标尺的)量器。

③标准电阻。

④量块。

⑤准信号发生器。

⑥参考物质。

注:这里的给定量亦称为供给量。

1.2.22　测量设备　measuring equipment

测量仪器、测量标准、参考物质、辅助设备以及进行测量所必需的资料的总称。

1.2.23　标称范围　nominal range

测量仪器的操纵器件调到特定位置时可得到的示值范围。

注:①标称范围通常用它的上限和下限表明,例如:100 ~ 200℃。若下限为零,标称范围一般只用上限表明,例如:0 ~ 100V 的标称范围可表示为 100V。

②参见"量程"的注。

1.2.24　量程　span

标称范围两极限之差的值。

例:对从 - 10 ~ + 10V 的标称范围,其量程为 20V。

注:在有些知识领域中,最大值与最小值之差称为范围。

1.2.25　标称值　nominal value

测量仪器上表明其特性或指导其使用的量值,该值为圆整值或近似值。

例：①标在标准电阻上的量值：100Ω。

②标在单刻度量杯上的量值：1L。

1.2.26　测量范围　measuring range
　　　　工作范围　working range

测量仪器的误差处在规定极限内的一组被测量的值。

注：①按约定真值确定"误差"。

②参见"量程"的注。

1.2.27　参考条件　reference conditions

为测量仪器的性能试验或为测量结果的相互比较而规定的使用条件。

注：参考条件一般包括作用于测量仪器的影响量的参考值或参考范围。

1.2.28　灵敏度　sensitivity

测量仪器响应的变化除以对应的激励变化。

注：灵敏度可能与激励值有关。

1.2.29　显示装置的分辨力　resolution［of a displaying device］

显示装置能有效辨别的最小的示值差。

注：①对于数字式显示装置,这就是当变化一个末位有效数字时其示值的变化。

②此概念亦适用于记录式装置。

1.2.30　测量仪器的［示值］误差　error［of indication］of a measuring
　　　　　instrument

测量仪示值与对应输入量的真值之差。

注：①由于真值不能确定,实际上用的是约定真值。

②此概念主要应用于与参考标准相比较的仪器。

③就实物量具而言,示值就是赋予它的值。

1.2.31　［测量］标准　［measurement］standard,etalon
　　　　　［计量］基准、标准

为了定义、实现、保存或复现量的单位或一个或多个量值,用作参考的实物量具、测量仪器、参考物质或测量系统。

例：①1kg 质量标准。

②100Ω 标准电阻。

③标准电流表。

④铯频率标准。

⑤标准氢电极。

⑥有证的血浆中可的松浓度的参考浓度。

注:①一组相似的实物量具或测量仪器,通过它们的组合使用所构成的标准称为集合标准。

②一组其值经过选择的标准,它们可单个使用或组合使用,从而提供一系列同种量的值,称为标准组。

1.2.32 国际[测量]标准 international [measurement] standard
国际[计量]基准

经国际协议承认的测量标准,在国际上作为对有关量的其他测量标准定值的依据。

1.2.33 国家[测量]标准 national [measurement] standard
国家[计量]基准

经国家决定承认的测量标准,在一个国家内作为对有关量的其他测量标准定值的依据。

1.2.34 基准 primary standard

原级标准具有最高的计量学特性,其值不必参考相同量的其他标准,被指定的或普遍承认的测量标准。

注:基准的概念同等地适用于基本量和导出量。

1.2.35 次级标准 secondary standard

通过与相同量的基准比对而定值的测量标准。

注:有时副基准、工作基准亦称次级标准。

1.2.36 参考标准 reference standard

在给定地区或在给定组织内,通常具有最高计量学特性的测量标准,在该处所做的测量均从它导出。

1.2.37 工作标准 working standard

用于日常校准或核查实物量具、测量仪器或参考物质的测量标准。

注:①工作标准通常用参考标准校准。

②用于确保日常测量工作正确进行的工作标准称为核查标准。

1.2.38 传递标准 transfer standard

在测量标准相互比较中用作媒介的测量标准。

注:当媒介不是测量标准时,应该用术语—传递装置。

1.2.39 溯源性 traceability

通过一条具有规定不确定度的不间断的比较链,使测量结果或测量标准的值能够与规定的参考标准,通常是与国家测量标准或国际测量标准联系起来的特性。

注:①此概念常用形容词"可溯源的"来表述。

②这条不间断的比较链称为溯源链。

1.2.40　参考物质　reference material（RM）
　　　　标准物质

具有一种或多种足够均匀和很好地确定了的特性,用以校准测量装置、评价测量方法或给材料赋值的一种材料或物质。

注:参考物质可以是纯的或混合的气体、液体或固体。例如:校准黏度计用的水,量热计法中作为热容量校准物的蓝宝石,化学分析校准用的溶液。

1.2.41　有证参考物质　certified reference material（CRM）
　　　　有证标准物质

附有证书的参考物质。某一种或多种特性值用建立了溯源性的程序确定,使之可溯源到准确复现的表示该特性值的测量单位,每一种出证的特性值都附有给定置信水平的不确定度。

注:①有证参考物质一般成批制备,其特性值是通过对代表整批物质的样品进行测量而确定,并具有规定的不确定度。

②当物质与特制的器件结合时,例如已知三相点的物质装入三相点瓶、已知光密度的玻璃组装成透射滤光片、尺寸均匀的球状颗粒安放在显微镜载片上,有证参考物质的特性有时可方便和可靠地确定。上述这些器件也可以认为是有证参考物质。

③所有有证参考物质均应符合测量标准的定义。

④有些参考物质和有证参考物质,由于不能和已确定的化学结构相关联或出于其他原因,其特性不能按严格规定的物理和化学测量方法确定。这类物质包括某些生物物质,如疫苗,世界卫生组织已经规定了它的国际单位。

1.2.42　测量不确定度　uncertainty［of measurement］

用于表征合理赋予被测量的值的分散性,与测量结果关联的一个参数。

1.3　量值溯源/传递

1.3.1　基本概念

（1）量值溯源

量值溯源是指通过一条具有规定不确定度的不间断的比较链,使测量结果或测量标准的值能够与规定的参考标准（通常是国家计量基准或国际计量基准）联系起来的特性。

实现了量值溯源的测量仪器称为"可溯源的"测量仪器,不间断的比较链称为"溯源链"。溯源性一般通过溯源等级图（国家溯源等级图或国际溯源等级图）来表达。由于计量具有溯源性,所有的同种量值都可以按照这条比较链通过校准向测量的源头追溯,也就是溯源到同一计量基准（国家基准或国际基准）。如果量值出于多源或多头,必然会在技术上和管理上造成混乱。

（2）量值传递

量值传递是指将国家计量基准所复现的单位量值，通过检定传递给下一等级的计量标准（测量标准），并依次逐级传递到工作计量器具，以保证被检对象的量值准确一致。

由定义可知：量值传递是由国家测量基准开始，将其复现的计量单位传递到各等级计量标准，直至工作计量器具，是自上而下的量值统一工作。在我国，检定是传统的量值传递方式，是一种被动的实现单位量值统一的活动。根据某一测量仪器的准确度等级在检定系统表中的位置，可以获知检定所用的上一级测量标准。量值溯源是量值传递的逆过程，往往是测量仪器使用单位主动向上寻求量值统一的活动。

（3）计量检定系统表

计量检定系统表是国家对量值传递的程序所作的技术规定。《中华人民共和国计量法》第十条规定："计量检定必须按照国家计量检定系统表进行。国家计量检定系统表由国务院计量行政部门制定。"它用图表结合文字的形式，明确规定了国家计量基准所包含的全套计量器具及其主要特性，以及从计量基准通过计量标准向工作计量器具进行量值传递的程序和方法。

制定国家计量检定系统表的目的，在于把计量器具的量值和国家基准所复现的单位量值联系起来，以确保工作计量器具的可比性和溯源性。它所提供的检定途径应是最科学、最合理、最经济的。对量值传递的基本要求是不确定度/准确度损失小、可靠性高且简单易行。一项国家计量基准基本上对应一个计量检定系统表。

为了与国际惯例接轨，"国家计量检定系统表"在国际上对应于"国家溯源等级图"，后者定义为："在一个国家内，对给定量的计量器具有效的一种溯源等级图，它包括推荐（或允许）的比较方法和手段。"其中，溯源等级图是一种代表等级顺序的框图，用以表明计量器具的计量特性与给定量的标准之间的关系。

1.3.2 量值溯源/传递实施

（1）确定测量仪器的溯源要求

由于测量的多样性，考虑到需要与可能、经济与合理，实事求是地按照每个校准项目不确定度分析结果，依据仪器校准分量对扩展不确定度贡献的大小，来确定其溯源要求。当仪器校准占据着扩展不确定度主要分量时，设备应严格遵循校准要求；当仪器校准所带来的贡献对测量结果的扩展不确定度几乎没有影响时，则不一定要校准。

对用于提供或监控测量条件的测量仪器，例如，向测量设备供电的普通交直流稳压电源，如果电源特性对最终的校准数据没有影响，可以不进行校准，而采用核查。

对校准结果产生直接影响的测量仪器（例如其数据用于得出校准结果）和对测量不确定度有重要影响的测量仪器（例如某些高稳电源）应进行校准。对检测、校准和抽样结果的准确性或有效性有显著影响的辅助测量仪器（例如某些用于测量环境条件的设备）也应进行校准。即使是同一台仪器，由于预期使用目的的不同，对测量结果的准确性和有效性影响程度也可能存在显著的差异。

实验室应对那些经证实其校准带来的贡献对测量结果的扩展不确定度几乎没有影响的仪器一一开列清单，保留测量结果不确定度报告作为证明材料，并附上"该仪器无需再校准即可满足某项校准工作的测量不确定度要求"的分析报告、审核记录和批准证明。

国际法制计量组织（OIML）将检定分为首次检定和后续检定两种形式，前者是测量仪器在投入工作（即第一次使用）前应进行的检定，以判定测量仪器是否满足法定要求；后者是判定测量仪器使用后是否保持了主要的计量特性。测量仪器应在检定有效期内使用。

用于校准的测量仪器，尽管有出厂合格证，仍然要在投入使用前对其进行校准或核查。如果无法校准，可通过实验室间比对或测量仪器之间的比对，来对其进行溯源。

（2）量值溯源／传递途径

实验室应根据自身条件和仪器的具体应用，合理选择溯源途径。既可以依照我国的计量检定系统表选择自上而下的量值传递方式，也可以依照我国的量值溯源体系图选择自下而上的量值溯源方式（图表详见第 1 章 1.5 节图 1-1）。

实现量值溯源／传递的途径主要有以下 6 种：

①依据计量法规建立的内部最高计量标准即参考标准，通过校准实验室或法定计量检定机构所建立的适当等级的计量标准的校准或定期检定，实现量值溯源／传递。

②工作计量器具送至被认可的校准实验室或法定计量检定机构，通过使用相应等级的社会公用计量标准进行定期计量检定或校准实现量值溯源／传递。

③工作计量器具，需要时，按照国家量值溯源体系的要求，溯源至本部门本行业的最高计量标准，进而溯源至国家计量基准。

④必要时，工作计量器具的量值可直接溯源至工作基准、国家副计量基准或国家计量基准。

⑤当使用标准物质进行测量时，只要可能，标准物质必须追溯至国际单位制（SI）单位或有证标准物质。

⑥当溯源至国家计量基准不可能或不适用时，则应溯源至公认实物标准或通过比对、能力验证等途径提供证明：

a. 使用有资格的供应商提供的有证标准物质来给出材料的可靠物理或化学特性；

b. 使用描述清晰并被有关各方接受的规定方法和（或）标准。

（3）制定量值溯源／传递计划

明确了哪些仪器对检测、校准和抽样结果的准确性或有效性有显著影响，以及他们的溯源／传递途径、检定／校准间隔，实验室就可以对使用中的测量仪器制定量值溯源／传递计划。

溯源计划应标明哪些是可以溯源到 SI 单位的，哪些是溯源到国家规定的标准物质（如硬度、粗糙度、标准物质等），并绘制量值溯源图或用文字说明。对于不属于前两类，而是按约定的方法和协商标准溯源的（如标准录音磁带，布料耐磨性测量等），应予以说明。

实验室在制定量值溯源／传递计划时应考虑：

①仪器检定计划，包括仪器（一般为强制计量器具）的名称与编号、检定机构（应为法定计量检定机构）、检定周期或检定日期等。

②仪器校准计划，包括仪器的名称与编号、校准机构（一般选择通过认可的实验室或国家法定计量检定机构）、校准周期或校准日期等。

③仪器比对计划。当仪器无法溯源到国家计量基准时，应该采用实验室之间比对或参加能力验证。也可以用两台同类设备比对的方式，检查测量结果的可靠性。

　　具体而言,测量设备检定、校准实施计划(设备检定、校准周期表)的内容可包括:设备名称、编号、型号规格、检定/校准周期、最近检定或校准日期、下次检定或校准日期、设备放置地点、设备使用人、检定/校准机构和制表人及制表日期等。

　　在选择检定/校准机构时,尤其要关注该机构是否具有所开展项目的能力。即:一是该项目是否已通过国家实验室认可或已完成计量建标考核;二是其测量不确定度是否满足被检定/校准测量仪器的溯源性要求。

　　(4)量值溯源/传递后测量仪器计量特性的确认

　　在得到检定/校准的证书/报告以及比对结果后,应对测量仪器的证书/报告信息进行确认,包括计量特性确认,即不仅仪器名称、编号、规格等要与证书/报告一致,还要考察计量学特性是否仍然符合要求。

　　检定证书一般应该给出测量仪器的准确度等级。由于确认仪器计量特性的依据是按照预期使用目的而确定的计量要求,因此检定合格/不合格,并不一定说明满足/不满足预期使用目的。例如:显微硬度计检定装置中的配套设备0.3级标准测力计送检后,上级检定机构给出"1级合格"的结论,尽管检定合格,但该测力计已不能满足检定工作要求。

　　校准是测量仪器计量确认的一个环节,校准证书所给出的测量不确定度应满足对测量仪器进行校准/检测的需要。校准结果获得确认后,应更新测量仪器的量值溯源状态标识。如果校准结果不能满足预期的要求,实验室应启动不符合控制程序,追溯先前使用这些有缺陷或偏离规定极限的测量仪器进行检测/校准所造成的影响,并重新评估该测量仪器的校准周期。当校准产生了一组修正因子时,实验室应有程序确保其所有备份(例如计算机软件中的备份)得到正确更新。

　　当两台测量仪器相互比较或参加实验室间比对或能力验证时,应对结果进行评价。对于实验室内部进行的测量仪器的比对,则应在程序文件中规定评价标准。

1.3.3　实验室外审对量值溯源工作的审核要求

　　实验室在申请资质认定、实验室认可和行业资质时,评审组对量值溯源要素评审,通常会针对审核证据的认可方面提出一些要求。

　　(1)中国合格评定国家认可委员会承认校准/检定/测试证书、报告的有效性的要求

　　①承认亚太实验室认可合作组织(APLAC)和国际实验室认可合作组织(ILAC)多边互认协议成员认可的校准实验室出具的认可范围以内的校准证书。

　　②承认县级以上人民政府计量行政部门依法设置的国家法定计量检定机构(如中国计量科学研究院,中国测试技术研究院,华南、华北、中南、西北、华东、中南国家计量测试中心,省级计量检定测试技术机构,地市县级计量检定所)在授权范围以内出具的检定/校准证书和测试报告。

　　③承认县级以上人民政府计量行政部门依法授权的专业性法定计量检定机构(如国家轨道衡计量站、国家海洋计量站、国家纺织计量站等)在授权范围以内出具的检定/校准证书和测试报告。

　　④承认符合《中华人民共和国计量法》的各级工业部门的计量检定机构(如航空工业第三零四研究所等)出具的检定/校准证书和测试报告。

⑤承认符合《中华人民共和国计量法》要求的,境内企业、事业单位建立和使用的计量标准器具的检定证书和测试报告。

⑥承认经国务院计量行政部门审核批准具备资格的机构提供的有证标准物质和有证标准样品。

特殊情况下,当溯源至国家计量基标准不可能或不适用时,承认可溯源至公认实物标准,或通过参加能力验证、实验室间比对等途径提供溯源性证明。

不承认未经认可的校准实验室出具的校准证书。对以下证书/报告不予承认:

①未经政府计量行政部门授权的计量检定机构出具的检定/校准证书和测试报告。

②法定计量检定机构在授权范围以外出具的检定证书测试报告。

③无证或不能说明有效性的标准物质。

(2)已计量认证和申请计量认证机构应尽量确保从外部校准服务机构(包括认可校准实验室和法定计量机构)获得的校准/检定证书所符合的要求

①校准证书应在认可校准实验室认可范围以内,并具有量值溯源信息(如上一级标准器的标识和检定或校准证书号),有校准的技术依据,有具体的校准数据及其测量不确定度等信息。

②检定证书应在实验室的授权范围以内,并具有量值溯源信息(如上一级标准器的标识和检定或校准证书号),具有检定的技术依据(检定规程)和检定结果,在可能的情况下具有校准数据。

③测试报告应在实验室的授权范围以内,并具有量值溯源信息(如上一级标准器的标识和检定或校准证书号),具有测试的技术依据和测试结果,在可能的情况下具有测量数据。

(3)除有相应的证书报告外,证明实验室量值溯源工作符合要求的证据

①能够正确使用校准/检定/测试报告的数据,即可以根据数据进行修正和判别仪器是否能用,是否可以降级使用等。

②有向校准/检定机构提出自身对校准/检定/测试的需求的书面文件。

③有培训计量、校准的管理人员计划及相关的记录证据,应能够正确绘制量值溯源图。

④有委托校准/检定机构的资格证明(包括授权/认可范围)。

⑤收集、整理有效适用的检定规程/校准规范。

实验室也可以制定校准规程,但应优先执行已有的各级计量技术规程或规范,以获得最安全、有效、可靠的校准/检定结果。

对于公路工程试验检测中的检测结果虽然大多数是物理量,表面上看这些值的单位也属于 SI 系统,但是实际上并不需要溯源到 SI 基本单位。理由是这些物理量是否有效不仅仅取决于仪器上的示值本身的不确定度,而是取决于检测时的控制条件。例如沥青混合料马歇尔稳定度试验中的力值和流值。由此可见,对于这一类被测量的物理量,它的测量结果的单位,虽然属于 SI 系统,但是它的溯源性则只能以一个对检测条件进行严格控制的标准检测方法(试验规程)本身。因此在公路工程检测技术领域中,大多数检测溯源的源点即为相应的标准检测方法。

由于专业标准检测方法的有效性在公路工程检测技术领域起到证明量值溯源性的作用,所以对于这些方法有效性的验证和确认就非常重要。很明显要验证这种有效性不是仅仅通过

校准检测仪器就可以获得的。实践证明:仪器的有效性仅仅在确认方法有效性过程中起有限的作用,起主要作用的是标准检测方法中的规定条件。因此要保证检测结果的有效性,仪器设备的溯源性是基础,同时还应严格按照已被认可的专业标准检测方法严格开展试验检测工作。

我国是一个发展中国家,技术和经济发展还非常不平衡。在试验检测仪器设备的校准工作中,不仅要考虑技术可行性,还应考虑经济可行性。在校准机构选择上,根据自身和社会综合资源状况,可自校或委托外部合法的机构代校。对仪器设备进行校准的本质目的是为了获取准确合法的检测数据,这也是政府监管部门在检查/评审实验室时对量值溯源工作审核的基本要求。试验检测机构不能一味怀疑仪器性能而随意缩短检定/校准周期,增加检测成本;更不能为了满足外部审核要求而通过不正常手段获取检定/校准证书。在质量管理体系运行过程中,要制定一个适宜的检测质量控制方案和检测质量目标,对那些依法自主管理的工作计量器具(仪器设备),要合理评价使用合格计量器具的代价和使用不合格(超周期)计量器具的风险,在准确性和经济性对立的双方,寻求一个可以承受的平衡点,促进试验检测工作持续健康发展。

1.4　检定/校准的区别与联系

从上节内容我们知道,检定与校准是我国实现量值统一的主要方法。在日常工作中,经常会遇到一些实验室不清楚如何正确开展量值溯源工作,哪些试验检测仪器设备需要依法检定,哪些可以自主管理,如何通过校准的方式实施量值溯源,除依法检定的以外,自主管理的仪器设备校准周期又该如何确定,现实中一些计量检定机构所给出的校准周期是否合理等。如果这些疑问得不到很好解决,实验室在量值溯源工作中将处于一种被动状态,不利于量值溯源工作的开展。本节就针对检定和校准工作展开分析。

1.4.1　检定的法律依据

计量器具强制检定概念的提出是根据《中华人民共和国计量法》第九条规定:"企业、事业单位使用的最高计量标准器具,以及用于贸易结算、安全防护、医疗卫生、环境监测方面的列入强制检定目录的工作计量器具,实行强制检定。未按照规定申请检定或者检定不合格的,不得使用。实行强制检定的工作计量器具的目录和管理办法,由国务院制定"。上述内容包括两方面意思,第一是企业、事业单位使用的最高计量标准器具必须实行强制检定,第二是由国务院制定,并用在贸易结算等4个方面的计量器具必须实行强制检定。国务院在1987年4月15日发布了《中华人民共和国强制检定的工作计量器具检定管理办法》,1987年7月1日起施行。1987年5月28日原国家计量局根据该办法第十六条的规定,制定了《中华人民共和国强制检定的工作计量器具目录》,该目录包括55项计量器具;随后国务院计量管理部门对该目录进行了两次调整,至今共有61项118种工作计量器具,实行强制检定。从上述内容可以得知,对于未列入强制检定目录的计量器具也可能因为是企业、事业单位使用的最高计量标准器具而被纳入强检范围,反之,对虽列入61项工作计量器具目录,但实际使用不在贸易结算等4类领域,可不属于强制检定的范围。

我国哪些机构具备执行强制检定的资格呢?《中华人民共和国计量法实施细则》第十一

条规定："使用实行强制检定的工作计量器具的单位和个人,应当向当地县(市)级人民政府计量行政部门指定的计量检定机构申请周期检定。当地不能检定的,向上一级人民政府计量行政部门指定的计量检定机构申请周期检定"。这里明确了强制检定计量器具的属地管理原则,不能按照经济合理、就地就近的原则进行检定。关于检定周期的要求,在《中华人民共和国强制检定的工作计量器具检定管理办法》第六条规定:"强制检定的周期,由执行强制检定的计量检定机构根据计量检定规程确定"。所以强制检定是对计量器具最严格的一种管理方式,对检定机构和周期都做了明确的规定。

1.4.2 校准的法律依据

《中华人民共和国计量法实施细则》第十二条规定:"企业、事业单位应当配备与生产、科研、经营管理相适应的计量检测设施,制定具体的检定管理办法和规章制度,规定本单位管理的计量器具明细目录及相应的检定周期,保证使用的非强制检定的计量器具定期检定。"这里针对强制检定提出了非强制检定的概念。对非强制检定的计量器具实施校准是国际上通行的做法,校准在实施量值溯源、确保量值统一准确、完善测量过程控制、促进企业计量确认工作开展等方面,都具有十分重要的作用。

国家质量技术监督局 1999 年第 6 号文《关于企业使用的非强检计量器具由企业依法自主管理的公告》中规定"非强制检定计量器具的检定方式,由企业根据生产和科研的需要,可以自行决定在本单位检定或者送其他计量检定机构检定、测试,任何单位不得干涉"。因此,校准(非强制检定)的计量器具是实验室自行依法管理的计量器具。加强对这一部分计量器具的管理,做好定期检定/校准工作,确保其量值溯源准确可靠,是实验室计量工作的主要任务之一,也是计量法制管理的基本要求。在我国,过去没有把校准正式作为实现单位统一和量值准确可靠的主要方式,却一直用检定来代替它。

在《通用计量术语及定义》(JJF 1001—1998)中,校准的定义为:"在规定条件下,为确定测量仪器(或测量系统)所指示的量值或实物量具(或参考物质)所代表的量值,与对应的由标准所复现的量值之间关系的一组操作"。校准的主要含意有两方面,即:

①在规定的条件下,用一个可参考的标准,对包括参考物质在内的测量器具的特性赋值,并确定其示值误差。

②将测量器具所指示或代表的量值,按照标准链,将其溯源到标准所复现的量值。

校准的依据是校准规范或校准方法,可统一规定也可自行制定。校准的结果可记录在校准证书或校准报告中,也可用校准因数或校准曲线等形式表示。

目前这一观念正在转变中,而且越来越多的为人们所接受,它在量值溯源中的地位也逐步得以确立。国家认证认可监督管理委员会 2006 年发布的《实验室资质认定评审准则》中第5.5条明确了量值溯源可通过仪器设备的检定和/或校准来实现,校准在计量管理中公开被认可;《检测和校准实验室能力的通用要求》(GB/T 27025—2008)、《公路水运工程试验检测管理办法》(交通部 2005 年第 12 号令)都明确了仪器设备可以通过校准进行溯源,并将检定/校准列入仪器设备管理的考核项目。这在计量器具管理方面给了企事业单位一定的自主权,这也是国际上通行的做法。因此,公路水运工程试验检测机构开展校准工作是试验检测发展和管理的必然。

1.4.3 检定与校准的区别与联系

检定和校准有着密切的联系,但二者又具有不同的概念和应用目的。二者都是为了确保计量单位制的统一和量值的准确可靠,都是计量工作实施统一量值的重要手段和措施,是计量器具特性评定的两种不同形式。从具体内容上讲,检定与校准的对象都是测量仪器、测量系统或计量器具,都是通过一个具有规定不确定的连续比较链,与计量基准联系起来,都需要用计量标准来确定被检(校)计量器具的示值。从技术上看,检定工作包含了校准的内容,校准是检定内容中的一部分。二者由于其性质上的区别,具有完全不同的概念。检定是量值传递行为,校准是量值溯源行为,它们的主要区别见表1-1。

检定与校准的主要区别 表1-1

区　别	检　定	校　准
目的	对计量特性进行强制性的全面评定。属量值统一,检定是否符合规定要求。属自上而下的量值传递	自行确定监视及测量装置量值是否准确。属自下而上的量值溯源,评定示值误差
对象	计量基准器,计量标准器,用于贸易结算、安全防护、医疗卫生、环境监测工作的计量器具共61项118种	除强制检定之外的计量器具和测量装置
依据	由国家授权的计量部门统一制定的检定规程	校准规范或校准方法,可采用国家统一规定,也可由组织自行制定
性质	具有强制性,属法制计量管理范畴的执法行为	不具有强制性,属组织自愿的溯源行为
周期	按我国法律规定的强制性检定周期实施	由组织根据使用需要自行确定,可以定期、不定期或使用前进行
方式	只能在规定的检定部门或经法定授权具备资格的组织进行	可以自校、外校或自校与外校相结合
内容	对计量特性进行全面评定,包括评定量值误差或测量不确定度	评定示值误差或测量不确定度
结论	依据检定规程规定的量值误差范围,给出合格与不合格的判定,发给检定合格证书	不判定是否合格,只评定示值误差,发出校准证书或校准报告
法律效力	检定结论属具有法律效力的文件,作为计量器具或测量装置检定的法律依据	校准结论属没有法律效力的技术文件

在《测量管理体系　测量过程和测量设备的要求》(GB/T 19022—2003/ISO 10012:2003)附录A"计量确认过程概述"中,"校准结果应包括测量不确定度表述。这是一个重要的特性,因为当评价使用这种设备的测量过程的不确定度时,它是一个输入要素。"在《测量不确定度评定与表示》(JJF 1059—1999)第8.2条中,"证书上的校准结果或修正值,应给出测量不确定度"指的是校准;第8.1条中"按技术规范要求无须给出测量不确定度"则是指检定。

1.5　量值溯源框图

1.5.1　量值溯源图的意义

量值溯源等级图是一种代表等级顺序的框图,用以表明计量器具的计量特性与给定量的基准之间的关系。有时也称溯源体系表,它是对给定量或给定型号计量器具所用比较链的一种说明。

建立溯源等级图的目的,是要对所进行的测量在其溯源到计量基准的途径中,尽可能减少环节和降低测量不确定度,能给出最大的可信度。为实现溯源性,用等级图的方式应给出:

①不同等级标准器的选择。

②等级间的连接及其平行分支。

③标准器特性的重要信息,如测量范围、不确定度或准确度等级或最大允许误差等。

④溯源链中用于比较的装置和方法。

实验室是否必须对所有的仪器设备绘制量值溯源框图,以此作为其溯源性的证据呢? 答案是否定的。

国家认证认可监督管理委员会 2006 年发布的《实验室资质认定评审准则》5.5.1 规定:"对于设备校准,应绘制能溯源到国家计量基准的量值传递方框图(适用时)"。这里表明了两个意思:一是依法检定的设备不必绘制溯源图,比如实验室的最高计量标准,自己不具备检定能力依法送检的工作计量器具等;二是校准设备也不一定必须绘制溯源框图,比如委托其他法定机构进行校准的,溯源途径比较明确的。

根据溯源等级图的概念,不同国家可以采取不同形式的比较链(常被称为校准链),并附有足够的文字信息,以保证不同国家建立的校准链有相当程度的一致性,便于溯源到国家基准并与国际基准相联系。

目前,我国还是用国家计量检定系统表来代表国家溯源等级图。它是一种法定技术文件,由国务院计量行政部门组织制定并批准发布。这种系统表通常用图表结合文字的形式表达,其要求基本上与溯源等级图方式相一致。我国规定:一项国家计量基准对应一种检定系统表,并由该项基准的保存单位负责编制,经一定的审批手续,由国家计量行政部门批准发布。

按检定系统表进行检定,既可确保被检计量器具的准确度,又可避免用过高准确度的计量标准检定低准确度的计量器具,也可指导企业、事业单位实现计量器具量值的溯源。

实际上,现有的国家计量检定系统表仅适用于目前属于检定范畴的、已经建立了国家基准的计量器具的量值传递。对于大量的进行校准的计量器具,尚需制定出国家溯源等级图。

所以,实验室在需要进行仪器设备校准工作时,多数情况下没有现成的国家溯源等级图可用,可以借鉴现有的国家计量检定系统表的形式和内容,编制自己需要的量值溯源框图。

1.5.2　量值溯源框图的基本形式

量值溯源图的最大优点在于能够清晰直观地表明计量器具的计量特性与给定量的基准之间的关系。中国合格评定国家认可委员会(CNAS)根据我国的计量特点,在其发布的量值溯源要求中,绘出了中国的量值溯源体系图如图 1-1 所示。

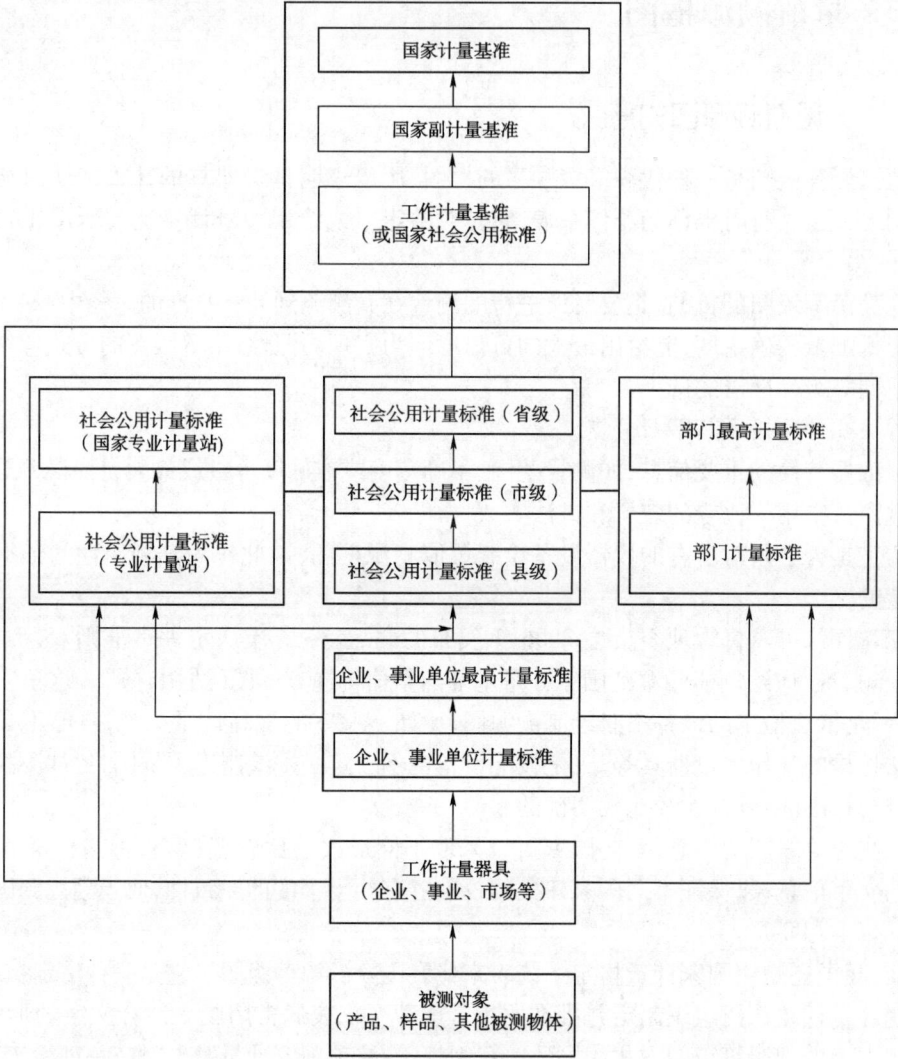

图 1-1　中国量值溯源体系图

从该图可以看出,我国的量值溯源体系图分为 3 部分,上层为国家级计量基准,下层是被测量对象。企业单位所用的工作计量器具介于中层和下层之间。如果把下层被测量对象去掉,则工作计量器具就变成了最下层,这与检定系统表框图一致(图 1-2)。

图 1-1 的中间层比较复杂,它绘出了工作计量器具溯源的 3 个途径。第一是直接通过专业计量机构溯源,实验室在绘制量值溯源框图时不必填入计量标准,只要注明计量机构名称即可;第二是直接使用行业(部门)计量标准进行溯源,绘制溯源框图时必须注明计量标准的名称和相关技术信息;第三是通过自身所拥有的计量标准进行溯源,此时绘制溯源框图需要注明其名称和技术信息后,再按计量机构/社会计量标准/行业(部门)计量标准 3 个途径进行溯源。

根据《国家计量检定系统表编写规则》(JJF 1104—2003)要求,国家检定系统框图(图1-2)

分3大部分:计量基准器具、计量标准器具、工作计量器具。

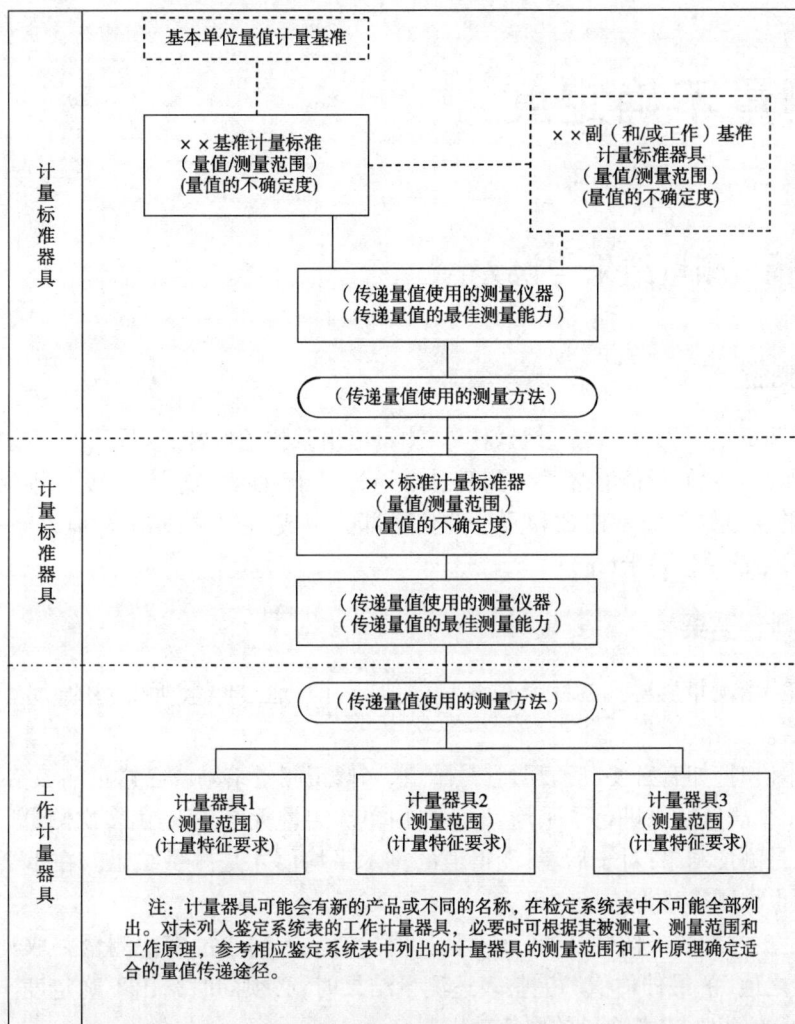

图1-2　检定系统表框图格式

在分割这3部分的点划线中说明其检定的方法,比如是直接测量还是间接测量或比对;在每一部分内部各级标准器间,也以一定方式表示其相互关系及比较方法。该框图的第一级为国家基准(或原级标准)。

图1-2中,所有框图均通过点划线分为3部分。

框图形式有两种,一种是长方形框 ，各种标准器或计量器具的名称、量值或测量范围、量值的不确定度或计量特性参数,均填入长方形框中。一种是长椭圆形框 ，在进行量值传递或开展校准工作时所使用的测量方法和最佳测量能力,均填入长椭圆形框中。其中虚线框表示在必要时可能具有的部分。

框图内有两种连接线实线和点划线。标准器之间的量值传递关系,在框格之间由实线连接表示。点划线用在上中下3部分的分割上。

2 测量不确定度

2.1 测量、测量结果与误差

2.1.1 测量

测量是"以确定量值为目的的一组操作"。测量给出某物的属性,告诉我们某物体有多重、多长、多热等,即告诉我们量值有多大。测量总是通过尺子、秒表、衡器、温度计等测量仪器实现的。被测量的测量结果通常由数和测量单位两部分组成,它们构成了量值,如被测量身高 1.8m,数是1.8,测量单位是米(m)。

2.1.2 测量结果

测量结果是"由测量所得到的赋予被测量的值"。即,通过测量所得到的,属于被测量或认作被测量的值。

使用这一术语时,如有必要,应表明它是示值、未修正测量结果或已修正测量结果,还应表明是否已对若干个测量结果进行了平均,即它是由单次测量所得,还是由多次测量所得。对于前者,测得值就是测量结果;对于后者,测得值的算术平均值才是测量结果。在不会引起混淆的情况下,有时也称测得值为测量结果。

测量结果是被测量的最佳估计值,而不是真值。通常人们通过多次测量并取其算术平均值作为"被测量之值"的最佳估值。完整表述测量结果时,必须同时给出不确定度。必要时还应说明测量所处的条件,或影响量的取值范围。

2.1.3 误差

(1)测量误差

测量误差简称误差。一个量的真值,是在被观测时本身所具有的真实大小,只有完善的测量才能得到真值,而实际上任何测量都有缺陷,因此真值是一个理想化的概念。由于真值无法确切地知道,所以误差也无法准确地知道。

由定义可知,误差是两个量值之差,即误差表示的是一个差值,而不是区间。当测量结果大于真值时误差为正值,当测量结果小于真值时误差为负值。因此,误差不应当以"±"号的形式出现。

有时测量误差以相对形式给出。

$$相对误差 = \frac{测量误差}{真值}$$

由于真值不能确定,实际上用的是约定真值。

必须区分误差和粗差。粗差造成测量结果中的异常值,往往是由测量过程中不可重复的突发事件引起的。显然,它们不可能被定量地描述,也不能成为测量不确定度的一个分量。在计算测量结果和进行测量不确定度评定之前必须按一定规则将粗差或异常值剔除。

（2）示值误差

$$示值误差 = 示值 - 真值$$

示值误差是测量仪器的示值误差的简称,有时也称为测量仪器的误差或仪器误差(器差)。

由于真值不能确定,实用上用的是约定真值。示值误差的概念主要应用于与参考标准相比较的仪器。由参考标准复现而赋予该量的值可作为约定真值。

确定示值误差的大小,是为了判定测量仪器是否合格,或获得其示值的修正值。在多数情况下,校准的目的就是为了确定示值误差,从而对其示值进行修正;使用测量仪器,主要关心的也是示值误差对测量结果的影响。

示值误差是测量仪器最主要的计量特性之一,反映了测量仪器准确度的高低,是测量仪器准确度定量表述的主要形式。示值误差大则准确度低,示值误差小,则准确度高。

（3）最大允许误差

最大允许误差(MPE)是测量仪器的最大允许误差的简称,是对给定的测量仪器,由规范、规程等所允许的误差的极限值。有时也称测量仪器的允许误差限,俗称允差。

例:《二等标准水银气压表检定规程》(JJG 614—2004)规定,当测量范围为 $0 \sim 50℃$ 时,使用中的这种温度计的最大允许误差为 $±0.2℃$。即,若被测温度为 $30℃$,则合格的二等标准水银温度计示值应在 $29.8 \sim 30.2℃$ 范围内。

（4）示值误差和测量仪器的最大允许误差的区别

示值误差和最大允许误差都是对测量仪器本身而言的。最大允许误差(MPE)是指由技术规范(如标准、检定规程)所规定的允许误差的极限值,是判断测量仪器是否合格的规定要求;而示值误差则是测量仪器某一示值点的实际误差大小,是通过检定、校准所得到的值。若示值误差小于最大允许误差,则该测量仪器合格;或根据示值误差对测量结果进行修正,以提高测量结果的准确度。测量仪器在不同的示值点,通常有不同的示值误差。

（5）系统误差与随机误差

误差按其性质,可以分为随机误差和系统误差两类。随机误差是"测量结果与在重复性条件下,对同一被测量进行无限多次测量所得结果的平均值(总体均值)之差"。而系统误差是"在重复性条件下,对同一被测量进行无限多次测量所得结果的平均值(总体均值)与被测量的真值之差"。

由于系统误差与随机误差都是对应于无限多次测量的理想概念,而实际上只能用有限次测量的结果作为无限多次测量结果的估计值,可以确定的只是它们的估计值。

由误差、随机误差和系统误差的定义可知:

$$误差 = 测量结果 - 真值$$
$$= 测量结果 - 总体均值 + 总体均值 - 真值$$
$$= 随机误差 + 系统误差$$

$$测量结果 = 真值 + 误差$$
$$= 真值 + 随机误差 + 系统误差$$

图 2-1 示意了测量结果的随机误差、系统误差和误差之间的关系。由图可知,误差等于随机误差和系统误差的代数和。而且,由于误差是一个差值,因此任何误差的合成都应采用代数相加的方法。

随机误差大抵来源于影响量的变化,这种变化在时间和空间上是不可预知或随机的,它会引起被测量重复观测值的变化,故称为"随机效应"。可以认为正是这种随机效应导致了重复观测值中的分散性,即来源于测量过程的随机效应,而并非来源于测量结果中的随机误差分量。

系统误差大抵来源于影响量,它对测量结果的影响若可识别并可定量表述,则称之为"系统效应"。该效应的大小若是显著的,则可通过估计的修正值予以补偿。因此,在用计量标准或标准物质对测量仪器进行校准或调整以消除系统误差时,还须考虑这些标准自身带来的不确定度。

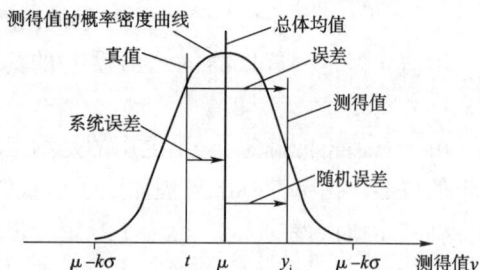

图 2-1 测量误差示意图

2.1.4 误差理论在发展中遇到的问题

在用传统方法对测量结果进行误差评定时,大体上遇到两方面的问题,即逻辑概念上和评定方法上的问题。

(1)逻辑概念上的问题

测量误差为"测量结果减去被测量之真值"。真值为"与给定的特定量的定义一致的值",即被测量在观测时所具有的真实大小为真值,它只有通过完善的测量才有可能得到;而任何测量都会有缺陷,并不存在所谓完善的测量,因而真值只是一个理想的概念。

根据定义,若要得到误差就应知道真值,而真值无法得到,误差也无法得到,因此能得到的只是其估计值。虽然误差定义中指出"由于真值不能确定,实际上用的是约定真值",但此时需要考虑约定真值自身存在的误差。而测量的目的就是要获得被测量之值。若知道了被测量的真值或约定真值,也就没有必要进行测量了。

误差是一个具有确定符号的量值,或正或负。过去通过误差分析所得到的测量结果的"误差",实际上并非误差,而是被测量不能确定的范围。

(2)评定方法上的问题

在进行误差评定时先找出误差来源,然后根据这些误差源的性质将他们分为随机和系统两类。

随机误差用测量结果的标准偏差表示。通常将所有随机误差分量按方和根法进行合成,得到测量结果的总的随机误差。在正态分布情况下,标准偏差对应区间的置信概率仅为68.27%,而实际要求较大的置信概率,故常用 2 或 3 倍的标准偏差来表示其随机误差。

系统误差则用该分量的最大误差限表示。同样采用方和根法合成,得到测量结果的总的系统误差。

　　然后对总的随机误差和总的系统误差进行合成,得到测量结果的总误差。由于随机误差和系统误差是两个性质不同的量,前者用标准偏差表示,后者用最大误差限表示,在数学上难以解决两者的合成问题。

　　不仅各国评定方法不一致,不同领域也不一致,致使测量结果之间缺乏可比性。用统一的测量不确定度的方法来评价测量结果就是在这种背景下产生的。

2.2　测量不确定度

2.2.1　基本概念

（1）测量误差的定义

测量误差 = 测量结果 − 真值

　　由于真值往往是不知道的,或者是很难知道,所以测量误差也很难知道。测量误差的定义尽管是严格的正确的,能反映测量的质量和水平,但可操作性不强。

　　人们需要找到一个能反映测量质量和水平又可操作的量。

（2）测量不确定度的定义

　　尽管真值确切的大小人们并不知道,但真值的范围应该知道,也有可能知道,例如本教室长度大约5m,而不能是10m也不可能是2m;既然真值的范围应该有可能知道,那么测量的误差范围也应该有可能知道。于是,就诞生了测量不确定度最初的定义:

　　①由测量结果给出的被测量估计值的可能误差的度量。

　　②表征被测量的真值所处范围的评定。

　　测量不确定度实质上就是对真值范围的评定,是对测量误差可能大小的评定,也是对测量结果不能肯定的程度的评定,3种说法是一样的。而这种评定必须与测量相联系,必须有可操作性,于是新的定义为:

　　测量不确定度即与测量结果相联系的参数,表征合理地赋予被测量之值的分散性。

（3）测量不确定度与测量误差的联系

　　①它们都反映测量结果的精确性。

　　②测量不确定度与多次测量的误差之间有确定的关系。

不确定度

$$s = \sqrt{\frac{\sum (x_i - \bar{x})^2}{n - 1}} \Rightarrow u$$

测量误差　　　　　　　　　　$\delta_i = x_i - x_0$

随机误差　　　　　　　　　　$x_i - \bar{x}\,(n \to \infty)$

系统误差　　　　　　　　　　$\bar{x} - x_0$

（4）测量不确定度与测量误差的区别

　　主要区别:测量误差是一个值,而且是一个明确的值;测量不确定度是一个范围,而且是一个模糊的范围。正因为其模糊,所以要对其边界进行评定,确定其区别。在大多数情况下(按一定的概率),测量误差应该落在人们所赋予的不确定度的区间内。

　　可以认为:测量不确定度就是测量误差可能的范围。测量不确定度反映了人们对测量结果不能肯定的程度,也是人们对真值所处范围的一种估计。

在测量不确定度定义中"合理赋予"这个词很关键:

①由于测量不确定度是表示测量分散性的值,是一个"模糊"的范围,它的边界需要人"赋予";因此,这种"赋予"不可避免地要取决于评定者的主观条件(资源、信息、能力、经验)以及客观需求(精密度要求、置信度要求、风险性要求)。不同的评定者对同一被测结果作出的不确定度评定可能有所不同,这是很自然的。

②这种"赋予"应该是合理的,所谓"合理"是指符合统计规律,符合预期目的,符合实际情况。

2.2.2　测量不确定度评定的重要意义

(1)测量不确定度是对测量结果质量和水平的科学表达

(2)通过评定测量不确定度可以分析影响测量结果的主要成分,从而提高测量结果的质量

(3)通过评定测量不确定度可以评价校准方法的合理性

(4)通过评定测量不确定度评价各实验室间比对试验的结果

(5)通过评定测量不确定度可以知道或给出结果判定的风险

2.2.3　测量不确定度的来源

测量不确定度的来源和测量误差的来源基本上是一样的,一般来说其主要原因是测量设备、测量人员、测量方法和被测对象的不完善引起的。如被测量的定义不完整、复现被测量的测量方法不理想、取样的代表性不够(被测样本不能完全代表所定义的被测量)、对测量过程受环境影响的认识不充分、测量仪器的计量性能的局限性等。

2.2.4　测量不确定度的分类

(1)误差按性质可分为随机误差和系统误差

$$随机误差 = 测量结果 - 真值$$
$$系统误差 = 测量结果 - 平均值$$
$$误差 = 系统误差 + 随机误差$$

(2)测量不确定度按评定方法可分为 A 类和 B 类

用标准偏差表示的测量不确定度称为标准不确定度。

①A 类评定:用对观测列进行统计分析的方法来评定标准不确定度。

②B 类评定:用不同于对观测列进行统计分析的方法来评定标准不确定度。

2.2.5　测量不确定度评定程序

(1)找出所有影响测量不确定度的影响量

(2)建立满足测量不确定度评定所需的数学模型

(3)确定各影响因素的估计值以及对应的标准不确定度

(4)确定对应于各影响因素标准不确定度分量

（5）列出不确定度分量汇总表

（6）将各标准不确定度分量合成标准不确定度

（7）确定测量可能值分布的包含因子

（8）确定扩展不确定度

（9）给出测量不确定度报告

具体评定步骤参考《测量不确定度评定与表示》（JJF 1059—1999）（略）。

2.2.6 测量不确定度评定案例一（钢筋抗拉强度试验）

（1）概述

用拉力试验机测量钢筋的拉伸强度。试验机的示值误差为 $1\%F$，量程 500kN，分度值为 0.5 kN。钢筋直径 $d = 20$mm。

（2）数学模型

$$R_{\mathrm{m}} = \frac{F}{A} + \Delta_x$$

式中：R_{m}——拉伸强度，MPa；

A——试件截面面积，mm^2（$d = 20$mm，$A = 314\mathrm{mm}^2$）；

F——拉力，kN；

Δ_x——数据修约的影响。

（3）不确定度传播率

$$u_{\mathrm{c}}^2(R_{\mathrm{m}}) = u^2\left(\frac{F}{A}\right) + u^2(\Delta_x)$$

（4）各输入量的标准不确定度

①拉力的标准不确定度 $u(F)$。

拉力的标准不确定度 $u(F)$ 由 3 个分量组成：试验机的示值误差的影响、重复性的影响、读数误差的影响。

a. 试验机的示值误差的影响 u_1；

由于检定证书未说明置信概率，故取包含因子 $k = 2$。

$$u_1 = \frac{a}{k} = \frac{1\% \times 174.3}{2} = 0.872\mathrm{kN}$$

b. 重复性的影响 u_2；

重复性的影响是通过多次独立重复测量来评定的，包括人员操作的重复性、试验机的重复性、样品的不均匀性等因素。测量次数 $n = 10$，测量结果的平均值为 174.3kN，单次测量的标准偏差为 $\mathrm{s}(F) = 0.6$ kN，实际测量时取两次测量值的平均值。

$$u_2 = \frac{\mathrm{s}(F)}{\sqrt{2}} = \frac{0.6}{\sqrt{2}} = 0.424\mathrm{kN}$$

c. 读数误差的影响 u_3；

人工读数可以估计到分度值的五分之一，即 0.1kN，不确定度按均匀分布考虑。

$$u_3 = \frac{a}{k} = \frac{0.2}{\sqrt{3}} = 0.057\,5\mathrm{kN}$$

d. 合成。

$$u^2(F) = u_1^2 + u_2^2 + u_3^2 = 0.872^2 + 0.424^2 + 0.0575^2$$

$$u(F) = 0.976 \text{kN}$$

$$u_r(F) = \frac{0.976}{174.3} = 0.56\%$$

②面积的不确定度 $u(A)$。

钢筋直径的标称值 $d = 20\text{mm}$,允许偏差 $\pm 0.5\text{mm}$,按均匀分布考虑,故面积的不确定度:

$$u_r(A) = 2u_r(d) = 2 \times \frac{0.5/20}{\sqrt{3}} = 0.0289 = 2.89\%$$

③$u\left(\dfrac{F}{A}\right)$。

$$u_r^2\left(\frac{F}{A}\right) = u_r^2(F) + u_r^2(A) = (0.60^2 + 2.89^2) \times 10^{-4}$$

$$u_r\left(\frac{F}{A}\right) = 2.94\%$$

$$u\left(\frac{F}{A}\right) = \left(\frac{F}{A}\right) \times u_r\left(\frac{F}{A}\right) = \frac{174.3 \times 10^3}{318} \times 2.94\% = 16.11 \text{MPa}$$

④数据修约的影响。

国标规定,钢筋拉伸强度的结果应修约到 0 或 5 MPa,由修约导致的不确定度按均匀分布考虑:

$$u(\Delta_x) = \frac{a}{k} = \frac{0.5I}{\sqrt{3}} = 1.45 \text{MPa}$$

(5)求合成标准不确定度

$$u_c^2(R_m) = u^2\left(\frac{F}{A}\right) + u^2(\Delta_x) = 16.11^2 + 1.45^2$$

$$u_c(R_m) \approx 16 \text{MPa}$$

(6)求扩展不确定度

取扩展因子 $k = 2$

$$U = ku_c(R_m) = 32 \text{MPa}$$

(7)结论

采用公称直径计算钢筋拉伸强度会带来一定的不确定度。

2.2.7 测量不确定度评定案例二(行星式胶砂搅拌机测量不确定度评定)

(1)概述

行星式胶砂搅拌机是按《水泥胶砂强度检验方法(ISO 法)》(GB/T 17671—1999)测定水泥胶砂强度的专用设备,由胶砂搅拌锅和搅拌叶及相应的机构组成。

①测量依据:《行星式胶砂搅拌机》[JJG(建材)123—1999],《测量不确定度评定与表示》(JJF 1059—1999)。

环境条件:环境温度为(25±10)℃,相对湿度不大于85%,现场应洁净,无影响测量结果的振动、污染、腐蚀性气体。

②测量标准器具:转速测量仪,测量范围30~5 000r/min,准确度等级0.5%;1~999.9s,准确度等级±0.1s;游标卡尺,0~200mm,±0.02mm。

(2)测量方法

①转速和时间测量:采用光电法将转速探头与主机连接好,并将其放在支架上,将被测旋转体局部用黑色物体遮挡,将反光片贴在黑色物体中心处,反光片的尺寸应依转动体外径尺寸而定(一般为3~5mm^2),测出转速,并自开始转动到停止测量转动时间。

②搅拌锅尺寸测量:采用游标卡尺直接测量搅拌锅尺寸。

(3)不确定度引入的分量

由于本案例以仪器设备的校准为主,所以不确定度的分量主要以标准器具自身的误差和人为读数误差带来的不确定度分量为主。

(4)数学模型

由于水泥胶砂搅拌机技术要求由多项参数组成,故建立如下数学模型:

①搅拌叶片快速公转转速:

$$\delta = n \tag{1}$$

式中:δ——搅拌叶片快速公转转速测量结果,r/min;

n——转速测量仪读数值,r/min。

②搅拌叶片慢速公转转速:

$$\delta' = n' \tag{2}$$

式中:δ'——搅拌叶片慢速公转转速测量结果,r/min;

n'——转速测量仪读数值,r/min。

③公转快速公转自开始转动到停止测量转动时间:

$$\delta_t = t \tag{3}$$

式中:δ_t——搅拌叶片快速公转时间测量结果,s;

t——转速测量仪时间读数值,s。

④搅拌锅尺寸:

$$\delta_\Phi = \Phi \tag{4}$$

式中:δ_Φ——搅拌锅尺寸测量结果,mm;

Φ——游标卡尺读数值,mm。

(5)标准不确定度的评定

标准测量器具引起的不确定度有如下几项。

①叶片快速公转引起的转速不确定度u_n:

叶片快速公转转速应符合125±10r/min,取125r/min时,由测量标准器具准确度等级为5%时引入的标准不确定度采用标准不确定度B类方法评定:

$$u_n = 125r/min \times 0.5\% / \sqrt{3} = 0.360r/min(在区间内认为服从均匀分布 k = \sqrt{3})$$

②叶片慢速公转引起的转速不确定度u_n':

叶片慢速公转转速应符合62±5r/min,取62r/min时,由测量标准器具准确度等级为5%时引入的标准不确定度采用B类方法评定:

$$u_n' = 62\text{r/min} \times 0.5\% / \sqrt{3} = 0.179\text{r/min}(在区间内认为服从均匀分布 k = \sqrt{3})$$

③时间计时器引起的不确定度 u_t：

测量标准器最大允许误差为 $\pm 0.1\text{s}$，认为符合正态分布 $k = 3$，

$$u_t = 0.1\text{s}/3 = 0.033\text{s}$$

④游标卡尺不确定度 u_Φ：

游标卡尺示值误差为 $\pm 0.02\text{mm}$，认为符合正态分布 $k = 3$，

$$u_\Phi = 0.02\text{mm}/3 = 0.006\,7\text{mm}$$

人员测量引起的不确定度如下：

对搅拌机慢速公转转速、快速公转转速、时间及搅拌锅的内径等尺寸进行测量，年均进行8次重复测量，采用 A 类评定如下：

①公转快速公转转速结果为：122.8r/min、122.7r/min、122.7r/min、122.8r/min、122.8r/min、122.7r/min、123.0r/min、122.7r/min。

$$\bar{n} = 122.78\text{r/min} \qquad s = \sqrt{\frac{\sum_{i=1}^{m}(n_i - \bar{n})^2}{m-1}} = 0.10\text{r/min}$$

单次测量标准差 $s = u_{n1} = 0.10\text{r/min}$

②公转慢速公转转速结果为：62.1r/min、62.0r/min、62.0r/min、61.9r/min、62.0r/min、62.2r/min、62.1r/min、62.3r/min。

$$\bar{n}' = 62.06\text{r/min} \qquad s = \sqrt{\frac{\sum_{i=1}^{m'}(n_i' - \bar{n}')^2}{m'-1}} = 0.34\text{r/min}$$

单次测量标准差 $s = u_{n'1} = 0.34\text{r/min}$

③时间结果为：60s、60s、60s、60.2s、60.2s、60.3s、60.1s、60.2s。

$$\bar{t} = 60.088\text{s} \qquad s = \sqrt{\frac{\sum_{i=1}^{n}(t_i - \bar{t})^2}{n-1}} = 0.12\text{s}$$

单次测量标准差 $s = u_{t1} = 0.12\text{s}$

④搅拌锅的内径尺寸测量结果为：202.8mm、202.8mm、202.8mm、202.6mm、202.6mm、202.7mm、202.7mm、202.8mm。

$$\overline{\Phi} = 202.72\text{mm} \qquad s = \sqrt{\frac{\sum_{i=1}^{n}(\Phi_i - \overline{\Phi})^2}{n-1}} = 0.09\text{mm}$$

单次测量标准差 $s = u_{\Phi1} = 0.09\text{mm}$

（6）合成标准不确定度的评定

上述技术参数均相互独立，灵敏系数 $C_i = 1$，合成标准不确定度如下：

①叶片快速公转转速合成标准不确定度：

$$u_{cn}^2 = u_n^2 + u_{n1}^2 \qquad u_{cn} = \sqrt{0.360^2 + 0.10^2} = 0.37\text{r/min}$$

②叶片慢速公转转速合成标准不确定度：

$$u_{cn'}^2 = u_{n'}^2 + u_{n'1}^2 \qquad u_{cn'} = \sqrt{0.170^2 + 0.34^2} = 0.38\text{r/min}$$

③公转快速公转测量时间合成标准不确定度：

$$u_{ct}^2 = u_t^2 + u_{t1}^2 \qquad u_{ct} = \sqrt{0.33^2 + 0.12^2} = 0.12\text{s}$$

④搅拌锅的内径尺寸合成标准不确定度：

$$u_{c\Phi}^2 = u_\Phi^2 + u_{\Phi1}^2 \quad u_{c\Phi} = \sqrt{0.006\,7^2 + 0.09^2} = 0.09\,\text{mm}$$

（7）扩展不确定度的评定

①叶片快速公转转速：

$$U_n = k \times u_{cn} = 2 \times 0.37 = 0.74\,\text{r/min}\,(k=2)$$

②片慢速公转转速：

$$U_{n'} = k \times u_{cn'} = 2 \times 0.38 = 0.76\,\text{r/min}\,(k=2)$$

③快速公转测量时间：

$$U_t = k \times u_{ct} = 2 \times 0.12 = 0.24\,\text{s}\,(k=2)$$

④搅拌锅的内径：

$$U_\Phi = k \times u_{c\Phi} = 2 \times 0.09 = 0.18\,\text{mm}\,(k=2)$$

（8）测量不确定度报告

综上所述行星式胶砂搅拌机四项主要技术参数测量结果扩展不确定度分别为：

快速公转转速 $U_k = 125\,\text{r/min}$，$U_n = 0.74\,\text{r/min}$，$k=2$

慢速公转转速 $U_m = 62\,\text{r/min}$，$U_{n'} = 0.76\,\text{r/min}$，$k=2$

快速公转时间 $U_s = 60\,\text{s}$，$U_t = 0.24\,\text{s}$，$k=2$

搅拌锅尺寸 $U_c = 202\,\text{mm}$，$U_\Phi = 0.18\,\text{mm}$，$k=2$

3 计量校准实施

通过前面的分析得知,实验室以校准的方法实现量值溯源具有充分的法律依据,除强制检定外,实验室可在力所能及的情况下,合理确定校准周期,遵循"经济合理、就地就近"的基本原则,在检定/校准机构的选择上打破行政区划和部门管辖的限制,充分利用各方面现有的计量技术条件,开展校准工作。

3.1 校准工作条件

3.1.1 校准条件

随着实验室技术能力和经济水平的不断提升,有些实验室希望通过自身的努力,对部分仪器设备自校准,那么实验室应该具备哪些条件才能开展自校准工作呢?

通常开展校准工作,应满足以下 5 个条件:

①有保证校准工作和服务质量的管理体系。

②有开展计量校准的参考标准或标准物质,其量值能溯源到国家计量基准。

③有经过确认的校准方法。

④有经过培训的合格的持证校准人员。

⑤有保证校准工作质量的环境条件。

开展校准工作的前提之一是必须建立本单位的计量标准。我国针对新建计量标准和计量标准复查的考核工作,制定了《计量标准考核规范》(JJF 1033—2008),其中"企业、事业单位建立本单位的各项最高计量标准,应当向与其主管部门同级的计量行政部门申请考核";"无主管部门的单位建立本单位各项最高计量标准,应当向当地计量行政部门申请考核"。所以我们根据国家法律法规对实验室的要求,参考《计量标准考核规范》(JJF 1033—2008)内容,提出校准条件管理要求。

实验室或上级管理部门可以参照表 3-1 的内容,对实验室的校准条件进行审核确认。

校准条件审核表　　　　表 3-1

序　号	审核内容	审核记录			审核记录
		符合	基本符合	不符合	
1	计量标准器及配套设备				
1.1	计量标准器				
1.1.1	有使用说明书				
1.1.2	计量性能指标达到"国家计量检定系统表"和"计量检定规程(或计量技术规范)"的要求				

续上表

序　号	审核内容	审核记录			审核记录
		符合	基本符合	不符合	
1.1.3	有法定计量检定机构或授权计量检定机构的检定证书				
1.1.4	按周期进行检定				
1.2	主要配套设备				
1.2.1	配套的设备齐全				
1.2.2	技术指标符合要求				
1.2.3	有使用说明书				
1.2.4	配套的计量器具有检定证书				
1.3	有计量标准试运行记录				
1.4	计量标准技术报告				
1.4.1	有计量标准技术报告且内容完整				
1.4.2	计量标准的工作原理及其组成表述清晰				
1.4.3	计量标准的主要技术指标填写正确				
1.4.4	计量标准的量值溯源和传递框图正确				
1.4.5	计量标准的测量重复性符合要求				
1.4.6	计量标准的稳定性符合要求				
1.5	有有效计量校准方法				
1.6	有计量标准操作程序且内容完整正确				
1.7	有计量标准履历书且内容完整				
1.8	计量标准更换按要求进行				
1.9	校准记录				
1.9.1	原始记录完整并符合规定				
1.9.2	原始记录更改符合规定要求				
1.9.3	原始记录签字符合要求				
1.9.4	出具的校准证书格式规范正确				
2	环境条件				
2.1	符合计量检定规程或计量技术规范提出的环境要求				
2.2	室内设备布局整齐环境清洁卫生				
2.3	配置有效的监控设备,监测记录完整正确				
2.4	影响检定/校准结果的其他因素				
3	人员				
3.1	有计量标准负责人				
3.2	有两名或以上具有本项目校准能力的人员				
3.3	操作技能核查				
3.3.1	校准程序操作正确				

序　号	审核内容	审核记录			审核记录
		符合	基本符合	不符合	
3.3.2	校准方法符合要求				
3.3.3	校准原始记录填写正确				
3.3.4	数据处理校准结果正确				
3.3.5	出具校准证书正确				
4	管理制度（或程序文件）				
4.1	制订并执行实验室岗位责任制度				
4.2	制订并执行计量标准使用维护制度				
4.3	制订并执行周期检定制度				
4.4	制订并执行原始记录及证书核验制度				
4.5	制订并执行事故报告制度				
4.6	制订并执行计量标准档案管理制度				

3.1.2　校准管理

（1）校准技术人员

校准技术人员作为校准的主体,在校准工作中发挥着重要的作用。《计量标准考核规范》（JJF 1033—2008）5.1.9 规定:校准应当配备具有校准资格的人员。持有计量检定员证的人员可以从事相关项目的校准工作。

如果缺乏校准资格证书获取通道,可以按照劳动部、人事部（劳部发［1994］98 号）《关于颁发〈职业资格证书规定〉的通知》规定,申报计量技术工作人员职业资格考试,职业等级分初级（国家 5 级）、中级（国家 4 级）、高级（国家 3 级）、技师（国家 2 级）、高级技师（国家 1 级）。

校准资格证书也可以通过行业管理部门的培训考核取得。

校准人员除了要求工作认真,具有良好的职业道德外,一般应具备以下条件:

①具有中专（高中）或相当于中专（高中）以上文化程度。

②熟悉计量法律、法规。

③能熟练地掌握所从事检定/校准项目的操作技能。

从事公路工程试验检测仪器校准的人员还需持有公路工程试验检测资格证书。实验室每年应定期制订人员培训计划,对校准人员进行持续培训和考核。

（2）校准方法

校准应按照技术规范规定的方法进行。技术规范可以是国际、区域、国家或地方、行业发布的校准方法,也可以是检定规程。

在下列情况之一时实验室可自行制订校准方法:

①国际、区域、国家或地方、行业未发布校准方法时。

②国际、区域、国家或地方、行业发布的校准方法中个别参数的校准由于设备或环境条件的限制无法实施时。

实验室可指定资深的有经验的人员,参照计量技术规范《国家计量校准规范编写规则》(JJF 1071—2000)的要求制订校准方法。校准方法内容表述应做到:

a. 文字表述结构严谨、层次分明、用词确切、叙述清楚,不致产生不同的理解;

b. 所用术语、符号、代号要统一,并始终表示同一概念;

c. 按国家规定表述计量单位名称与符号、量的名称与符号、测量和测量不确定度名称和符号;

d. 公式、图样、表格、数据应准确无误的按要求表述;

e. 相关规程有关内容的表述均应协调一致,不能矛盾。

同时实验室应组织同行专家对编制校准方法的关键技术依据、采用的计量标准器具和主要配套设备、计量校准的环境设施、实验的数据和报告、不确定度的分析和报告、验证试验的方法和结果等进行评审。

(3)计量标准器及配套设备

①档案管理。

《实验室资质认定评审准则》(以下称《评审准则》)5.4.5"实验室应保存对检测和/或校准具有重要影响的设备及其软件的档案"要求,实验室建立的参考标准档案内容应包括:设备及其软件的名称;制造商名称、型式标识、系列号或其他唯一性标识;对设备符合规范的核查记录(如果适用);当前的位置(如果适用);制造商的说明书(如果有),或指明其地点;所有检定/校准报告或证书;设备接收/启用日期和验收记录;设备使用和维护记录(适当时);设备的任何损坏、故障、改装或修理记录。

②应用管理。

《评审准则》5.5.4"实验室应有参考标准的检定/校准计划"。计划应包括两个基本内容,一是检定/校准技术机构的选择。《中华人民共和国计量法》中规定了"县级以上人民政府计量行政部门可以根据需要设置计量检定机构,或者授权其他单位的计量检定机构,执行强制检定和其他检定、测试任务"。我国法定计量检定机构必须经过《法定计量检定机构考核规范》(JJF 1069—2007)的考核,其管理体系、技术能力和量值溯源性有所保障。有一部分实验室自己有能力承担本单位内部仪器的强制检定工作,应向省级计量管理部门申请,按照《计量标准考核规范》(JJF 1033—2008)进行考核合格后授权。在选择机构时首先应查看其授权资质证书及授权范围,其次应对其服务能力和态度进行评价。二是检定/校准周期的确定,参考标准作为实验室最高计量器具,属于强制检定的范围,强制检定的周期,由执行强制检定的计量检定机构根据计量检定规程确定。

《评审准则》5.5.6"实验室应根据规定的程序对参考标准和标准物质进行期间核查,以保持其校准状态的置信度。"此条内容超出了一般实验室的工作能力,实验室又该怎么做呢?编者建议实验室每次按照周期对参考标准检定完毕后,尽快对需要校准的设备进行校准,校准完成后,参考标准可以在检测工作中继续应用。在下一次校准开始前,应先对参考标准进行检定合格。这样实验室可以减少或不做参考标准的期间核查,减轻实验室的负担,并有利于参考标准的管理。

③标志管理。

参考标准主标准器及主要配套设备经检定或自检合格,应分别贴上彩色标志。

绿色(合格证)——凡计量检定合格者。

黄色(准用证)——多功能参考标准,某些功能已丧失,但其他所用功能正常,且经计量检定合格者(即限范围使用);降级使用者。

红色(停用证)——损坏者;经计量检定不合格;超过检定周期者;性能无法确定者。

(4)校准环境的管理

校准环境应符合计量技术规范提出的环境要求,室内设备布局整齐,环境清洁卫生;配置有效的环境监控设备,环境监测记录完整正确。

3.2　校准工作程序

3.2.1　制订量值溯源程序

《量值溯源程序》是针对量值溯源这一特殊的过程而制定的工作方法,它对量值溯源的范围、管理部门、工作人员的职责、工作流程分析及要求、各种工作记录作出相应的规定。

例:××实验室量值溯源程序

(1)目的和适用范围

①为保证所有检测结果都能溯源到 SI 单位标准,特制定本程序。

②本程序适用于实验室各项被测参数测量结果的量值溯源管理。

(2)职责

①质控室负责对量值溯源性的统一管理,设计量值溯源系统,建立实验室最高计量标准器,组织开展量值溯源活动。

②各承担检测过程策划和实施检测的部门负责识别检测要求,按量值溯源系统选择满足检测要求的仪器设备实施检测。

(3)定义(略)

(4)量值溯源过程要求

①过程的输入:是从顾客要求、本实验室技术标准和相关法律法规要求中识别的计量要求。计量值确认、检测过程策划和检测过程实现及其测量不确定度评价的要求。

②过程的输出:是能溯源到 SI 单位标准的检测结果。

③过程的活动:识别计量要求,选择检测设备,选择检测设备校准方法。

设计量值溯源系统(框图);分析建立实验室最高标准必要性;建立实验室最高标准器;寻找最高标准器检定供方;评定测量不确定度;与顾客沟通;实验室最高标准器的定期送检;量值溯源系统审批等。

(5)量值溯源管理过程的实施

①计量量值溯源系统的设计职责:量值溯源系统由质控室负责设计和校对,各检测过程策划与提供程序第 5.2 条规定的相应资料,同时提供所选用的检测设备计量特性有关资料说明。质控室主任对量值溯源系统进行审核,技术负责人批准。

②量值溯源系统设计依据:

a.国家计量检定系统和检定规程/校准规范;

b.国家检测标准,产品标准对被测参数的规定;

c.实验室试验规范,检验作业指导书,校准规范和技术文件的要求。

③量值溯源系统的设计方法:

a.溯源系统的形式为框图结构;

b.量值溯源图示例(图3-1)。

④实验室最高计量标准(装置)的建立:

a.质控室根据实验室实际需要和经济性确定是否建立最高计量标准(装置),以下简称"建标";

b.需要建标时,质控室应做好以下工作:

ⓐ按国家检定系统及实验室测量设备的实际需要配置计量标准及配套设备;

ⓑ对整套设备技术指标(包括测量不确定度)进行分析和评定并写出完整的《建立计量标准技术报告》;

ⓒ对计量标准装置稳定性进行考核,并建立稳定性和重复性考核计量;

ⓓ制定量值溯源系统图,保证检测结果的溯源性;

ⓔ制定计量标准装置操作规程;

ⓕ建立计量标准档案,应包括计量标准履历表,标准器及配套设备出厂说明书等;

ⓖ按国家规定的统一格式设计计量检定(校准)原始记录和检定(校准)证书;

ⓗ具备完善的规章制度,规章制度应包含的内容:岗位责任制、计量标准使用维护制度、计量确认制度、记录校核制度、事故报告制度、实验室管理制度。

c.建标的审批手续:

ⓐ质控室提出建标方案后,报请最高管理者审批,并加盖实验室公章;

ⓑ经管理者代表签署意见的报告由质控室呈送政府计量行政主管部门;

ⓒ报请政府计量行政主管部门来考核;

ⓓ按计量标准考核专家组考核意见,报请政府计量行政主管部门确认并颁证。

⑤计量标准的使用:

a.计量标准使用与存放环境条件应达到国家检定规程要求,环境条件包括:温度、湿度、防震、防干扰、防腐蚀、防尘等;

b.使用计量标准人员必须依法取得政府主管部门专项考核合格证书,方可上岗操作;

c.计量标准应按时送法定计量检定单位检定,不得使用超期和无证计量标准;

d.计量标准不准借出实验室使用,也不准用做他用;

e.计量标准使用人员严格按标准操作规程操作,定期对计量标准进行维护保养工作,使用人员有责任报告计量标准的使用状况,计量标准一旦失常,应报质控室备案并送法定计量检定部门重新检定。

⑥计量标准的管理:

a.计量标准装置由质控室使用人员进行日常维护及管理,计量标准的定期检定由质控室按时送法定计量检定部门。质控室保存检定(校准)证书原件和测量标准所有技术资料,使用人员保存有效复印件。

b.计量标准的更改:当计量标准变更测量范围,或计量标准技术性能已达不到原技术要求时,以及计量标准经批准报废后,计量标准更改、更换主要配套设备时,应首先满足国家检定系统及实验室需要,由质控室论证,在计量标准合格证书有效期内,持有效标准合格证书报审批。

⑦标准物质的管理:

a.标准物质的采购:使用部门写明标准物质名称、牌号、标准编号、数量及其他需要说明的事项向物资供应部门提出书面申请,物资供应部门根据申请在"合格供方名录"中选择供货单位进行采购。合格供方的管理按《外部供方管理程序》进行。

b.标准物质的计量确认:标准物质购回入库前质控室计量确认人员应进行入库前的计量确认,确认内容包括标准物质名称、牌号、标准编号、数量、产品合格证书、产品许可证、生产厂、生产日期、标准物质外观和外包装质量等。

标准物质使用中应进行定期计量确认,标准物质有效期和确认间隔由质控室规定。原则上,有有效期的按有效期使用,可长期使用的,每12个月进行一次确认。

经确认合格的标准物质,确认人员应签发确认标识,保存确认记录。

c.标准物质的使用:使用部门应妥善保存标准物质,使用时应检查标准物质的标识、外观和有效期,发现异常、超期,立即停止使用并报告计量确认人员进行处理。

d.标准物质的报废与销毁:失效或过期的标准物质交确认人员认可,计量技术管理人员批准即可报废。报废标准物质在计量技术管理人员监督下由计量确认人员或使用人员销毁,相关人员在各自管理账册上予以注销。

⑧量值溯源的进行:

a.所有的检测结果都必须溯源,所有检测设备都必须进行检定/校准和计量确认;

b.溯源通常是通过检测结果、检测设备本身溯源到国家法定计量技术机构来实现,也可溯源到政府计量行政管理部门授权的法定计量技术机构;

c.溯源记录应根据体系、顾客、法规要求的期限进行保存,详见《质量记录管理程序》。

(6)相关文件

《外部供方管理程序》(略)

(7)附则

①本程序解释权归质控室。

②本程序自××年×月×日起实施。

3.2.2　量值溯源的总体要求

《评审准则》5.5.1的规定,"实验室应制定和实施仪器设备的校准和/或检定(验证)、确认的总体要求",以能够证实其测量活动所设计的全部量值能溯源至国家或国际计量基准。当溯源至国家计量基准不可能或不适用时,则应追溯至公认实物标准,或通过比对实验、参加能力验证等途径提供证明。

"总体要求"是指导仪器设备分类的技术性文件,对每一类、每一台仪器设备通过何种方式实施溯源做出具体的规定。制定实用的"总体要求"可以帮助实验室理清量值溯源思路,提高检定/校准的有效性。

例:××实验室仪器设备的校准和/或检定(验证)、确认的总体要求(计划)见表3-2。

仪器设备校准和／或检定（验证）、确认的总体要求（计划）　　表 3-2

序号	管理编号	仪器设备（工作标准）名称及型号	溯源方式	备注
1	001	液压式万能试验机 WE-1000B	☑检定、□校准、□使用有证标准物质、□实验室之间比对、□其他	
2	002	电动抗折试验机 KZJ-5000	☑检定、□校准、□使用有证标准物质、□实验室之间比对、□其他	
3	003	电热鼓风干燥箱 101A-1	□检定、☑校准、□使用有证标准物质、□实验室之间比对、□其他	
4	004	钢筋位置测定仪	□检定、□校准、□使用有证标准物质、☑实验室之间比对、□其他	
5	005	0.015mol／L EDTA 标准滴定溶液	□检定、□校准、☑使用有证标准物质、□实验室之间比对、□其他	
…	…	……	……	
编　制			批　准	

根据上述的总体要求，除去需要委托外部机构进行检定或校准的外，其他仪器设备量值溯源应培训合格的计量技术人员，配置专用参考标准或标准物质，制定校准方法并经过实验室自我的审批确认。

3.2.3　绘制量值溯源框图

实验室绘制完整的量值溯源框图的基本前提包括：

①计量检定／校准机构必须提供内容全面的检定／校准报告。除结果外，还应包括传递量值所用的基准计量标准器（测量仪器）名称，量值／测量范围，测量不确定度，传递量值所用的方法等内容。

②实验室必须建立有动态完善的仪器设备档案。档案内容能够准确表明用于量值传递的计量标准和工作计量器具的计量特性现状和量值要求。

③有效的校准方法。校准方法应该是经过实验室计量确认的有效方法。

在绘制每类计量器具量值溯源图中，应反映出"三个级别"、"三个要素"和"三个方框"。

①三个级别中，上级是计量基准器具，中级是计量标准器具，下级是工作计量器具。

②三个要素是：计量器具名称、测量范围、不确定度（或误差）。

③三个方框表明了量值溯源图的基本格式要求，三个方框在垂直方向自上而下摆放。

量值溯源框图见图 3-1～图 3-3 这里面有一个问题，在上层框图中注明检定／校准机构名称合适吗？我们认为是可行的。现在一些法定检定／校准机构所出具的证书／报告中，缺少量传所用计量标准器具的量值／测量范围，测量不确定度，传递量值所用的方法等相关信息，实验室只能采取黑箱描述的方式，仅注明该机构的名称。所以在实验室接受外审时，实事求是的向评审工作人员讲清黑箱绘制原因。当然，我们也希望检定／校准机构应规范证书／报告形式，为委托单位（实验室）提供必要的信息内容，这样就能更方便实验室绘制量值溯源框图工作的开展。

绘制实例如图 3-1 所示。

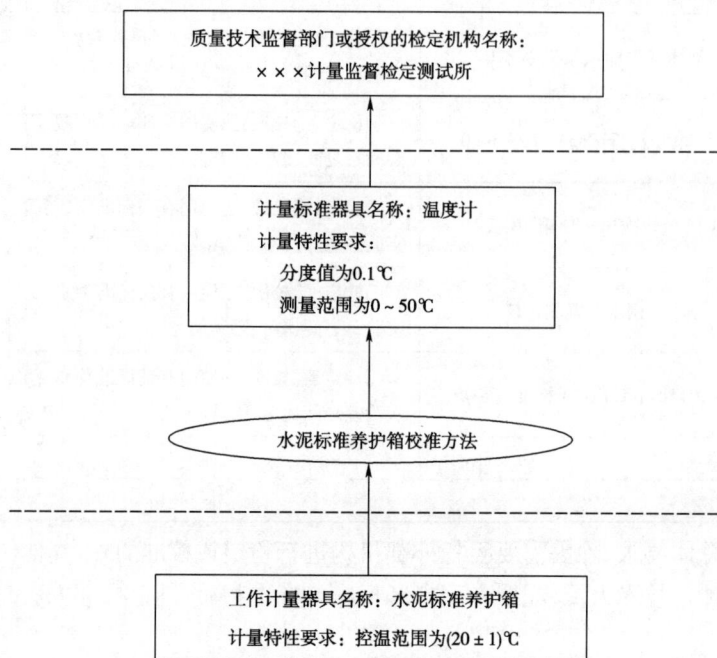

```
┌─────────────────────────────────────────┐
│  质量技术监督部门或授权的检定机构名称：       │
│        ×××计量监督检定测试所               │
└─────────────────────────────────────────┘
```

```
┌─────────────────────────────────────┐
│  计量标准器具名称：温度计                │
│  计量特性要求：                        │
│      分度值为0.1℃                     │
│      测量范围为0～50℃                  │
└─────────────────────────────────────┘
```

```
  ╭─────────────────────────╮
  │   水泥标准养护箱校准方法    │
  ╰─────────────────────────╯
```

```
┌─────────────────────────────────────┐
│  工作计量器具名称：水泥标准养护箱          │
│  计量特性要求：控温范围为(20±1)℃         │
└─────────────────────────────────────┘
```

图 3-1　水泥标准养护箱（温度控制）量值溯源图

3.2.4　校准周期的确定

校准周期，又称为校准间隔，它取决于测量风险和经济因素，即测量仪器在使用中超出最大允许误差的风险应当尽量小，而年度的校准费用应当最少，换言之，使风险和费用两者的平衡达到最佳化。

强检周期由检定规程确定，对于非强检计量器具检定周期，国家质量技术监督局 1999 年第 6 号《关于企业使用的非强检计量器具由企业依法自主管理的公告》规定：由企业根据计量器具的实际使用情况，本着科学、经济和量值准确的原则自行确定。

在确定测量仪器校准周期时，一般需要考虑：

①相关计量检定规程对检定周期的规定。

②在进行型式批准时有关部门的要求或建议。

③制造厂商的要求或建议。

④使用的频繁程度。

⑤维护和使用的记录。

⑥磨损和漂移量的趋势。

⑦环境的严酷度及其影响（例如，腐蚀、灰尘、振动、频繁运输和粗暴操作）。

⑧追求的测量准确度。

```
┌─────────────────────────────────────────────┐
│      质量技术监督部门或授权的检定机构名称:      │
│          ×××计量监督检定测试所                │
└─────────────────────────────────────────────┘
                      ↑
- - - - - - - - - - - - - - - - - - - - - - - - - -
┌─────────────────────────────────────────────┐
│      计量标准器具名称:                         │
│        1.秒表                                 │
│          计量特性要求:准确度为0.01s            │
│        2.钢卷尺                               │
│          计量特性要求:准确度为1mm              │
│                      测量范围为0~300cm        │
└─────────────────────────────────────────────┘
                      ↑
            ╭──────────────────────────╮
            │    洛杉矶磨耗机校准方法     │
            ╰──────────────────────────╯
                      ↑
- - - - - - - - - - - - - - - - - - - - - - - - - -
┌─────────────────────────────────────────────┐
│      工作计量器具名称:洛杉矶磨耗机              │
│      计量特性要求:                             │
│      转速为30~33r/min                        │
│      圆筒为内径(710±5)mm、内侧长(510±5)mm     │
└─────────────────────────────────────────────┘
```

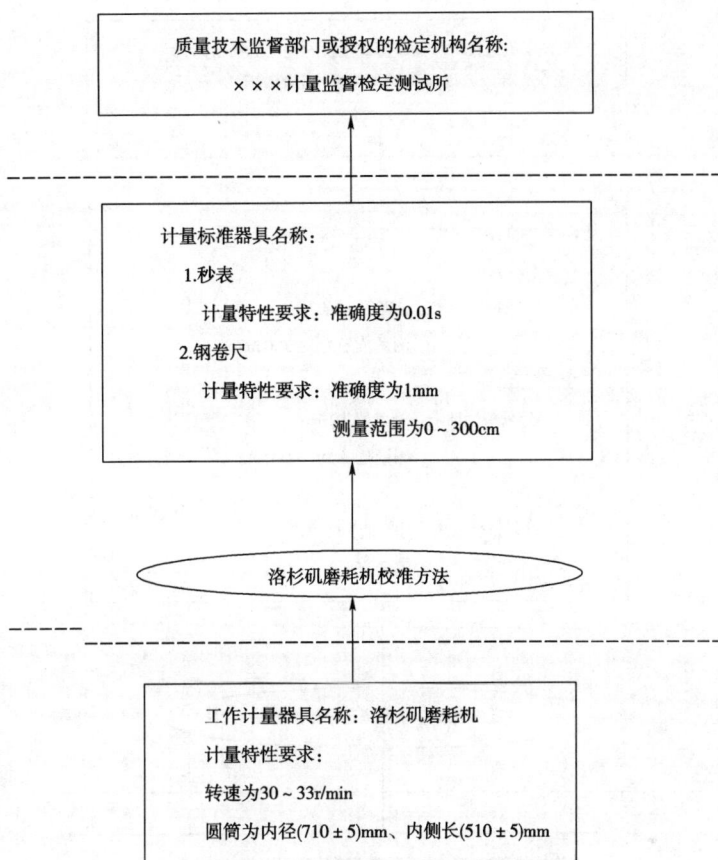

图 3-2　洛杉矶磨耗机(MH-Ⅲ)量值溯源图

⑨期间核查和功能检查的有效性和可靠性。

为便于校准间隔的确定,实验室可绘制测量仪器随时间变化的曲线图。

由于实验室同规格型号的测量仪器有限,给统计分析带来困难,因此目前广泛采用固定的校准周期。例如,对检定的测量仪器,按检定证书确定检定周期;对校准的测量仪器,若给出建议下次校准时间,则一般遵其建议;若校准证书未给出建议,该测量仪器有相应检定规程的,按检定规程确定;若无相应检定规程的,则参照同类仪器。这种方法操作方便,但当怀疑存在异常时,应及时调整周期。

3.3　校准结果应用

3.3.1　校准记录/证书

校准结果的记录应足够详细,以证明所有的测量均能溯源,所记录的信息应包括:设备的说明及其专用标识;完成每一次校准的日期;调整或修理前后的校准结果;规定的周期;校准方法;有关的环境条件和必要的修正说明;规定允许误差极限;设备校准不确定度及其影响的说明;使用的限制条件;校准、审批人员的标识。

质量技术监督部门或授权的检定机构名称：

×××计量监督检定测试所

计量标准器具名称：

①游标卡尺

　　计量特性要求：分度值为0.02mm

　　　　　　　　　测量范围为0～300mm

②钢板尺

　　计量特性要求：分度值为1mm

　　　　　　　　　测量范围为0～600mm

③温度计

　　计量特性要求：分度值为0.1℃

　　　　　　　　　测量范围为0~50℃

低温沥青延伸度测定仪校准方法

工作计量器具名称：低温沥青延伸度测定仪

计量特性要求：

①刻度尺范围为0～200mm、分度值为1mm

②延度试模：模内距长为(75±0.5)mm、端模间距为(20±0.3)mm、端模口宽为(32±0.5)mm、最小横断面宽为(10±0.1)mm、侧模宽为(30±0.3)mm、厚度为(10±0.1)mm

③控温精度：(15±0.1)℃

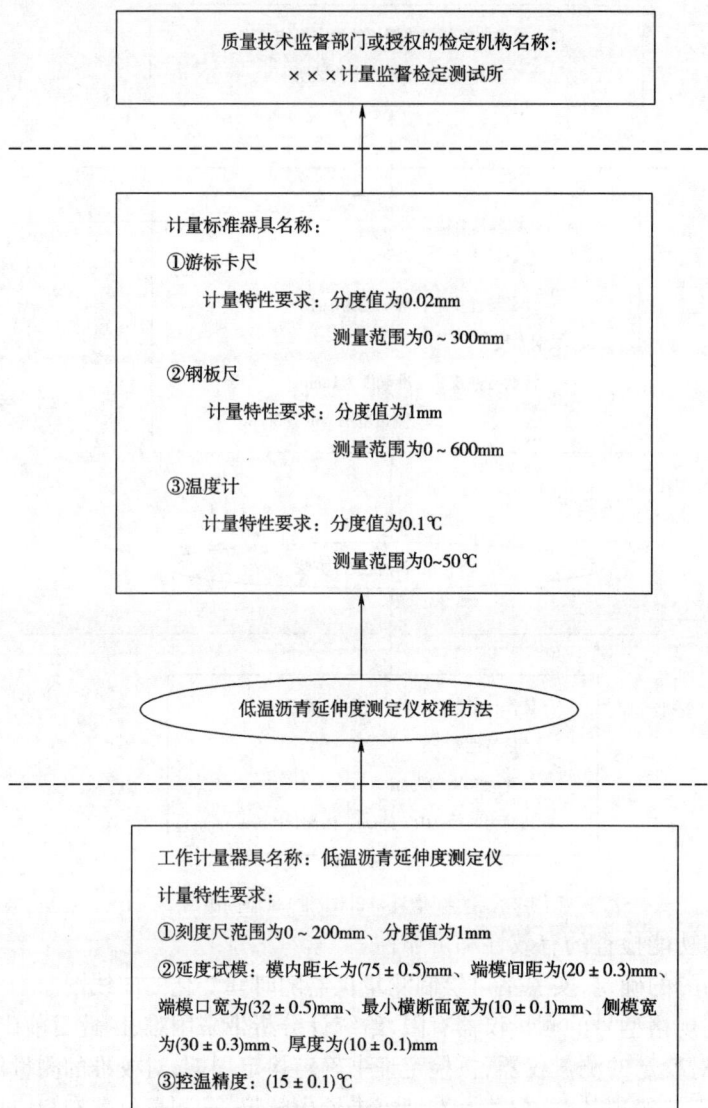

图 3-3　低温沥青延伸度测定仪量值溯源图

校准结果通常是出具校准证书或校准报告,在证书或报告中一般不需要给出合格与否的结论,但也可以指出计量器具的某一性能符合预期的要求。在实际工作时,对校准结果不能符合预期要求的,应通过相关专业人员对设备性能进行再调试、维修,直到符合要求。否则应停用该设备。

在自校准工作中,实验室往往以校准记录替代校准证书,作为计量器具量值溯源的证据。校准记录一定要履行相关的审核确认过程,确保数据的有效性。

校准记录/证书应一直保存到不再有参考(使用)价值时为止。

外部计量检定机构提供的校准报告和测试结果通知书,是在无计量检定规程或规范的情况下,为满足实验室要求所采取的一种校准活动,通常按照实验室或特定的技术要求,采用与计量标准装置给出的"标准值"相对比的方法进行校准。这种校准结果是否可以使用由实验室自己决定,所以,实验室必须通过合适的程序,对校准报告和测试结果通知书进行用前确认。

3.3.2　示值误差与修正

校准的主要目的是确定计量器具的示值误差,确保计量器具给出准确的量值。在确定示值误差的过程中,可能产生修正值,也可能产生修正因子,这些都是该计量器具在校准时的性能,因此修正值/修正因子是在特定的条件下产生的,随条件的变化而改变。

在量值溯源和量值传递中,常常采用这种加修正值的直观的办法,用高一个等级的计量标准来校准或检定测量仪器,其主要目的之一就是要获得准确的修正值。在试验检测过程中,对计量器具的示值结果进行修正,可以适当补偿系统误差。

修正因子是指"为补偿系统误差而与未修正测量结果相乘的数字因子"。含有系统误差的测量结果,乘以修正因子后就可以补偿或减少误差的影响。比方由于等臂天平的不等臂误差,细度筛子孔径的变化等所带来的测量结果中的系统误差,均可以通过乘一个修正因子得以补偿。

由于系统误差不能完全获知,所以这种补偿是不完全的。修正值/修正因子本身就含有不确定度,因此对测量数据的修正过程只能对系统误差进行有限程度的补偿。

实验室修正值或修正因子的应用,应按照程序要求得到相关技术负责人员的确认,试验检测工作人员无权决定是否应用。

4　公路工程试验检测计量技术管理

4.1　公路工程试验检测特点

4.1.1　试验检测特点

（1）试验检测机构数量多，工地试验室管理水平不高

根据交通部 2005 年第 12 号令规定，公路工程试验检测机构综合类设甲、乙、丙 3 个等级，专项类分为交通工程和桥梁隧道工程。目前为止，全国综合甲级及专项类检测机构近百余家，其他等级检测机构超过 2000 家，而且随着交通基础设施建设规模的不断加大，这个数量仍将持续增长。

按照 12 号令规定，取得等级证书的检测机构，可设立工地临时试验室，服务于工程建设项目。公路建设项目主要以线性分布，点多面广。为保证工程质量，各公路建设项目参建单位基本都要在工程现场设立工地试验室，同时部分建设管理单位为了加强对工程质量的有效监管，还会组建业主中心试验室，它们同属于工地临时试验室，都需遵守交通行业主管部门对工地试验室的管理规定。在目前我国公路大建设大发展时期，大多数省份公路工程工地试验室数量每年达到 200 家以上，有的甚至超过 400 家。作为工程质量控制和评判的重要基础数据来源，工地试验检测活动的规范性和试验检测数据的准确性对于工程建设质量的保证和指导作用非常重要。然而，由于工地试验室数量的激增和地点的分散以及持证检测人员数量的不足，同时部分母体检测机构对授权工地试验室的监管缺失或不到位，使得工地试验室的管理水平和试验检测活动的规范性相比等级检测机构还有一定的差距。

（2）试验检测参数繁多，量值溯源路径多样

无论等级检测机构还是工地试验室，都需要配置大量符合要求、量值准确、合格的试验检测仪器设备，这是开展试验检测工作的基础保障。由于公路工程试验检测项目和参数数量和类别繁多，既包括普通公路建筑原材料（如土、砂石、水泥等）的基本物理、化学和力学性能检测，又包括一些混合料或特殊材料（如沥青混合料、防护栏、标志标线等）以及道路、桥梁、隧道等结构物使用性能、甚至安全性能检测，因此，所使用的仪器设备种类繁多，其计量参数不但涉及几何量、温度、力学、位移等基本计量单位，而且还涵盖了环境、光学、电磁等多个专业领域，甚至还包括一些交通专用计量参数，如摆值、逆反射系数等。因此，公路工程专业涉及到很多方面的计量测试工作，虽然部分仪器设备量值可以直接溯源到国家基准，但仍有相当一部分仪器设备无法直接应用现有的社会公用计量标准来实现量值溯源。

对于一些公路工程专业试验检测仪器设备，其测量参数往往为多量值，如针入度仪，其计量参数包括针及针尖的几何参数、针尖表面的粗糙度、针及针连杆的质量等；马歇尔稳定度仪，

其计量参数包括力、位移等。系统较复杂,因此需要计量测试人员(或试验检测人员)具备较扎实的计量学基础知识和较强的专业知识,才能确保这些专业仪器量值溯源的可靠性。

(3)影响检测结果可靠性的因素多

公路工程试验检测结果的可靠性,往往不只是依赖仪器设备的有效溯源。仪器设备量值的有效溯源只是保证试验检测结果可靠性的基础,样品的制作、试件的尺寸、试验的环境、甚至包括仪器设备的整体协调性,对保证试验检测结果的可靠性影响都很大。因此,在制订公路工程仪器设备量值溯源计划时既要考虑计量学的要求,还要求相关计量测试人员(或试验检测人员)对专业试验检测方法的熟悉和掌握,并对仪器设备的计量测试结果和试验检测结果具有较强的综合分析和判断能力。

4.1.2　仪器设备特点

公路工程试验检测机构数量多,尤其是工地试验室数量大、流动性强,因此仪器设备经常被多次拆卸、搬运、安装,致使部分仪器设备的性能指标衰减较快,各母体检测机构对工地试验室尤其是仪器设备的管理缺乏系统、有效的监管和检查指导。

(1)仪器设备所处环境差

公路建设项目基本都在野外作业,施工环境和自然条件普遍较差,部分施工和监理单位对试验检测工作重视不够、投入不足,同时部分项目建设管理单位和母体检测机构也缺乏有效监管,这些因素都造成了工地试验室工作环境差,使用的仪器设备受外界条件影响较多,导致了相关性能指标的不稳定,而且工地试验室往往远离技术条件较好的中心城市,全部仪器设备若都只是通过检定的方式进行量值溯源,不但技术条件受限制(大量专业仪器设备社会公用计量机构无能力检定,行业计量又未全面开展),往往成本也比较高,试验检测结果可靠性得不到保证;若通过校准的方式进行量值溯源,由于工地试验检测人员流动性大,责任心不强,计量学知识严重缺乏(哪些仪器需要检定? 哪些仪器可以校准? 如何正确进行校准? 如何开展测量不确定度评定?),检定/校准结果判定和应用等往往都流于形式,随意性强,校准结果可靠性很低甚至纯粹编造校准记录。

(2)仪器设备市场技术监管较弱

由于公路建设发展速度快,每年各省市都会有大量的新的工地试验室成立,因此仪器设备使用量非常大,加之技术监管缺失,一些不法商贩采取“特殊”手段销售的仪器设备质量参差不齐,甚至一批仪器设备在原理上出现结构性错误或稳定性很差(如击实仪的击实锤落距变短,路强仪上固定测力环横梁的立柱随测力环应力的增大发生较大的变形等),同时由于工地试验室管理体制的问题,所采购的仪器设备过多地考虑价格,而明显缺乏必要的(有效的)性能检测和功能验收环节,致使一批低质伪劣产品充斥公路建设市场,交通部为此分别在2001年、2003年、2007～2009年发布了相关治理整顿文件,虽然情况略有好转,但这种不良现象仍旧未能根本改变,因此,公路工程试验检测仪器设备技术监管工作依旧任重而道远。

(3)仪器设备技术规程不完善

以公路工程综合乙级检测机构为例,所涉及的参数指标达150多个,需要的仪器设备及配件200多种,其中专业仪器设备较多,如无机结合料类、沥青及沥青混合料类、路基路面现场检测类等。但到目前为止,国家和行业已发布的专业仪器产品标准不足30%,一批仪器设备产品技术指标不明确,很不利于检测机构的选择和应用;同时,行业已发布的专业仪器设备检定规程不足40%,大部分仪器设备缺乏相应的计量检定规程,一些检测机构自行制订的校准规程(或方法)缺乏专业确认,校准方法可操作性不强,校准结果受到怀疑。为保证量值的准确可靠,如何正确引导检测机构编制科学、实用的校准方法,并能有效开展校准工作,提高试验检测结果的可信度和公信力,已是行业管理当务之急。

(4)仪器设备管理水平有待提高

按照实验室资质认定、认可和管理要求,每个实验室都必须配备专业的仪器设备管理人员。这方面等级检测机构情况相对较好,但是大量的工地试验室明显缺乏专门的仪器设备管理人员,有的即使有,也缺乏专业性,主要表现在对计量测试学知识了解和掌握较少(仅仅是对行业试验检测技术熟悉),对仪器设备的检定、校准、验证、期间核查等概念不清,对因仪器设备性能差、量值超差而引起的影响试验检测数据准确性、可靠性的危害认识不清,对因仪器管理、量值溯源问题而对工程施工质量、交通安全产生的严重隐患甚至灾难性后果不能引起足够重视;缺乏有效的仪器设备管理制度,虽然不少工地试验室制订了相应的仪器设备管理制度,但这些制度要么针对性不强、可操作性差,要么照搬照抄母体质量体系文件中仪器设备管理制度,和工地试验所处的环境和自身条件很不相适应,流于形式,仪器设备管理基本失控。

另外,也存在着工地试验室和所服务的项目经理部(监理部)以及母体检测机构之间责、权、利不清的情况,一些项目部建立工地试验室仅仅是为了满足合同要求,或者是应付检查,经常出现编造假资料等现象,因此仪器设备的管理制度以及对制度的执行和监督检查十分重要。

虽然等级检测机构的情况相对较好,但仍存在对检定/校准知识理解肤浅,仪器设备管理水平低等问题,这些都和实验室质量管理要求有很大的距离。

4.2 公路工程试验检测计量管理

公路工程试验检测技术包括道路工程、桥隧工程及交通工程三个不同的专业部分,即公路工程计量技术包含了三个不同的计量技术体系。

由于公路工程试验检测涉及大量野外作业,工地试验室又紧随建设项目,流动性大,仪器设备搬迁转移非常频繁,日常运行不能保持在一个相对稳定的状态,给量值溯源工作带来了极大的不便;一些工地试验室由于建设工期紧、试验检测任务繁重,部分仪器设备和参数试验频率又很高,在一次检定/校准合格后,可能仪器设备参数指标已超标,但又未能及时缩短周期,进行再检定/校准,无法确保试验检测数据的可靠性;同时,一些母体检测机构因业务量少,仪器设备正常使用频率较低,虽然维护状况较好,却不能适当延长检定/校准周期,与工地试验室使用频繁的仪器设备周期一样(周期确定不能自主),往往检定/校准合格后,一次也没有使用就到期了,造成无谓的浪费。

目前,公路建设正处于快速发展时期,公路工程试验检测仪器设备不断推陈出新,一部分手动操作的仪器设备经过改进,增加了自动控制功能,而检定/校准机构标准计量器具更新速度慢,已很难适应公路试验检测仪器设备检定/校准的需要。一方面根据国家法律法规的要求,工作计量器具必须通过量值溯源才能使用,一方面又缺少专业性强的技术机构及时、有效地为检测机构服务,检测机构自身又缺少校准的管理和技术能力,这些都给公路工程质量安全控制带来了不确定因素。

为规范交通专用计量器具管理,交通部根据《中华人民共和国计量法》第七、九条以及《中华人民共和国计量法实施细则》第九、十二条的有关规定,于1993年1月27日发布了《交通部专业计量检定站管理办法(试行)》,并于1997年12月发布了《交通专用计量器具管理办法(试行)》。通过几年的运行,为规范公路工程试验检测仪器设备计量管理,保障公路建设项目质量发挥了积极作用。目前,全国只有江苏、山东、福建、湖北等少数省市成立了交通行业专用仪器计量检定(校准)站,大部分省市并未建立起相应的专业计量技术机构。

4.2.1　校准范围

为提高检定／校准的有效性和可操作性,本指南按照公路工程综合乙级检测机构仪器设备配置为例,分类列出需要检定／校准的仪器设备明细(表4-1),综合丙级检测机构可以参照实施。综合甲级和桥隧专项检测机构可根据实际情况具体研究分析,确定合理的仪器设备检定／校准范围。

表4-1中所说的"检定"并不是强制检定,而是国家制订了相应的检定规程,同时检测机构自身又不具备检定能力,选择社会法定计量技术机构进行量值传递的活动;"校准"是指无相关的检定规程,但行业或检测机构自行制订了校准方法,可以通过校准实施量值溯源的活动。

这里指的校准也包括交通行业虽已发行了行业检定规程,而社会法定计量机构又无能力进行检定,检测机构可以开展自校准,也可以委托其他有资质和能力的专业机构进行外校准。

公路工程试验检测仪器设备检定／校准参考表　　　　　　　　　　　　　表4-1

分类 ＼ 项目	检　定	校　准
土工	电子天平,测力环(计),百分表,高温炉,分析天平	土工筛,烘箱,液塑限联合测定仪,电动击实仪,路面材料强度试验仪,CBR测试装置,比重瓶,杠杆压力仪,承载板及测力装置,表面振动压实仪,自由膨胀率测定装置
集料	电子天平,游标卡尺,压力机,秒表	标准筛,摇筛机,烘箱,规准仪,压碎值试验仪及金属量筒,洛杉矶磨耗机及钢球,容量筒,加速磨光机,摆式摩擦系数测定仪,李氏比重瓶,砂当量仪,细集料棱角性测定仪,叶轮搅拌机,测长仪及配件
岩石	压力机,游标卡尺,电子天平	电动切石机,砂轮磨平机,低温试验箱,烘箱,抽气设备
水泥	电子天平,标准恒温恒湿养护箱,电动抗折试验机,恒应力压力机,高温炉	透气比表面积仪,负压筛析仪,水泥净浆搅拌机,标准稠度与凝结时间测定仪,雷氏夹,沸煮箱,胶砂搅拌机,振实台,水泥胶砂流动度测试仪,量水器,试模
水泥混凝土、砂浆	千分表,压力机,干缩养护箱,游标卡尺,钢直尺,压力表	标准养护室,水泥混凝土搅拌机,振动台,抗折试验夹具,坍落度仪,含气量测定仪,混凝土贯入阻力仪,混凝土抗渗仪,容量筒,劈裂试验夹具,水泥砂浆搅拌机,水泥砂浆稠度仪,水泥砂浆分层仪,比长仪,各类试模

续上表

项目 分类	检 定	校 准
水、外加剂	分析天平,压力机	酸度计,烘箱,混凝土贯入阻力仪,含气量测定仪,阳极极化仪或钢筋锈蚀测量仪,玻璃量器、量具
无机结合料稳定材料	压力机,电子天平,分析天平,高温炉,应力环,百分表	电动击实仪,路面材料强度仪,标准养护室,烘箱,负压筛析仪,Blaine透气仪,无侧限试模
沥青	电子天平,分析天平,标准温度计,针入度标准针,真空减压毛细管黏度计,秒表,恒温水槽,薄膜烘箱	自动针入度仪,烘箱,低温延度仪,软化点仪,闪点仪,标准黏度计,比重瓶,滤筛(1.18mm),电极板,标准筛,冰箱
沥青混合料	电子天平,恒温水槽,压力表	马歇尔稳定度仪,沥青混合料拌和机,马歇尔自动击实仪,车辙试验机,烘箱,沥青全自动抽提仪(或燃烧炉),标准筛,摇筛机,轮碾成型机,最大理论密度测定仪,真空负压装置,路面材料强度测试仪,红外线测温仪,探杆测温仪,试模
钢筋(含接头)	万能材料试验机,游标卡尺	弯曲装置,标距打点机
路基路面	电子天平,全站仪(或经纬仪、测距仪),水准仪,钢尺	环刀,灌砂筒,弯沉仪,2m、3m直尺,连续式平整度测试仪,摩擦系数测试设备,构造深度测试仪,路面渗水仪,承载板,坡度尺
地基基础、基桩	水准仪,压力机	承载板及测试装置,静力触探仪,动力触探仪,基桩动测仪,超声波检测仪
结构混凝土	回弹仪,压力机	碳化深度测量装置,钢筋位置及保护层测定仪,非金属超声波检测仪,裂缝测量装置
说明	①校准器具(标准温度计、标准砝码、秒表、游标卡尺、通止规等)应依法检定。②校准列表中的部分仪器设备或其中某个参数(如:力、位移等),如不具备校准条件或校准能力,应委托专业机构检定/校准。③没有检定规程和校准方法的仪器设备,检测机构可按照规定自行编写的校准方法进行校准或通过比对的方式进行确认	

4.2.2 校准条件

检测机构开展校准工作必须符合规定的条件,这些条件包括了技术条件和管理条件(详见第3章1.1节的相关内容)。

4.2.3 校准周期

校准周期的确定,是校准工作的一个重要环节,校准周期的确定可以采取实践或试验的方法。实践方法:根据被校对象的特性(稳定性、使用频率、重要性)先选择一个较短周期开展校准,经过几个周期的比较,分析被校仪器设备量值的稳定性,然后适当延长周期。若被校量值变化较大,则适当缩短周期,经过几次调整确定最终周期。试验方法:对于使用频次较高的仪器设备,改变使用条件(如温度、湿度、振动等),分析被校仪器设备量值的变化,推算正常使用下的校准周期(详见第 3 章 2.2 节的相关内容)。

4.2.4　校准应用

试验检测作为公路工程建设质量控制的基础和重要环节,所用的仪器设备应按照要求进行检定/校准,以保证量值溯源的有效性。按照开展自校准工作应具备的条件,除了校准器具必须依法检定外,进行校准的人员应具备一定的计量学基础知识,同时应持有相关部门颁发的计量校准员资格证书或培训考核证书,校准方法应经过确认。校准工作应在规定环境条件下进行,校准结果(即校准记录)应符合规定要求。工地试验室母体检测机构、建设管理单位、项目质量监督机构应对校准工作监督管理。

各等级检测机构根据量值溯源性的要求,应按规定要求开展检定/校准工作。为了保证校准工作的可靠性,检测机构应至少保证持校准资格证人员不少于两人,同时应鼓励试验检测人员参加包括计量测试学、计量校准技术、仪器设备管理、实验室质量管理等方面的知识培训,并建立相应的继续教育档案;检测机构应配备足够的满足工作需要的标准器具,标准器具应定期进行溯源,建立标准器具管理制度(原则上用于校准的标准器具不应再用于开展日常检测);检测机构应加强对校准规程、校准方法的管理,包括对授权工地试验室制订的校准方法进行确认管理,制订校准管理工作制度(质量体系文件的一部分);检测机构应加强对授权工地试验室计量校准工作的指导与监督管理。

对外开展校准的实验室应通过国家实验室认可(CNAS),同时应在行业质量监督机构备案。

行业质量监督机构应对开展自校准和外校准的实验室进行监督。监督内容包括:校准方法、人员、标准器具、环境、记录、制度等。应建立校准人员培训、继续教育与检查考核备案制度;建立校准器具考核备案制度;建立校准方法评审和论证制度,鼓励制订企业标准和地方标准;建立校准数据和校准记录、报告档案制度;将仪器设备检定/校准管理纳入建设项目监督检查内容,纳入试验检测信用评价范围,以确保仪器设备管理的规范性和检测结果的可靠性,促进试验检测服务质量和管理水平的不断提高。

第二部分　校准/检查方法

编写说明

1. 本指南中的校准/检查方法本着专业、简洁、实用原则,参考《国家计量校准规范编写规则》(JJF 1071—2000)、《交通行业标准汇编(公路类计量检定规程卷)》、国家和建材行业等有关仪器设备的产品标准/检定规程、现行有效的试验检测规程以及仪器设备产品说明书等编写(使用中以相关标准的最新版本为准)。

2. 为方便使用和管理,编写时将第一部分第 4 章的《公路工程试验检测主要仪器设备检定/校准参考表》(表4-1)中校准的仪器设备划分为土工、集料、水泥及水泥混凝土、沥青及沥青混合料、其他共 5 类,对其中常用的 54 台(套)仪器设备编写了校准方法(具有量值传递或对试验结果影响比较关键的设备进行校准),对常用的 5 个工具设备编写了检查方法(没有量值传递的工具类设备进行检查);并针对每个校准/检查方法编制了记录表格。

3. 对于本指南中未编写的仪器设备校准/检查方法,实验室可按照有关规定和技术标准编写相应的校准/检查方法或企业标准。

4. 由于公路工程试验检测仪器设备结构形式多样,本方法可能有不适用之处,使用者可根据具体情况选择使用或适当修改调整。

5. 为便于实验室有效开展校准/检查工作,本指南还编制了《校准器具(物质)配置一览表》(详见附表1),仅供参考。

1 土工类仪器设备校准方法

1.1 土工标准筛校准方法（JTJZ 01—01）

1 适用范围

本方法适用于土工标准筛的校准,参考《金属穿孔板试验筛》（GB/T 6003.2—1997）编制。

2 技术要求

2.1 土工标准筛应带有铭牌（包括仪器名称、型号规格、出厂编号、出厂日期、制造厂等）、合格证、使用说明书。

2.2 筛框平整光滑,并能方便地与其他相同尺寸的标准筛、盖、接料盘等套叠在一起。

2.3 筛网与筛框间的连接要牢固,能防止待筛物料泄漏。

2.4 土工试验筛的筛孔标称直径及允许偏差应符合表 101-1 的规定。

土工标准筛筛孔标称直径及允许偏差　　　　　表 101-1

粗　筛		细　筛	
筛孔标称直径 （mm）	直径允许偏差 （mm）	筛孔标称直径 （mm）	直径允许偏差 （mm）
60	±0.60	2.0	±0.090
20	±0.30	1.0	±0.070
5	±0.14	0.5	±0.089
—	—	0.25	±0.058
—	—	0.075	±0.029

3 校准项目

3.1 外观检查。

3.2 筛孔尺寸。

4 校准环境及校准器具

4.1 校准环境:校准工作应在室内进行,环境温度为(25 ± 10)℃,相对湿度不大于85%,校准现场应洁净,周围无影响校准结果的振动、污染、腐蚀性气体。

4.2 校准器具:

4.2.1 游标卡尺:量程不小于300mm,分度值为0.02mm。

4.2.2 专用通止规。

4.2.3 刻度放大镜:放大倍数不小于40倍,测量精度优于0.01mm。

5 校准方法

5.1 外观检查:按本方法 2.1~2.3 条要求对土工标准筛进行外观检查。

5.2 筛孔尺寸校准:

5.2.1 用游标卡尺测量 60~5mm 筛的筛孔直径,单个测值与筛孔标称直径之差为直径偏差;2mm 及 1mm 筛用专用通止规直接进行校准;孔径 0.5mm 及其以下筛的校准参照《标准筛校准方法》(JTJZ 02—01)。

5.2.2 校准时,对每一筛孔用游标卡尺在筛孔内沿着不同的方向进行测量,读取直径最大值。60mm、40mm 试验筛应对所有筛孔全部进行测量;20mm 试验筛在筛面上选定的任一区域,沿着不同方向的两条直线全部测量;20mm 以下试验筛,在筛面上选定任一区域,沿着不同方向的两条直线(每条直线至少 100mm)进行测量。

6 校准周期

校准周期一般不超过 12 个月。

7 结果处理

填写校准记录表(表 B01-01),提交审核确认。

土工标准筛校准记录表(表 B01-01)

设备名称				设备编号		
规格型号				出厂编号		
生产厂家				校准日期		
校准器具名称及编号						
校准环境						
外观检查						
校准项目		技术要求	实测值		筛孔直径偏差最大值	校准结果
筛孔标称直径(mm)	60	60±0.600				
	40	40±0.450				
	20	20±0.300				
	10	10±0.210				
	5	5±0.140				
	2	2±0.090				
	1	1±0.070				
备注						
校准			校核		日期	

1.2 电热鼓风干燥箱校准方法(JTJZ 01—02)

1 适用范围

本方法适用于各种电热鼓风干燥箱的校准。

2 技术要求

2.1 仪器应带有铭牌(包括仪器名称、型号规格、出厂编号、出厂日期、制造厂等)、合格证、使用说明书。

2.2 电热鼓风干燥箱仪器外观完好,不应有影响仪器准确度的缺陷。

2.3 读数显示应清晰,控制器使用正常。

2.4 鼓风机可正常运行。

2.5 电热鼓风干燥箱加热装置应为不少于4组的炉瓦电阻丝。

2.6 电热鼓风干燥箱温控范围:常温至200℃,显示器分度值为1℃,温度控制:设定值±3℃。

3 校准项目

3.1 外观检查。

3.2 显示器示值。

3.3 温度控制稳定性。

4 校准环境及校准器具

4.1 校准环境:校准工作应在室内进行,环境温度为(25±10)℃,相对湿度不大于85%,校准现场应洁净,周围无影响校准结果的振动、污染、腐蚀性气体。

4.2 校准器具:标准温度计量程不小于200℃,分度值1℃。

5 校准方法

5.1 外观检查:按照本方法2.1~2.5条要求逐项进行检查。

5.2 显示器示值校准:从室温开始设置控制器温度值,以10℃的倍数为温度级,每级温度稳定时间不少于30min,用标准温度计测定电热鼓风干燥箱内部温度并记录,同时记录数显装置温度值,作出两者之间的对比曲线或建立电热鼓风干燥箱数显温度值与标准温度计读数的数据对比表。

5.3 温度控制稳定性校准:将电热鼓风干燥箱温度分段设置为65℃、105℃、175℃,待温度稳定后,3h内每小时随机观察一次读数,每次读数偏差不超过设定值±3℃为温度控制稳定性合格。

6 校准周期

校准周期一般不超过12个月。

7 结果处理

填写校准记录表(表B01-02),提交审核确认。

电热鼓风干燥箱校准记录表（表 B01-02）

设备名称			设备编号		
规格型号			出厂编号		
生产厂家			校准日期		
校准器具名称及编号					
校准环境					
外观检查					
校准项目	技术要求	实测值			校准结果
		标准温度计读数（℃）	显示器温度值（℃）		
显示器示值准确性	—		30		
			40		
			50		
			60		
			70		
			80		
			90		
			100		
			110		
			120		
			…		
温度控制稳定性	设定值 ±3℃	设定温度（℃）	读数 1（℃）	读数 2（℃）	读数 3（℃）
		65			
		105			
		175			
备注					
校准		校核		日期	

1.3　液塑限联合测定仪校准方法（JTJZ 01—03）

1　适用范围

本方法适用于液塑限联合测定仪的校准,参照《土壤液塑限检测仪检定规程》[JJG（交通）069—2006］编制。

2　技术要求

2.1　外观:

2.1.1　仪器应带有铭牌(包括仪器名称、型号规格、出厂编号、出厂日期、制造厂等)、合格证、使用说明书。

2.1.2　仪器外观完好,不应有锈蚀、碰伤、显著的划痕及影响仪器准确度的其他缺陷。

2.1.3　显示装置应刻度清晰,量程满足要求。

2.2　圆锥仪下沉时间为(5 ±0.1)s。

2.3　圆锥仪:质量为(76 ±0.2)g 或(100 ±0.2)g;

　　　　　　锥角为(30 ±0.2)°;

　　　　　　锥尖磨损高度≤0.3mm。

2.4　盛土杯:小杯内径(40 ±0.5) mm,高度 30 ~40mm;

　　　　　　大杯内径(50 ±0.5)mm,高度 40 ~50mm。

2.5　下沉深度测量误差:≤2%。

3　校准项目

3.1　外观检查。

3.2　圆锥仪下沉时间。

3.3　圆锥仪的质量、圆锥角度及锥尖磨损。

3.4　盛土杯尺寸。

3.5　下沉深度测量误差。

4　校准环境及校准器具

4.1　校准环境:校准工作应在室内进行,环境温度为(25 ±10)℃,相对湿度不大于85%,校准现场应洁净,周围无影响校准结果的振动、污染、腐蚀性气体。

4.2　校准器具:

4.2.1　秒表:分度值0.1s。

4.2.2　电子天平:量程不小于2 000g,感量0.01g。

4.2.3　万能角度尺:分度值2′。

4.2.4　三用游标卡尺:量程不小于200mm,分度值0.02mm。

4.2.5　标准量块:四等标准量块(5mm、10mm、15mm、20mm)。

5　校准方法

5.1　外观检查:按照本方法2.1条要求进行目测检查。

5.2　圆锥仪下沉时间的校准:将土膏装入盛土杯中,置于升降平台上,转动平台升降螺母,使圆锥锥尖刚好和土面接触,此时指示灯亮,停止转动平台升降螺母,按动开关,同时启动秒表,圆锥仪即自由下落,当读数指示灯亮时(或仪器记数声响),再次按下秒表,记录所经历的时间,平行测定3次,取平均值。

5.3　圆锥仪的质量、圆锥角度及锥尖磨损的校准:

5.3.1　圆锥仪的质量校准:用电子天平称量圆锥的质量,重复3次,取平均值。

5.3.2　圆锥仪角度校准:用万能角度尺测量圆角度,每120°测量1次,共测量3次,每次测量结果均应符合技术要求。

5.3.3　圆锥仪锥尖磨损校准:新购圆锥仪后,用游标卡尺测量锥高,并记录(初始高度),以后校准时使用同样的方法测量锥高(实测高度),并计算锥尖磨损高度值,重复3次,取平均值。

5.4　盛土杯尺寸校准:用游标卡尺量测盛土杯的内径和高度,每120°测量1次,共测量3次,每次测量结果均应符合技术要求。

5.5 下沉深度测量误差校准:在 0～22mm 范围内,设定 5mm、10mm、15mm、20mm 4 个校准点,用标准量块校准,校准的每一点的误差应满足 2.5 条要求,重复 3 次,取平均值。误差计算公式为:

$$误差值 = \frac{|量测值 - 标准值|}{标准值} \times 100\%。$$

6 校准周期

校准周期一般不超过 12 个月。

7 结果处理

填写校准记录表(表 B01-03),提交审核确认。

液塑限联合测定仪校准记录表(表 B01-03)

设备名称				设备编号		
规格型号				出厂编号		
生产厂家				校准日期		
校准器具名称及编号						
校准环境						
外观检查						
校准项目		技术要求	实测值			
			1	2	3	平均
圆锥下沉时间(s)		5±0.1				
圆锥仪的质量(g)		76±0.2				
		100±0.2				
圆锥仪的锥角(°)		30±0.2				—
锥尖磨损高度	初始高度(mm)	—				—
	实测高度(mm)	—				—
	磨损高度(mm)	≤0.3				
盛土杯尺寸	小杯	内径(mm)	40±0.5			—
		高度(mm)	30～40			—
	大杯	内径(mm)	50±0.5			—
		高度(mm)	40～50			—
下沉深度测量误差	示值(mm)	5				
	误差(%)	≤2				
	示值(mm)	10				
	误差(%)	≤2				
	示值(mm)	15				
	误差(%)	≤2				
	示值(mm)	20				
	误差(%)	≤2				
校准结果						
备注						
校准		校核		日期		

1.4 电动击实仪校准方法(JTJZ 01—04)

1 适用范围

本方法适用于电动击实仪的校准,参照《土工击实仪检定规程》[JJG(交通)058—2004]编制。

2 技术要求

2.1 仪器应带有铭牌(包括仪器名称、型号规格、出厂编号、出厂日期、制造厂等)、合格证、使用说明书。

2.2 击实锤质量:轻型(2 500 ±5)g,重型(4 500 ±5)g。

2.3 击实锤落高:轻型(300 ±2)mm,重型(450 ±2)mm,击实过程中落高应保持不变。

2.4 击实锤锤头直径:(50 ±0.5)mm。

2.5 击实锤体的侧母线与击实筒内壁的间隙:2 ~ 2.5mm。

2.6 击实筒规格要求如表104-1所示。

击实筒规格要求   表104-1

规 格 型 号	高度(mm)	内径(mm)
小型击实筒	127 ±0.23	100 ±0.2
大型击实筒	170 ±0.25	152 ±0.3

3 校准项目

3.1 外观检查。

3.2 击实锤质量。

3.3 击实锤落高。

3.4 击实锤锤头直径。

3.5 击实锤体的侧母线与击实筒内壁的间隙。

3.6 击实筒几何尺寸。

4 校准环境及校准器具

4.1 校准环境:环境温度为(25 ±10)℃,相对湿度不大于85%,校准现场应洁净,周围无影响校准结果的振动、污染、腐蚀性气体。

4.2 校准器具:

4.2.1 电子天平:量程不小于5 000g,感量为1g。

4.2.2 钢直尺:量程不小于500mm,分度值为1mm。

4.2.3 游标卡尺:最大量程不小于200mm,分度值为0.02mm。

4.2.4 塞尺:0.02 ~ 2mm。

5 校准方法

5.1 外观检查:按本方法2.1条要求对仪器的外观进行检查。

5.2 击实锤质量校准:取下击实锤及导向杆放置在记数电子天平上准确称量,调整其配重,使锤质量准确至要求范围。

5.3 击实锤落高校准:将击实锤提升至起始高度位置处,用钢直尺测量出击锤底部至落点处的垂直高度即击实锤落高,重复测量3次,取平均值。

5.4 击实锤锤头直径校准:用游标卡尺测量击实锤锤头直径,每120°测量1次,共测量3次,每次测量结果均应符合技术要求。

5.5 击实锤体的侧母线与击实筒内壁的间隙校准:将击实仪的定位销调整到使用大型击实筒处,安装好大型击实筒,将击实锤体手动调整到击实过程下端位置,然后手动转动击实筒,每转动120°用塞尺测量击实锤体的侧母线与击实筒内壁的间隙,共测量3次,其间隙均应在2～2.5mm范围内;小型击实筒校准采用相同的方法。

5.6 击实筒几何尺寸校准:用游标卡尺测量击实筒的内径及高度,每120°测量1次,共测量3次,每次测量结果均应符合技术要求。

6 校准周期

校准周期一般不超过12个月。

7 结果处理

填写校准记录表(表B01-04),提交审核确认。

电动击实仪校准记录表(表B01-04)

设备名称				设备编号			
规格型号				出厂编号			
生产厂家				校准日期			
校准器具名称及编号							
校准环境							
外观检查							
校准项目		技术要求	实测值				
			1	2	3	平均	
击实锤质量(g)	轻型	2 500 ± 5				—	
	重型	4 500 ± 5				—	
击锤落高(mm)	轻型	300 ± 2					
	重型	450 ± 2					
锤头直径(mm)	轻型	50 ± 0.5				—	
	重型	50 ± 0.5				—	
击实锤体的侧母线与击实筒内壁的间隙(mm)		2 ~ 2.5				—	
击实筒高度(mm)	小型	127 ± 0.23				—	
	大型	170 ± 0.25				—	
击实筒内径(mm)	小型	100 ± 0.2				—	
	大型	152 ± 0.3				—	
校准结果							
备注							
校准		校核		日期			

1.5 路面材料强度试验仪校准方法(JTJZ 01—05)

1 适用范围

本方法适用于路面材料强度试验仪主机的校准。

2 技术要求

2.1 仪器应带有铭牌(包括仪器名称、型号规格、出厂编号、出厂日期、制造厂等)、合格证、使用说明书。

2.2 仪器安装应水平,立柱应安装紧固、竖直,并相互平行。

2.3 上升速率可控制为 1mm/min。

2.4 框架横梁、升降台应保持水平,处于相互平行的平面上。

2.5 上升轴、贯入杆均应竖直,并处于同一直线上。

3 校准项目

3.1 外观检查。

3.2 上升速率。

3.3 框架横梁、升降台的水平度。

3.4 上升轴及贯入杆的竖直度。

4 校准环境及校准器具

4.1 校准环境:校准工作应在室内进行,环境温度为(25±10)℃,相对湿度不大于85%,校准现场应洁净,周围无影响校准结果的振动、污染、腐蚀性气体。

4.2 校准器具:

4.2.1 秒表:分度值 0.1s。

4.2.2 百分表:量程 10mm,分度值 0.01mm。

4.2.3 水平尺。

5 校准方法

5.1 外观检查:按本方法 2.1 条、2.2 条要求对仪器的外观进行检查。

5.2 上升速率校准:将仪器升降台调节至适当的位置、上升速率挡位设置为 1mm/min,将百分表用支架、表夹等装置固定,使表头与上升盘接触并调零,开启上升按钮,同时启动秒表,当秒表显示时间为 5min 时关闭上升按钮,读取百分表读数,计算上升速率,重复测量 3 次,取平均值。

5.3 框架横梁、升降台的水平度校准:将水平框尺分别在相互垂直的两个方向置于框架顶部,调节框架水平后,将水平尺以相同的方式放置在升降台上,启动上升按钮,查看升降台上升过程中是否水平,否则应进行维修处理。

5.4 上升轴及贯入杆的竖直度校准:连接测力环、贯入杆,将上升台升至与贯入杆接触的位置,查看贯入杆与升降台是否对中处于同一竖直线上,否则应予以维修处理。

6 校准周期

校准周期一般不超过 12 个月。

7 结果处理

填写校准记录表(表 B01-05),提交审核确认。

路面材料强度试验仪校准记录表(表 B01-05)

设备名称				设备编号			
规格型号				出厂编号			
生产厂家				校准日期			
校准器具名称及编号							
校准环境							
外观检查							
校准项目		技术要求	实测值				
			1	2	3	平均	
上升速率	初始读数(mm)	—				—	
	终止读数(mm)	—				—	
	上升速率(mm/min)	1					
框架横梁、升降台的水平度							
上升轴及贯入杆的竖直度							
校准结果							
备注							
校准		校核			日期		

1.6 土工环刀校准方法(JTJZ 01—06)

1 适用范围

本方法适用于土的密度试验用环刀的校准。

2 技术要求

2.1 环刀应圆整,无明显的变形,无缺损。

2.2 内径:(61.8 ± 0.15)mm,(79.8 ± 0.15)mm,60 ~ 80mm(现场检测用)。

2.3 高度:(20.0 ± 0.10)mm,20 ~ 30mm(现场检测用)。

3 校准项目

3.1 外观检查。

3.2 环刀内径。

3.3 环刀高度。

4 校准环境及校准器具

4.1 校准环境:校准工作应在室内进行,环境温度为(25 ± 10)℃,相对湿度不大于85%,

校准现场应洁净,周围无影响校准结果的振动、污染、腐蚀性气体。

4.2 校准器具:游标卡尺量程不小于200mm,分度值为0.02mm。

5 校准方法

5.1 外观检查:按本方法2.1条要求进行外观检查。

5.2 环刀内径校准:用游标卡尺测量环刀内径,每120°测量1次,共测量3次。

5.3 环刀高度校准:用游标卡尺测量环刀的高度,每120°测量1次,共测量3次取平均值。

6 校准周期

校准周期一般不超过12个月。

7 结果处理

填写校准记录表(表B01-06),提交审核确认。

环刀校准记录表(表B01-06)

设备名称					设备编号				
规格型号					出厂编号				
生产厂家					校准日期				
校准器具 名称及编号					校准环境				
检验项目	内径(mm)			高度(mm)				体积 (cm³)	外观检查	校准结果
技术要求	79.8±0.15 61.8±0.15 60~80			20.0±0.10 20.0±0.10 20~30						
环刀编号	1	2	3	1	2	3	平均			
备注										
校准			校核				日期			

1.7 CBR 试验装置校准方法(JTJZ 01—07)

1 适用范围

本方法适用于 CBR 试验装置的校准。

2 技术要求

2.1 外观:贯入杆、试筒、荷载板、百分表支撑架、透水板等外观完好,不应有碰伤、显著的划痕及影响仪器准确度的其他缺陷。

2.2 贯入杆:端面直径(50±0.5)mm、长约100mm 的金属柱,百分表支架应和贯入杆垂直并安装牢固。

2.3 试筒:内径(152±0.2)mm、高度(170±1.0)mm;

套环:高度(50±0.5)mm;

筒内垫块:直径(151±0.2)mm、高度(50±0.5)mm。

2.4 荷载板:直径150mm,中心孔眼直径52mm,每块质量(1 250±10)g,沿直径分为两个半圆块。

3 校准项目

3.1 外观检查。

3.2 贯入杆的直径。

3.3 试筒、套环及筒内垫块的尺寸。

3.4 荷载板质量。

4 校准环境及校准器具

4.1 校准环境:校准工作应在室内进行,环境温度为(25±10)℃,相对湿度不大于85%,校准现场应洁净,周围无影响校准结果的振动、污染、腐蚀性气体。

4.2 校准器具:

4.2.1 游标卡尺:量程不小于200mm,分度值为0.02mm。

4.2.2 电子天平:量程不小于2 000g,感量为0.01g。

5 校准方法

5.1 外观检查:按照本方法2.1条要求目测检测仪器外观,外观符合要求后,再进行其他项的校准。

5.2 贯入杆直径校准:用游标卡尺测量贯入杆的直径,每120°测量1 次,共测量3 次,取平均值。

5.3 试筒、套环及筒内垫块的尺寸校准:用游标卡尺分别测量试筒内径和高度、筒内垫块的直径和高度、套环的高度,每120°测量1 次,共测量3 次,取平均值。

5.4 荷载板质量校准:逐个称量荷载板质量并记录。

6 校准周期

校准周期一般不超过12 个月。

7 结果处理

填写校准记录表(表 B01-07),提交审核确认。

CBR 试验装置校准记录表（表 B01-07）

设备名称				设备编号		
规格型号				出厂编号		
生产厂家				校准日期		
校准器具名称及编号						
校准环境						
外观检查						
校准项目		技术要求	实测值			
			1	2	3	平均
贯入杆直径(mm)		50 ± 0.5				
试筒	直径(mm)	152 ± 0.2				
	高度(mm)	170 ± 1.0				
筒内垫块	直径(mm)	151 ± 0.2				
	高度(mm)	50 ± 0.5				
套环高度(mm)		50 ± 0.5				
荷载板质量(g)		1 250 ± 10				
校准结果						
备注						
校准		校核		日期		

2　集料类仪器设备校准方法

2.1　标准筛校准方法（JTJZ 02—01）

1　适用范围

本方法适用于集料试验用标准筛的校准,参照《公路工程集料试验规程》（JTG E42—2005）附录 A《公路工程方孔筛集料标准筛》编制。

2　技术要求

2.1　标准筛应带有铭牌(包括仪器名称、型号规格、出厂编号、出厂日期、制造厂等)、合格证、使用说明书。

2.2　标准筛应外观整洁,筛框平整光滑,并且能方便地与筛框尺寸相同的其他筛、盖、接料盘等能套叠在一起;筛网与筛框间的连接要牢固,能防止待筛物料的泄漏。

2.3　筛孔 4.75mm 以上的标准筛应采用金属穿孔板,金属穿孔板的尺寸及公差见表201-1。

金属穿孔板的尺寸及公差　　　　表 201-1

筛孔尺寸(mm)	75.0	63.0	53.0	37.5	31.5	26.5	19.0	16.0	13.2	9.5	4.75
单孔公差(mm)	±0.70	±0.60	±0.55	±0.45	±0.40	±0.35	±0.29	±0.27	±0.25	±0.21	±0.14

2.4　16mm 以下标准筛的底板可以为金属丝编织网,筛孔形状为正方形,筛孔位置必须按规定要求排列,金属丝编织网筛筛孔要求见表201-2。

金属丝编织网筛的尺寸及公差要求　　　　表 201-2

筛孔尺寸（mm）	公　差（mm）		
	极限偏差	平均尺寸偏差	中间偏差
16.0	+0.99	±0.49	+0.74
13.2	+0.86	±0.41	+0.64
9.50	+0.68	±0.30	+0.49
4.75	+0.41	±0.15	+0.28
2.36	+0.25	±0.08	+0.17
1.70	+0.20	±0.06	+0.13
1.18	+0.16	±0.04	+0.10
0.60	+0.101	±0.021	+0.061
0.50	+0.089	±0.018	+0.054
0.30	+0.065	±0.012	+0.038
0.25	+0.058	±0.010	+0.034

筛孔尺寸（mm）	公　差（mm）		
	极限偏差	平均尺寸偏差	中间偏差
0.15	+0.043	±0.006 6	+0.025
0.075	+0.029	±0.004 1	+0.017

3　校准项目

3.1　外观检查。

3.2　筛孔尺寸。

4　校准环境及校准器具

4.1　校准环境：校准工作应在室内进行，环境温度为（25±10）℃，相对湿度不大于85%，校准现场应洁净，周围无影响校准结果的振动、污染、腐蚀性气体。

4.2　校准器具：

4.2.1　游标卡尺：量程不小于200mm，分度值为0.02mm。

4.2.2　刻度放大镜：放大倍数不小于40倍，测量精度优于0.01mm。

5　校准方法

5.1　外观检查：按本方法2.1条、2.2条要求对标准筛进行外观检查。

5.2　金属穿孔板试验筛筛孔尺寸校准：用游标卡尺测量筛孔的孔径。各筛被测筛孔的确定，应沿着相互垂直两条直线方向进行，孔径4.75mm以上筛孔，测孔数不应少于总孔数的20%，孔径4.75mm及其以下筛测孔数不应少于40个，当两个方向上被查筛孔的数目少于规定数目要求时，应对全部筛孔进行测量，单孔偏差不得超过单孔公差规定值。

5.3　金属丝编织网试验筛筛孔尺寸校准：用游标卡尺或刻度放大镜测量筛孔的孔径。各筛被测筛孔的确定，应沿着相互垂直两条直线方向或夹角为60°的两条直线方向进行，测孔数量要求与金属穿孔板试验筛测孔数量要求相同；计算单孔偏差和平均尺寸偏差（单孔偏差平均值），任一筛孔的偏差不得超过极限偏差，平均尺寸偏差不得超过规定值。

6　校准周期

校准周期一般不超过12个月。

7　结果处理

填写校准记录表（表B02-01-1、表B02-01-2），提交审核确认。

标准筛（金属穿孔板）校准记录表（表B02-01-1）

设备名称		设备编号	
规格型号		出厂编号	
生产厂家		校准日期	
校准器具名称及编号			
校准环境			
外观检查			

续上表

校准项目		技术要求	实 测 值								筛孔偏差最大值	校准结果
筛孔尺寸（mm）	75	±0.70										
	63	±0.60										
	53	±0.55										
	37.5	±0.45										
	31.5	±0.40										
	26.5	±0.35										
	19	±0.29										
	16	±0.27										
	13.2	±0.25										
	9.5	±0.21										
	4.75	±0.14										
备　注												
校　准				校　核						日　期		

标准筛(金属编织网)校准记录表(表 B02-01-2)

设备名称		设备编号	
规格型号		出厂编号	
生产厂家		校准日期	
校准器具名称及编号			
校准环境			
外观检查			

校准项目		技术要求	实 测 值							平均尺寸偏差	校准结果
筛孔尺寸（mm）	左读数	见表201-2									
	右读数										
	实测孔径										
	单孔偏差										
	左读数										
	右读数										
	实测孔径										
	单孔偏差										
	左读数										
	右读数										
	实测孔径										
	单孔偏差										
	左读数										
	右读数										
	实测孔径										
	单孔偏差										
	左读数										
	右读数										
	实测孔径										
	单孔偏差										
备　注		一个筛填一张表									
校　准			校　核				日　期				

2.2　针片状规准仪校准方法（JTJZ 02—02）

1　适用范围

本方法适用于水泥混凝土集料针片状颗粒含量试验用规准仪的校准。

2　技术要求

2.1　规准仪材质要均匀、不得有生锈、凹凸等缺陷。

2.2　针状规准仪由厚 5mm、宽 20mm、长 348.7mm 的钢板条制成的底座和直径为 6mm 的规准仪立柱组成，片状规准仪由厚 3mm、宽 120mm、长 240mm 的其上开成 6 个不同规格的长孔规准板和支架组成。

2.3　针片状规准仪立柱间距和孔宽孔长要求见表202-1。

针片状规准仪规格要求 表202-1

粒级(mm)	4.75～9.5	9.5～16	16～19	19～26.5	26.5～31.5	31.5～37.5
针状规准仪相应的立柱间距(mm)	17.1±0.9	30.6±1.2	42.0±2	54.6±3	69.6±4	82.8±5
片状规准仪相应的孔宽(mm)	2.8±0.15	5.1±0.25	7.0±0.35	9.1±0.45	11.6±0.55	13.8±0.75
片状规准仪相应的孔长(mm)	17.1±0.9	30.6±1.2	42.0±2	54.6±3	69.6±4	82.8±5

3 校准项目

3.1 外观检查。

3.2 针状规准仪立柱间距。

3.3 片状规准仪孔宽。

3.4 片状规准仪孔长。

4 校准环境及校准器具

4.1 校准环境:校准工作应在室内进行,环境温度为(25±10)℃,相对湿度不大于85%,校准现场应洁净,周围无影响校准结果的振动、污染、腐蚀性气体。

4.2 校准器具:游标卡尺量程不小于200mm,分度值0.02mm。

5 校准方法

5.1 外观检查:按照本方法2.1条、2.2条要求进行外观检查。

5.2 针状规准仪立柱间距校准:用游标卡尺测量针状规准仪各立柱之间的净距,每一间距测量3次,应在最上边、中间和最下边分别测量,均不得超过要求。

5.3 片状规准仪孔宽校准:用游标卡尺测量片状规准仪孔宽,每孔测量3次,分别在中间和两端测量,均不得超过要求。

5.4 片状规准仪孔长校准:用游标卡尺测量片状规准仪孔长。

6 校准周期

校准周期一般不超过12个月。

7 结果处理

填写校准记录表(表B02-02),提交审核确认。

针片状规准仪校准记录表(表B02-02)

设备名称		设备编号	
规格型号		出厂编号	
生产厂家		校准日期	
校准器具名称及编号			
校准环境			
外观检查			

续上表

校准项目	粒 级	技术要求	实 测 值		
			1	2	3
针状规准仪相应的立柱间距(mm)	4.75~9.5	17.1±0.9			
	9.5~16	30.6±1.2			
	16~19	42.0±2			
	19~26.5	54.6±3			
	26.5~31.5	69.6±4			
	31.7~37.5	82.8±5			
片状规准仪相应的孔宽(mm)	4.75~9.5	2.8±0.15			
	9.5~16	5.1±0.25			
	16~19	7.0±0.35			
	19~26.5	9.1±0.45			
	26.5~31.5	11.6±0.55			
	31.5~37.5	13.8±0.75			
片状规准仪相应的孔长(mm)	4.75~9.5	17.1±0.9			
	9.5~16	30.6±1.2			
	16~19	42.0±2			
	19~26.5	54.6±3			
	26.5~31.5	69.6±4			
	31.5~37.5	82.8±5			
校准结果					
备 注					
校 准		校 核		日 期	

2.3 压碎值试验仪校准方法(JTJZ 02—03)

1 适用范围

本方法适用于压碎值试验仪的校准。

2 技术要求

2.1 压碎值试验仪由钢制圆试筒、压柱、底板组成,外表光滑、平整,压碎值试验仪不得有凹凸、啃边等缺陷。

2.2 压碎值试验仪的压头应平整、光滑,使用后不得产生凹陷。

2.3 各部分尺寸要求如表 203-1、表 203-2 所示。

GB/T 14685 压碎值试验仪规格 表 203-1

部 位	名 称	尺寸(mm)
试筒	内径	152 ± 0.3
	厚度	≥10
压柱	压头直径	150 ± 0.2
底板	上口内径	172 ± 0.5
	外径	182 ± 0.5

JTG E42—2005 压碎值试验仪规格 表 203-2

部 位	名 称	尺寸(mm)
试筒	内径	150 ± 0.3
	高度	125 ~ 128
	厚度	≥12
压柱	压头直径	149 ± 0.2
	压杆直径	100 ~ 149
	压柱总长	100 ~ 110
	压头厚度	≥25
底板	直径	200 ~ 220
	厚度	6.4 ± 0.2
	边缘厚度	10 ± 0.2

2.4 金属捣棒:直径(10 ± 1.0)mm,长 450 ~ 600mm,端部加工成半球形。

2.5 金属筒:内径(112 ± 0.2)mm,高度(179.4 ± 0.2)mm,(JTG E42—2005 压碎值试验仪专用,下同)

3 校准项目

3.1 外观检查。

3.2 试筒、压柱、底板。

3.3 金属捣棒和金属筒尺寸。

4 校准环境及校准器具

4.1 校准环境:校准工作应在室内进行,环境温度为(25 ± 10)℃,相对湿度不大于85%,校准现场应洁净,周围无影响校准结果的振动、污染、腐蚀性气体。

4.2 校准器具:

4.2.1 游标卡尺:量程不小于200mm,分度值0.02mm。

4.2.2 钢直尺:量程不小于500mm,分度值1mm。

5 校准方法

5.1 外观检查:按照本方法2.1条、2.2条要求进行外观检查。

5.2 试筒尺寸校准:用游标卡尺测量试筒的内径、壁厚和高度,每120°测量1次,共测量3次,每次测量结果均应符合技术要求。

5.3 压柱尺寸校准:用游标卡尺分别测量压柱头直径、压杆直径、压柱总长、压头壁厚,每120°测量1次,共测量3次,每次测量结果均应符合技术要求。

5.4 底板尺寸校准:用游标卡尺分别测量底板的厚度和边缘厚度、用钢直尺测量底板的直径,每120°测量1次,共测量3次,每次测量结果均应符合技术要求。

5.5 金属捣棒直径校准:用游标卡尺在金属捣棒端部测量捣棒直径,每120°度测量1次,共测量3次,每次测量结果均应符合技术要求。

5.6 金属筒尺寸校准:用游标卡尺分别测量金属筒内径和高度,每120°测量1次,共测量3次,每次测量结果均应符合技术要求。

6 校准周期

校准周期一般不超过 12 个月。

7 结果处理

填写校准记录表(表 B02-03-1、表 B02-03-2),提交审核确认。

压碎值试验仪校准记录表(GB/T 14685 压碎值试验仪)(表 B02-03-1)

设备名称			设备编号		
规格型号			出厂编号		
生产厂家			校准日期		
校准器具名称及编号					
校准环境					
外观检查					
校准项目		技术要求	实 测 值		
			1	2	3
试筒尺寸(mm)	内径	152 ± 0.3			
	厚度	≥10			
压头直径(mm)		150 ± 0.2			
底板尺寸(mm)	内径	172 ± 0.5			
	外径	182 ± 0.5			
校准结果					
备 注					
校 准		校 核		日 期	

压碎值试验仪校准记录表(JTG E42 压碎值试验仪)(表 B02-03-2)

设备名称			设备编号		
规格型号			出厂编号		
生产厂家			校准日期		
校准器具名称及编号					
校准环境					
外观检查					
校准项目		技术要求	实 测 值		
			1	2	3
试筒尺寸(mm)	内径	150 ± 0.3			
	高度	125 ~ 128			
	厚度	≥12			
压柱尺寸(mm)	压头直径	149 ± 0.2			
	压杆直径	100 ~ 149			
	压柱总长	100 ~ 110			
	压头厚度	≥25			

续上表

校准项目		技术要求	实测值		
			1	2	3
底板尺寸(mm)	直径	200～220			
	厚度	6.4±0.2			
	边缘厚度	10±0.2			
捣棒直径(mm)		10±1.0			
金属筒(mm)	内径	112±0.2			
	高度	179.4±0.2			
校准结果					
备　注					
校　准		校　核		日　期	

2.4 洛杉矶磨耗试验机校准方法(JTJZ 02—04)

1 适用范围

本方法适用于洛杉矶磨耗试验机的校准。

2 技术要求

2.1 仪器应带有铭牌(包括仪器名称、型号规格、出厂编号、出厂日期、制造厂等)、合格证、使用说明书。

2.2 仪器应安装平稳,投料口的钢盖可通过紧固螺栓和橡胶垫与钢筒紧闭密封。

2.3 圆筒转速为 30～33r/min。

2.4 圆筒内径(710±5)mm,内侧长度(510±5)mm。

2.5 钢球质量为 390～445g、直径为 46.0～47.6mm。

3 校准项目

3.1 外观检查。

3.2 自控程序与转速。

3.3 圆筒尺寸。

3.4 钢球质量、直径。

4 校准环境及校准器具

4.1 校准环境:校准工作应在室内进行,环境温度为(25±10)℃,相对湿度不大于85%,校准现场应洁净,周围无影响校准结果的振动、污染、腐蚀性气体。

4.2 校准器具:

4.2.1 秒表:精度0.1s。

4.2.2 钢直尺:量程不小于1 000mm,分度值1mm。

4.2.3 游标卡尺:量程不小于200mm,分度值0.02mm。

4.2.4 电子天平:量程不小于1 000g,感量不大于0.1g。

5 校准方法

5.1 外观检查:按照本方法2.1条、2.2条要求进行外观检查。

5.2 自控程序与转速校准:首先启动电机运转仪器查看计数器是否正确,然后停机,给计数器预置数值,启动电机,到预置数值后能自动停机为合格;将计数器预置于500,开动电机,同时启动秒表,转动500转停机时按下秒表,记录转动500转所用时间,计算转速,重复3遍,取平均值。

5.3 圆筒尺寸校准:用钢直尺测量圆筒外径和外侧长,每120°测量1次,共测量3次,在开口处测量圆筒壁厚,计算圆筒内径和内侧长度。

5.4 钢球质量、直径校准:将钢球洗净烘干冷却至室温,用天平称量每个钢球质量,同时用游标卡尺测量钢球直径,每个球测量相互垂直的不同部位3点,每点测量结果均应符合技术要求。

6 校准周期

校准周期一般不超过12个月。

7 结果处理

填写校准记录表(表B02-04),提交审核确认。

洛杉矶磨耗试验机校准记录表(表B02-04)

设备名称					设备编号		
规格型号					出厂编号		
生产厂家					校准日期		
校准器具名称及编号							
校准环境							
外观检查							
校准项目			技术要求		实 测 值		
					1	2	3
转速		500转时间(s)	30～33				
		转速(r/min)					
圆筒尺寸	内径	外径(mm)	—				
		壁厚(mm)	—				
		内径(mm)	710±5				
	内侧长	外侧长(mm)	—				
		端部厚(mm)	—				
		内侧长(mm)	510±5				

续上表

钢球编号	质量	直径		
		1	2	3

（左侧跨行单元格：钢球质量(g)及直径(mm)　质量：390~445　直径：46.0~47.6）

校准结果				
备　注				
校　准		校　核	日　期	

2.5　加速磨光机校准方法（JTJZ 02—05）

1　适用范围

本方法适用于加速磨光机的校准,参照《加速磨光机检定规程》[JJG(交通)054—2009]及《加速磨光机》(JT/T 764—2009)编制。

2　技术要求

2.1　仪器应带有铭牌(包括仪器名称、型号规格、出厂编号、出厂日期、制造厂等)、合格证、使用说明书。

2.2　仪器表面应光滑、平整,无明显缺陷和锈蚀现象。

2.3　道路轮:

2.3.1　道路轮外径为(406 ±1)mm,宽度为(45 ±1)mm。

2.3.2　道路轮旋转时外径对轴心的跳动幅度不大于0.08mm,两侧端面对轴心的摆动幅度不大于0.05mm。

2.3.3　道路轮工作时的转速为(320 ±5)r/min。

77

2.4 橡胶轮：

2.4.1 橡胶轮外径为(206 ±1.5)mm,顶部宽度为(44 ±1)mm。

2.4.2 橡胶轮初期硬度为(69 ±3)IRHD。

2.5 喂砂机构：

2.5.1 喂砂机构能以(27 ±7)g/min 的溜砂量注入 30 号的金刚砂。

2.5.2 喂砂机构能以(3 ±1)g/min 的溜砂量注入 280 号的金刚砂。

2.5.3 喂砂机构能以 50 ~ 75mL/min 的流量注入自来水。

2.6 加荷装置：加荷装置的杠杆支点转动应灵活,杠杆上的配重应能调节,保证橡胶轮对道路轮的正向压力为(725 ±10)N。

3 校准项目

3.1 外观检查。

3.2 道路轮尺寸、跳动幅度、摆动幅度、转速。

3.3 橡胶轮尺寸、硬度。

3.4 喂砂机构：注砂、注水流量。

3.5 加荷装置：正向压力。

4 校准环境及校准器具

4.1 校准环境：校准工作应在室内进行,环境温度为(25 ±10)℃,相对湿度不大于85%,校准现场应洁净,周围无影响校准结果的振动、污染、腐蚀性气体。

4.2 校准器具：

4.2.1 游标卡尺：量程不小于500mm,分度值 0.02 mm。

4.2.2 游标卡尺：量程不小于200 mm,分度值 0.02 mm。

4.2.3 百分表：分度值 0.01 mm(配有磁性表座)。

4.2.4 转速测定仪：量程 0 ~ 9 999r/min,分度值 1r/min。

4.2.5 橡胶硬度计：量程不小于100IRHD,分度值 1IRHD。

4.2.6 秒表：分度值 0.1s。

4.2.7 量筒：容量 200mL,分度值 1mL。

4.2.8 电子天平：量程不小于500g,感量 0.01g。

4.2.9 手提拉力测试仪：量程不小于1 000N、I 级精度。

5 校准方法

5.1 外观检查：按照本方法2.1条、2.2条要求进行外观检查。

5.2 道路轮的校准

5.2.1 道路轮尺寸校准：道路轮装满试件后用游标卡尺测量道路轮的外径(以石料试件圆弧为基准)、宽度,每 120°测量 1 次,共测 3 次,每次测量结果均应符合技术要求。

5.2.2 道路轮跳动幅度、摆动幅度校准：将百分表安装在磁性表架上,表固定在磨光机的机体上,使百分表的测量触头接触道路轮外径,百分表初始接触读数应略大于 0.5mm,调整百分表读数为零,然后转动道路轮 1 周,观察百分表读数,记录最大值,即为道路轮跳动幅度值；改变百分表接触位置,使百分表的测量触头接触道路轮两端面外缘,同样方法可测得道路轮摆动幅度值。

5.2.3 道路轮转速校准：将转速测定仪所附反光膜粘贴于道路轮端面外缘处,起动电机,待道路轮匀速转动时,用转速测定仪对准反光膜转动轨迹,读取所示转速数据,共测量 3 次,取平均值。

5.3　橡胶轮的校准:

5.3.1　橡胶轮尺寸校准:用游标卡尺测量橡胶轮外径、宽度,每 120°测量 1 次,共测 3 次,每次测量结果均应符合技术要求。

5.3.2　橡胶轮硬度校准:用橡胶硬度计垂直于橡胶轮外径切线方向测量,每 120°测量 1 次,共测 3 次,取平均值。

5.4　喂砂机构的校准:

5.4.1　粗砂溜砂量校准:先将量筒放在电子天平上称取质量,精确至 0.1g,将 30 号的金刚砂倒入储砂斗中,然后调节储砂斗调节阀板的开度,一手握量筒,一手握秒表,启动秒表的同时将量筒置于阀板出口处,60s 时将量筒移出放在电子天平上称取质量,将该质量减去量筒的质量,即可得到 30 号金刚砂溜砂量,该值应符合规定要求,否则应予以调整。

5.4.2　细砂溜砂量校准:将 280 号的金刚砂倒入储砂斗中,同本方法 5.4.1 条方法测定 280 号金刚砂溜砂量。

5.4.3　注水流量校准:磨光机的放水嘴前端用塑料管或橡胶管接入自来水,调节放水嘴的开度使自来水均匀流下,一手持量筒,一手持秒表,启动秒表的同时将量筒置于放水嘴下部,使水全部流入量筒内,60s 时将量筒移出,读取量筒中水的体积读数,即可得到水的注入流量,该值应符合规定要求,否则应予以调整。

5.5　加荷装置的校准:将手提拉力测试仪钩住橡胶轮的中心,使其受力中心通过轮轴并与地面垂直,使杠杆与地面平行,读取其力值并记录,重复 3 次,取平均值。

6　校准周期

校准周期一般不超过 12 个月。

7　结果处理

填写校准记录表(表 B02-05),提交审核确认。

加速磨光机校准记录表(表 B02-05)

设备名称				设备编号				
规格型号				出厂编号				
生产厂家				校准日期				
校准器具名称及编号								
校准环境								
外观检查								
校准项目			技术要求	实　测　值				
				1	2	3	平均	
道路轮	外径(mm)		406 ± 1				—	
	宽度(mm)		45 ± 1				—	
	旋转时外径对轴心的跳动幅度(mm)		≤0.08					
	旋转时两侧端面对轴心的摆动幅度(mm)		≤0.05					
	工作时的转速(r/min)		320 ± 5					

续上表

校准项目		技术要求	实测值			
			1	2	3	平均
橡胶轮	外径(mm)	206±1.5				—
	顶部宽度(mm)	44±1				—
	硬度(IRHD)	69±3				
注砂注水流量	30号金刚砂的溜砂量(g/min)	27±7				
	280号金刚砂的溜砂量(g/min)	3±1				
	注水流量(mL/min)	50~75				
加荷压力(N)		725±10				
校准结果						
备　注						
校　准		校　核		日　期		

2.6 砂当量仪校准方法(JTJZ 02—06)

1 适用范围

本方法适用于砂当量仪的校准。

2 技术要求

2.1 仪器应带有铭牌(包括仪器名称、型号规格、出厂编号、出厂日期、制造厂等)、合格证、使用说明书。

2.2 透明圆柱形试筒:外径(40±0.5)mm,内径(32±0.25)mm,

高度(420±0.25)mm,刻度线 $n_1=380$mm、$n_2=100$mm。

2.3 配重活塞:杆长(440±0.25)mm,活塞底座直径(25±0.1)mm,

活塞配重(1 000±5)g。

2.4 冲洗管:外径(6±0.5)mm,内径(4±0.2)mm,流出口孔径(1±0.1)mm。

2.5 机械振荡器:振幅(203±1)mm,频率(180±2)次/min。

3 校准项目

3.1 透明圆柱形试筒尺寸及刻度线。

3.2 配重活塞尺寸及配重。

3.3 冲洗管尺寸。

3.4 机械振荡器振幅、频率。

4 校准环境及校准器具

4.1 校准环境:校准工作应在室内进行,环境温度为(25±10)℃,相对湿度不大于85%,校准现场应洁净,周围无影响校准结果的振动、污染、腐蚀性气体。

4.2 校准器具:

4.2.1　三用游标卡尺:最大量程不小于500mm,分度值0.05mm。

4.2.2　电子天平:量程2 000g,感量0.01g。

4.2.3　专用通止规:0.9~1.1mm。

4.2.4　转速测定仪:量程0~9 999r/min,分度值1r/min。

5　校准方法

5.1　外观检查:按照本方法2.1条要求进行外观检查。

5.2　透明圆柱形试筒尺寸及刻线校准:用游标卡尺量试筒的内径、外径、高度及两条刻度线距试筒底部距离,分别测3次,取平均值。

5.3　配重活塞尺寸及配重校准:用游标卡尺测量活塞的直径、长度,用电子天平称量配重块的质量,分别测3次,取平均值。

5.4　冲洗管尺寸:用游标卡尺测量冲洗管的内径和外径,用专用通止规检查流出口的孔径,重复测3次,取平均值。

5.5　机械振荡器振幅、频率校准:人工将机械振荡器推至最左端,对准振荡器右边缘在仪器平面上做一标记,然后将其推至最右端,用游标卡尺测量标记至振荡器右边缘间距离,即为振幅,频率采用测速仪测定,重复测3次,取平均值。

6　校准周期

校准周期一般不超过12个月。

7　结果处理

填写校准记录表(表B02-06),提交审核确认。

砂当量仪校准记录表(表B02-06)

设备名称				设备编号		
规格型号				出厂编号		
生产厂家				校准日期		
校准器具名称及编号						
校准环境						
外观检查						
校准项目		技术要求	实测值			
			1	2	3	平均
圆柱试筒	外径(mm)	40±0.5				
	内径(mm)	32±0.25				
	高度(mm)	420±0.25				
	刻度线n_1(mm)	380				
	刻度线n_2(mm)	100				
配重活塞	杆长度(mm)	440±0.25				
	底座直径(mm)	25±0.1				
	配重(g)	1 000±5				

校准项目		技术要求	实测值			
			1	2	3	平均
冲洗管	外径(mm)	6 ± 0.5				
	内径(mm)	4 ± 0.2				
	流出口孔径(mm)	1 ± 0.1				
机械振荡器	振幅(mm)	203 ± 1				
	频率（次/min）	180 ± 2				
校准结果						
备 注						
校 准		校 核			日 期	

2.7 细集料棱角性(流动时间法)测定仪校准方法(JTJZ 02—07)

1 适用范围

本方法适用于细集料棱角性(流动时间法)测定仪的校准。

2 技术要求

2.1 仪器应带有铭牌(包括仪器名称、型号规格、出厂编号、出厂日期、制造厂等)、合格证、使用说明书。

2.2 表面应平整,内壁应光滑,无明显缺陷和锈蚀。

2.3 金属圆筒:内径(90 ± 0.5)mm,高度(125 ± 1)mm。

2.4 锥形漏斗:角度(60 ± 4)°,流出口孔径(12.0 ± 0.5)mm 或(16.0 ± 0.5)mm。

3 校准项目

3.1 外观检查。

3.2 金属圆筒尺寸。

3.3 锥形漏斗角度、孔径。

4 校准环境及校准器具

4.1 校准环境:校准工作应在室内进行,环境温度为(25 ± 10)℃,相对湿度不大于85%,校准现场应洁净,周围无影响校准结果的振动、污染、腐蚀性气体。

4.2 校准器具:

4.2.1 三用游标卡尺:量程不小于200mm,分度值0.02mm。

4.2.2 万能角度尺:分度值2′。

5 校准方法

5.1 外观检查:按照本方法2.1 条、2.2 条要求进行外观检查 。

5.2 金属圆筒尺寸校准:用游标卡尺测量金属圆筒的内径和高度,每120°测量 1 次,共测量 3 次,每次测量结果均应符合技术要求。

5.3 锥形漏斗角度校准:用万能角度尺测量漏斗角度,每120°测量 1 次,共测量 3 次,每次测量结果均应符合技术要求。

5.4　锥形漏斗流出口孔径校准:用游标卡尺测量锥形漏斗流出口的内径,每120°测量 1 次,共测量 3 次,每次测量结果均应符合技术要求。

6　校准周期

校准周期一般不超过 12 个月。

7　结果处理

填写校准记录表(表 B02-07),提交审核确认。

细集料棱角性(流动时间法)**测定仪校准记录表**(表 B02-07)

设备名称				设备编号		
规格型号				出厂编号		
生产厂家				校准日期		
校准器具名称及编号						
校准环境						
外观检查						
校准项目		技术要求	实 测 值			
			1	2	3	
金属圆筒	内径(mm)	90 ± 0.5				
	高度(mm)	125 ± 1				
锥形漏斗	角度(°)	60 ± 4				
	流出口孔径(mm)	12.0 ± 0.5				
		16.0 ± 0.5				
校准结果						
备　注						
校　准		校　核		日　期		

2.8　容量筒校准方法(JTJZ 02—08)

1　适用范围

本方法适用于密度试验用容量筒的校准。

2　技术要求

2.1　容量筒为金属制成的圆筒,两旁装有提手,容量筒上缘及内壁底面应光滑平整,不得有凹凸不平的现象,顶面与底面应平行并与圆柱体的轴垂直。

2.2　各种规格容量筒的技术要求见表 208-1。

容量筒技术一览表 表208-1

规 格 型 号	容量筒尺寸(mm)		筒壁厚度(mm)	容量筒规格出处
	内径	净高		
1L	108 ±1	109 ±1	2.5	JGJ/T 70—2009
3L	155 ±2	160 ±2	2.5	JTG E42—2005
5L	186 ±2	186 ±2	2.5	GB/T 50080—2002
10L	205 ±2	305 ±2	2.5	JTG E42—2005
10L	208 ±3	294 ±5	2.0	GB/T 14685—2001
15L	255 ±5	295 ±5	3.0	JTG E42—2005
20L	355 ±5	305 ±5	3.0	JTG E42—2005
20L	294 ±5	294 ±5	3.0	GB/T 14685—2001
30L	360 ±5	294 ±5	4.0	GB/T 14685—2001

3 校准项目

3.1 外观检查。

3.2 容量筒尺寸。

3.3 容量筒容积。

4 校准环境及校准器具

4.1 校准环境:校准工作应在室内进行,环境温度为(20±2)℃,相对湿度不大于85%,校准现场应洁净,周围无影响校准结果的振动、污染、腐蚀性气体。

4.2 校准器具:

4.2.1 游标卡尺:最大量程不小于200mm,分度值0.02mm。

4.2.2 钢直尺:量程不少于500mm,分度值1mm。

4.2.3 电子秤:量程不小于15kg,感量1g。

4.2.4 电子秤或磅秤:量程不小于50kg,感量5g。

5 校准方法

5.1 外观检查:按照本方法2.1条要求进行外观检查。

5.2 容量筒尺寸校准:用游标卡尺或钢直尺测量容量筒内径和高度,每120°测量1点,共测3点;用游标卡尺测量容量筒的壁厚。

5.3 容量筒容积校准:提前将容量筒、玻璃板和校准所要用到的水放到已经恒温的室内[最好控制在(20±2)℃范围内],称取容量筒和玻璃板质量;然后往容量筒内装满水,同时记录试验用的水温,用玻璃板紧贴筒口滑移排去多余的水和气泡,擦干筒外壁水分后称总质量,重复上述步骤测定3次,计算容量筒容积,取平均值。10L及以下容量筒校准用感量1g的电子秤称量,10L以上容量筒校准用感量5g的电子秤或磅秤称量。

6 校准周期

校准周期一般不超过12个月。

7 结果处理

填写校准记录表(表B02-08),提交审核确认。

容量筒校准记录表(表 B02-08)

设备名称		设备编号	
规格型号		出厂编号	
生产厂家		校准日期	
校准器具名称及编号			
校准环境			

筒编号	规格型号	外观	内径(mm)	净高(mm) 单值	净高(mm) 平均	壁厚(mm)	筒+玻璃板质量(g)	筒+水+玻璃板质量(g)	水温(℃)	容积(cm³) 单值	容积(cm³) 平均	校准结果
技术要求	1L		108±1	109±1		2.5	备注					
	3L		155±2	160±2		2.5						
	5L		186±2	186±2		2.5						
	10L		205±2	305±2		2.5						
	10L		208±3	294±5		3.0						
	15L		255±5	295±5		3.0						
	20L		355±5	305±5		3.0						
	20L		294±5	294±5		3.0						
	30L		360±5	294±5		4.0						
校准		校核			日期							

3 水泥及水泥混凝土类仪器设备校准方法

3.1 透气比表面积仪校准方法(JTJZ 03—01)

1 适用范围

本方法适用于勃氏法测定水泥比表面积的透气比表面积仪校准,参照《公路工程水泥及水泥混凝土试验规程》(JTG E30—2005)T 0504、《水泥比表面积测定方法 勃氏法》(GB/T 8074—2008)编制。

2 技术要求

2.1 仪器应带有铭牌(包括仪器名称、型号规格、出厂编号、出厂日期、制造厂等)、合格证、使用说明书。

2.2 整机的油漆面应平整、光亮、均匀和色调一致。

2.3 仪器各部件间连接要严密,不得漏气。

2.4 透气圆筒:内径 $12.70^{+0.05}$ mm,在圆筒内壁距离圆筒上口边(55±10)mm 处有一突出的、宽度为(0.5~1)mm 的边缘。

2.5 穿孔板直径 $12.70_{-0.05}$ mm,厚度 $1.0_{-0.1}$ mm,均匀分布 35 个直径(1±0.05)mm 的小孔。

2.6 捣器直径 $12.6^{+0.05}$ mm,侧面扁平槽宽度(3.0±0.3)mm,捣器放入透气圆筒,捣器支持环与圆筒上口边沿接触时,捣器底面与穿孔板之间的距离为(15.0±0.5)mm。

2.7 压力计:U 形,其中一臂的顶端有锥形磨口,在连接透气圆筒的一臂上刻有上下 3 条环形线,见《水泥比表面积测定方法 勃氏法》(GB/T 8074—2008),如图 1 所示。

3 校准项目

3.1 外观检查。

3.2 漏气检查。

3.3 透气圆筒、穿孔板、捣器尺寸校准。

3.4 粉料层体积校准。

4 校准环境及校准器具

4.1 校准环境:校准工作应在室内进行,环境温度为(20±2)℃,相对湿度不大于50%,校准现场应洁净,周围无影响校准结果的振动、污染、腐蚀性气体。

4.2 校准器具:

4.2.1 电子天平:量程不小于 300g,感量 0.01g。

4.2.2 分析天平:量程不小于 100g,感量为 0.000 1g。

4.2.3 水泥细度标准粉:比表面积接近 2 800~4 000cm²/g。

4.2.4 游标卡尺:量程不小于200mm,分度值不大于0.02mm。

4.2.5 专用通止规:通规 $\phi0.95$mm,止规 $\phi1.05$mm。

5 校准方法

5.1 外观检查:按照本方法第2.1条、2.2条要求目测检查。

5.2 漏气检查:在圆筒下端的锥体外部抹上一薄层活塞油脂或凡士林,并将圆筒插入压力计上口端部,旋转2周,使圆筒与压力计严密接触,然后用胶皮塞塞紧圆筒上口,抽气使压力计内液面上升到上面刻度线,关闭活塞,观察5min,液面不下降,说明仪器不漏气。

5.3 透气圆筒、穿孔板、捣器尺寸校准:使用游标卡尺测量透气筒、穿孔板和捣器各部位尺寸,透气圆筒内径和高度、穿孔板直径和厚度、捣器直径每120°测量1次,共测量3次,每次测量结果均应符合技术要求;其他部位尺寸应重复测量3次,取平均值;穿孔板小孔内径使用专用通止规进行测量。

5.4 粉料层体积的测定:

5.4.1 将两片滤纸沿筒壁放入透气圆筒内,用直径比透气圆筒略小的送样棒往下按直到滤纸平正地放到穿孔板上,然后装满水银,用一薄玻璃板轻压水银表面,使水银面与圆筒上口平齐,并保证在玻璃板和水银表面之间没有气泡或空洞存在,然后倒出水银,称其质量 m_A。

5.4.2 从圆筒中取出1片滤纸,加入2.5~2.7g的标准粉[经(110±5)℃烘干1h,在干燥皿冷却至室温,准确值0.001g]再盖上1片滤纸用捣器压实,直到捣器的支承环与圆筒顶边接触为止。然后在圆筒上部空间加入水银,同上方法使水银与圆筒上口平齐,再倒出水银,称其质量 m_B。

5.4.3 粉料层占有的体积用下式计算:

$$V = (m_A - m_B)/d \qquad (精确至0.001cm^3)$$

式中:V——试料层体积,cm^3;

m_A——圆筒内未装试料时,装满水银时的质量,g;

m_B——圆筒内装有试料后,空余部分装满水银时的质量,g;

d——试验温度下水银的密度,g/cm^3。

5.4.4 以上操作进行3次,取平均值作为粉料层体积值。

6 校准周期

校准周期一般不超过12个月。

7 结果处理

填写校准记录表(表B03-01),提交审核确认。

透气比表面积仪校准记录表(表B03-01)

设备名称		设备编号	
规格型号		出厂编号	
生产厂家		校准日期	
校准器具名称及编号			
校准环境			
外观检查			

校准项目		技术要求	实测值			
			1	2	3	平均
漏气检查		观察 5min 液面不下降				
透气圆筒尺寸	内径(mm)	$12.70^{+0.05}$				—
	高度(mm)	55 ± 10				—
穿孔板尺寸	直径(mm)	$12.70^{0}_{-0.05}$				—
	厚度(mm)	$1.0^{0}_{-0.1}$				—
	小孔内径(mm)	1 ± 0.05				—
						—
						—
捣器尺寸	直径(mm)	$12.60^{+0.05}_{0}$				—
	扁平槽宽度(mm)	3.0 ± 0.3				
	捣器底面与穿孔板之间距离(mm)	15.0 ± 0.5				
未装料装满水银质量 m_A(g)		—				
装料后装满水银质量 m_B(g)		—				
温度(℃)		—				
粉料层体积 $V(0.001\,cm^3)$		—				
校准结果						
备　注						
校　准			校　核		日　期	

3.2　水泥负压筛析仪校准方法(JTJZ 03—02)

1　适用范围

本方法适用于 80μm 水泥负压筛析仪的校准,参照《公路工程水泥及水泥混凝土试验规程》(JTG E30—2005)T 0502 附录《水泥试验筛的标定方法》编制。

2　技术要求

2.1　仪器应带有铭牌(包括仪器名称、型号规格、出厂编号、出厂日期、制造厂等)、合格证、使用说明书。

2.2　试验筛外观不得有伤痕、脱焊或筛布堵塞等现象,筛布应绷紧,不允许有褶皱、松弛、断丝、方孔成菱形等缺陷。

2.3　负压筛析仪的负压可调范围 4 000 ~ 6 000Pa。

2.4　用水泥细度标准样品校准试验筛修正系数应在 0.80 ~ 1.20 范围内。

3　校准项目

3.1　外观检查。

3.2 筛析仪负压。

3.3 试验筛修正系数。

4 校准环境及校准器具

4.1 校准环境:校准工作应在室内进行,环境温度为(20±2)℃,相对湿度不大于50%,校准现场应洁净,周围无影响校准结果的振动、污染、腐蚀性气体。

4.2 校准器具:

4.2.1 水泥细度标准样品。

4.2.2 电子天平:量程不小于500g,感量0.01g。

5 校准方法

5.1 按照本方法第2.1条、2.2条要求目测检查。

5.2 筛析仪负压校准:在筛析仪上安装上试验筛,并加上盖子,打开仪器开关启动仪器,调节加压开关,查看仪器负压能否达到4 000~6 000Pa,若达不到,应打开吸尘器,清理收集容器,查看密封是否完好。

5.3 试验筛修正系数校准:将水泥细度标准样品烘干,在干燥器中冷却后装入干燥的密闭广口瓶内,盖上盖子摇动2min,消除结块。静置2min后,用一根干燥洁净的搅棒搅匀。称取水泥细度标准样品25g,精确到0.01g,测定其在试验筛上的筛余百分数。每个试验筛的标定应称取两个标准样品连续进行,中间不得插入其他样品试验。2个样品结果的平均值为最终值,但当2个样品筛余结果相差大于0.3%时,应称第3个样品进行试验,并取接近的2个结果进行平均作为最终结果。

试验筛的修正系数按下式计算:

$$C = F_n/F_t$$

式中:C——试验筛修正系数;

F_n——标准样品的筛余标准值,%;

F_t——标准样品在试验筛上的筛余值,%。

6 校准周期

校准周期一般不超过12个月。

7 结果处理

填写校准记录表(表B03-02),当修正系数C在0.80~1.20范围内时,试验筛可以继续使用,C可作为水泥细度试验结果的修正系数;当C值超出0.80~1.20范围时,试验筛应予淘汰。

水泥负压筛析仪校准记录表(表B03-02)

设备名称		设备编号	
规格型号		出厂编号	
生产厂家		校准日期	
校准器具名称及编号			
校准环境			
外观检查			

校 准 项 目		技术要求	实 测 值		
筛析仪负压(kPa)		4 000 ~ 6 000			
标准样品筛余标准值 F_n(%)		—			
试验筛修正系数校准	试验次数	—	1	2	3
	标准样品筛前质量(g)	—			
	标准样品筛余质量(g)	—			
	标准样品筛余值(%)	—			
	标准样品筛余平均值 F_t(%)	—			
	试验筛修正系数 C	0.8 ~ 1.2			
校准结果					
备 注					
校 准		校 核		日 期	

3.3 水泥净浆搅拌机校准方法(JTJZ 03—03)

1 适用范围

本方法适用于水泥净浆搅拌机的校准,本方法参照《水泥净浆搅拌机检定规程》[JJG(建材)104—1994]及《水泥净浆搅拌机》(JC/T 729—2005)编制。

2 技术要求

2.1 仪器应带有铭牌(包括仪器名称、型号规格、出厂编号、出厂日期、制造厂等)、合格证、使用说明书。

2.2 搅拌机外表面不得有粗糙不平、凸起、凹陷,搅拌机非加工表面均应进行防锈处理,外表面油漆应平整、光滑、均匀和色调一致,搅拌机的零件加工面不得有碰伤、划痕和锈斑,在机头醒目位置标有搅拌叶片公转方向的标志,搅拌叶片按顺时针方向自转、逆时针方向公转,运转时声音正常,搅拌锅和搅拌叶片没有明显的晃动现象,搅拌锅应由不锈钢或带有耐锈电镀层的铁质材料制成,搅拌叶片由铸钢或不锈钢制造。

2.3 搅拌锅:内径(160 ±1)mm,深度(139 ±2)mm。

2.4 搅拌叶片:总长度(165 ±1)mm,有效长度(110 ±2)mm,
总宽度111.0 ~ 112.5mm,外沿直径5.0 ~ 6.5mm。

2.5 搅拌叶片与搅拌锅的工作间隙(2 ±1)mm。

2.6 拌和一次的自动控制程序:低速(120 ±3)s,停(15 ±1)s,高速(120 ±3)s。

2.7 搅拌叶片低速自转、公转与高速自转、公转的转速应符合下列规定:
低速:自转转速为(140 ±5)r/min,公转转速为(62 ±5)r/min;
高速:自转转速为(285 ±10)r/min,公转转速为(125 ±10)r/min。

3 校准项目

3.1 外观检查。

3.2 搅拌锅内径、深度。

3.3 搅拌叶片长度、宽度、搅拌叶片外沿直径。

3.4 叶片与搅拌锅的工作间隙。

3.5 程序控制。

3.6 转速。

4 校准环境及校准器具

4.1 校准环境:校准工作应在室内进行,环境温度为(20±2)℃,相对湿度大于50%,校准现场应洁净,周围无影响校准结果的振动、污染、腐蚀性气体。

4.2 校准器具:

4.2.1 深度尺:量程不小于200mm,分度值不大于0.02mm。

4.2.2 内径千分尺:分度值不大于0.02mm。

4.2.3 游标卡尺:量程不小于200mm,分度值不大于0.02mm。

4.2.4 专用塞尺1.0~3.0mm。

4.2.5 秒表:分度值0.1s。

4.2.6 转速测定仪:精度不低于1r/min。

5 校准方法

5.1 外观检查:按照本方法第2.1条、2.2条要求目测法检查。

5.2 搅拌锅尺寸校准:用内径千分尺在距锅口50mm处的圆柱段测量搅拌锅内径,每120°测量1次,共测量3次,每次测量结果均应符合技术要求;用深度尺测量搅拌锅圆弧最低点至锅口平面的距离,重复测试3次,每次测量结果均应符合技术要求。

5.3 搅拌叶片尺寸校准:用游标卡尺分别测量叶片总长度、有效长度、叶片宽度和叶片外沿直径,分别重复测试3次,取平均值。

5.4 叶片与搅拌锅的工作间隙:人工运转叶片,用专用塞尺检测叶片与锅壁之间的最小间隙是否为1.0~3.0mm,检测点至少为不重复的6点,如果超出范围,可以通过调节叶片的上下位置来调节,直到合格。

5.5 程序控制:将控制器置于自动状态,启动搅拌机,用秒表测量各阶段所需时间,重复3遍,取平均值。

5.6 转速测定:手动控制启动搅拌机,分别在高速和低速下,采用转速测定仪测定搅拌叶片公转的转速 n_1,重复测试3次,取平均值,然后通过下式计算搅拌叶片自转转速 n_2。

$$n_2 = i_2 \times n_1$$

式中:i_2——搅拌机行星机构减速比。

$$i_2 = (Z_1 - Z_2)/Z_2$$

式中:Z_1——行星机构齿圈齿数;

Z_2——行星机构齿轮齿数。

6 校准周期

校准周期一般不超过12个月。

7 结果处理

填写校准记录表(表B03-03),提交审核确认。

水泥净浆搅拌机校准记录表（表 B03-03）

设备名称				设备编号		
规格型号				出厂编号		
生产厂家				校准日期		
校准器具名称及编号						
校准环境						
外观检查						
校准项目		技术要求	实 测 值			
			1	2	3	平均
搅拌锅	内径(mm)	160 ± 1				—
	深度(mm)	139 ± 2				—
搅拌叶片	总长度(mm)	165 ± 1				
	有效长度(mm)	110 ± 2				
	总宽度(mm)	111.0 ~ 112.5				
	外沿直径(mm)	5.0 ~ 6.5				
叶片与锅壁之间的最小间隙(mm)		2 ± 1				
控制程序各阶段所需时间	慢速(s)	120 ± 3				
	停机(s)	15 ± 1				
	快速(s)	120 ± 3				
转速	低速	公转(r/min)	62 ± 5			
		自转(r/min)	140 ± 5			
	高速	公转(r/min)	125 ± 10			
		自转(r/min)	285 ± 10			
校准结果						
备 注						
校 准		校 核		日 期		

3.4 量水器校准方法（JTJZ 03—04）

1 适用范围

本方法适用于制作水泥净浆时加水用量水器的校准。

2 技术要求

2.1 量水器的材质应为优质玻璃,透明、均匀无条纹,有足够的厚度以确保较好的耐久性,刻度应均匀,量水器的下端三通阀能自由转动,且不漏水,三通口保证畅通,不能堵塞。

2.2 容量不小于170mL,最小刻度0.1mL,刻度误差不超过加水量的1%。

3　校准项目

3.1　外观检查。

3.2　刻度校准。

4　校准环境及校准器具

4.1　校准环境:校准工作应在室内进行,环境温度为(20±2)℃,相对湿度大于50%,校准现场应洁净,周围无影响校准结果的振动、污染、腐蚀性气体。

4.2　校准器具:

4.2.1　电子天平:量程不小于300g,感量0.01g。

4.2.2　标准温度计:0~50℃,分度值0.1℃。

4.2.3　10mL移液管。

4.2.4　100mL容量瓶。

4.2.5　10mL刻度移液管:分度值0.1mL。

5　校准方法

5.1　外观检查:按照本方法2.1条要求进行外观检查。

5.2　刻度校准:2种方法任选1种。

5.2.1　称量法:在保证室温为(20±2)℃的条件下,调平电子天平,放置玻璃容器并归零,向量水器内注入一定量110~150mL,20℃已恒温的蒸馏水并准确读数,然后将水全部放入玻璃容器中称其质量,同时测量水的温度,计算水的体积,并与量水器读数比较。如此反复进行5次,计算每次两者差值的绝对值,求其平均值,若不超过加水量的1%则认为合格。

5.2.2　移液管法:在保证室温为(20±2)℃的条件下,将已经恒温到20℃的蒸馏水注入量水器中直至最低整数刻线处,用10mL移液管吸取10mL蒸馏水,注入量水器中,记录量水器的刻度,再吸取10mL蒸馏水注入量水器中,记录量水器的刻度,如此重复直至刻度最上面的整数刻线。计算量水器连续两次读数的差值,再减去10mL即为量水器读数示值误差;放掉量水器中的水至100mL刻线处,关闭阀门,将量水器中的水定量移入100mL标准容量瓶中,用10mL刻度移液管调整容量瓶的水面至刻线,记录调整所用的蒸馏水的数量,即为量水器最低刻线处的示值误差。校准检测重复3次,取对应的示值误差平均值。

6　校准周期

校准周期一般不超过12个月。

7　结果处理

填写校准记录表(表B03-04-1、表B03-04-2)。

量水器校准记录表(称量法)(表B03-04-1)

设备名称		设备编号	
规格型号		出厂编号	
生产厂家		校准日期	
校准器具名称及编号			
校准环境			
外观检查			

校准项目	技术要求	实测值					
		注水后量水器读数(mL)	所注水的质量(g)	水温度(℃)	所注水的计算体积(mL)	量水器示值差(mL)	差值平均值(mL)
刻度校准	量水器读数与天平校准(称量)计算注水量之差不超过1%为合格						
校准结果							
备 注							
校 准			校 核			日 期	

量水器校准记录表(移液管法)(表 B03-04-2)

设备名称					设备编号				
规格型号					出厂编号				
生产厂家					校准日期				
校准器具名称及编号									
校准环境									
外观检查									

校准项目	技术要求		实 测 值						
刻度校准	量水器读数与移液管加水量不超过1%为合格	1	移液管加水量(mL)	10	10	10	10	10	10
			量水器读数(mL)						
			连续两次读数差值(mL)						
			示值误差(mL)						
		2	移液管加水量(mL)	10	10	10	10	10	10
			量水器读数(mL)						
			连续两次读数差值(mL)						
			示值误差(mL)						
		3	移液管加水量(mL)	10	10	10	10	10	10
			量水器读数(mL)						
			连续两次读数差值(mL)						
			示值误差(mL)						
			示值误差平均值						

续上表

量水器最低刻度线校准	示值误差不超过1mL为合格	量水器读数(mL)	100	100	100
		容量瓶调整用水量(mL)			
		量水器的示值误差(mL)			
		示值误差平均值(mL)			
校准结果					
备 注					
校 准		校 核		日 期	

3.5 水泥标准稠度和凝结时间测定仪校准方法(JTJZ 03—05)

1 适用范围

本方法适用于水泥标准稠度和凝结时间测定仪的校准,参照《净浆标准稠度与凝结时间测定仪检定规程》[JJG(建材)105—1999]及《水泥净浆标准稠度与凝结时间测定仪》(JC/T 727—2005)编制。

2 技术要求

2.1 仪器应带有铭牌(包括仪器名称、型号规格、出厂编号、出厂日期、制造厂等)、合格证、使用说明书。

2.2 整机的油漆面应平整、光亮、均匀和色调一致。

2.3 标准稠度试杆:有效长度(50±1)mm,直径为(10±0.05)mm。

2.4 初凝试针:长(50±1)mm,直径为(1.13±0.05)mm。

终凝试针:长(30±1)mm,直径为(1.13±0.05)mm,针头带有环形附件,环形附件带有排气孔,排气孔应畅通,不得堵塞。环形附件平面与针头的距离为0.50mm,并且环形附件与试针应焊接牢固。

2.5 滑动部分的总质量为(300±1)g。

2.6 圆模:上口内径(65±0.5)mm,下口内径(75±0.5)mm,高(40±0.2)mm。

2.7 试杆、试针的垂直度:新制造的小于1.0mm,使用中的试杆小于2.0mm,试针小于1.5mm。

3 校准项目

3.1 外观检查。

3.2 标准稠度试杆尺寸。

3.3 初凝、终凝试针尺寸。

3.4 滑动部分的总质量。

3.5 圆模几何尺寸。

3.6 试杆、试针的垂直度。

4 校准环境及校准器具

4.1 校准环境:校准工作应在室内进行,环境温度为(20±2)℃,相对湿度大于50%,校准现场应洁净,周围无影响校准结果的振动、污染、腐蚀性气体。

4.2 校准器具:

4.2.1 游标卡尺:量程不小于200mm,分度值为0.02mm。

4.2.2 电子天平:量程不小于400g,感量为0.01g。

4.2.3 万能角度尺:分度值为2′。

5 校准方法

5.1 外观检查:按照本方法第2.1条要求进行目测检查。

5.2 标准稠度试杆尺寸校准:用游标卡尺测量标准稠度试杆的长度和直径,每120°测量1次,共测量3次,取平均值。

5.3 初凝、终凝试针尺寸校准:用游标卡尺测量初凝、终凝试针的长度和直径,重复3次,取平均值。

5.4 滑动部分的总质量校准:取下滑杆(包括指示标)分别装上试杆、试针称量滑动部分总质量,重复3次,取平均值。

5.5 圆模几何尺寸校准:用游标卡尺逐个测量试模上口内径、试模高度,每120°测量1次,共测量3次,取平均值;用游标卡尺分别测量试模下口外径(D)和厚度(a);用角度尺测量试模外壁与底边的夹角(A)。计算底边长(c),$c = a/\sin A$,计算试模下口内径(d),$d = D - 2c$,用同样的方法共测量3次,取平均值。

5.6 试杆、试针垂直度校准:在滑动杆下端分别装上试杆、试针,固定好后,在底座上放1玻璃片,取2张白纸,中间夹1张复写纸并放在玻璃片上。将试杆放下,使针头与纸接触,然后用手轻轻转动试杆1周,此时针头在纸上画出1个圆圈。测量圆圈的直径,扣除试针直径后除以2即为试针的垂直度,测量3次,取平均值。

6 校准周期

校准周期一般不超过12个月。

7 结果处理

填写校准记录表(表 B03-05),提交审核确认。

水泥标准稠度和凝结时间测定仪校准记录表(表 B03-05)

设备名称				设备编号			
规格型号				出厂编号			
生产厂家				校准日期			
校准器具名称及编号							
校准环境							
外观检查							
校准项目			技术要求	实 测 值			
				1	2	3	平均
试杆	有效长度(mm)		50 ± 1				
	直径(mm)		10 ± 0.05				
初凝针	长度	总长度(mm)	—				
		螺杆长(mm)	—				
		针长度(mm)	50 ± 1				
	直径(mm)		1.13 ± 0.05				

续上表

校准项目			技术要求	实测值			
				1	2	3	平均
终凝针	长度	总长度(mm)	—				
		螺杆长(mm)	—				
		针长度(mm)	30±1				
	直径(mm)		1.13±0.05				
	环形附件针头至其底端的距离(mm)		—				
	环形附件平面至其底端的距离(mm)		—				
	环形附件平面与针头的距离(mm)		0.5				
滑动部分总质量	滑动杆+试杆(g)		300±1				
	滑动杆+初凝针(g)		300±1				
	滑动杆+终凝针(g)		300±1				
圆模尺寸	上口内径(mm)		65±0.5				
	高度(mm)		40±0.2				
	下口外径(mm)		—				
	厚度(mm)		—				
	夹角(°)		—				
	下口内径(mm)		70±0.5				
垂直度	试杆(mm)		<2.0				
	试针(mm)		<1.5				
校准结果							
备 注							
校 准			校 核			日 期	

3.6 雷氏夹校准方法(JTJZ 03—06)

1 适用范围

本方法适用于水泥安定性试验用雷氏夹的校准,参照《水泥安定性试验用雷氏夹》(JC/T 954—2005)编制。

2 技术要求

2.1 雷氏夹应由铜质材料制成,雷氏夹电镀宜光洁、无剥落现象,边缘焊缝和针尖无毛刺,雷氏夹指针宜平直,对称,端部为扁尖状。

2.2 指针直径:(2.0±0.2)mm,长度:(150±1)mm。

2.3 环模:内径:(30±1)mm,高度:(30±1)mm。

壁厚:(0.50±0.05)mm,开口缝宽度不大于1mm。

2.4 弹性限变

自然状态下雷氏夹两根指针间距离为(10±1)mm,加荷后,两根指针针尖的距离增加值在(17.5±2.5)mm 范围内,卸荷后,两根指针针尖的距离能恢复至(10±1)mm 的范围内。

3 校准项目

3.1 外观检查。

3.2 雷氏夹尺寸。

3.3 弹性限变。

4 校准环境及校准器具

4.1 校准环境:校准工作应在室内进行,环境温度为(20 ± 2)℃,相对湿度大于50%,校准现场应洁净,周围无影响校准结果的振动、污染、腐蚀性气体。

4.2 校准器具:

4.2.1 标准砝码:(300 ± 0.15)g。

4.2.2 游标卡尺:量程不小于200mm,分度值0.02mm。

5 校准方法

5.1 外观检查:按照本方法第2.1条要求进行目测检查。

5.2 雷氏夹尺寸校准:用游标卡尺测量雷氏夹两指针的长度1次,沿指针长度方向取3点分别测量两指针直径,每次测量结果均应符合技术要求;环模的内径、高度、壁厚,绕周长每120°测量1次,共测量3次,每次测量结果均应符合技术要求;将游标卡尺或标准量块固定在1mm处,看测量内径一端能否在雷氏夹环模开口缝通过,若不能通过为合格。

5.3 弹性限变校准:在雷氏夹测定仪上测出雷氏夹自由状态下两指针针尖间的距离A[应满足(10 ± 1)mm],然后将雷氏夹一个指针的根部用金属丝悬挂在雷氏夹膨胀测定仪上,在另一个指针的根部挂上质量为300g的砝码,在左侧标尺上读数C,去掉砝码后,再测1次两指针的针尖距离B,重复3次,取平均值,B值与A值应相等。

6 校准周期

校准周期一般不超过12个月。

7 结果处理

填写校准记录表(表B03-06),若C-A = (17.5 ± 2.5)mm,且B = A为合格,否则为不合格,将不合格雷氏夹剔出。

雷氏夹校准记录表(表B03-06)

设备名称				设备编号		
规格型号				出厂编号		
生产厂家				校准日期		
校准器具名称及编号						
校准环境						
外观检查						
校准项目			技术要求	实 测 值		
				1	2	3	平均
雷氏夹尺寸	高度(mm)		30 ± 1				—
	内径(mm)		30 ± 1				—
	针长(mm)	左	150 ± 1				
		右					
	针直径(mm)		2.0 ± 0.2				—

续上表

校准项目		技术要求	实测值			
			1	2	3	平均
雷氏夹尺寸	壁厚(mm)	0.50±0.05				—
	开口宽度(mm)	≤1				
弹性限变	A 值(mm)	—				
	C 值(mm)	—				
	C−A 值(mm)	17.5±2.5				
	B 值(mm)	B=A				
校准结果						
备　注						
校　准			校　核		日　期	

3.7　雷氏沸煮箱校准方法(JTJZ 03—07)

1　适用范围

本方法适用于水泥安定性试验用沸煮箱的校准,本方法参照《水泥安定性试验用沸煮箱》(JC/T 955—2005)编制。

2　技术要求

2.1　仪器应带有铭牌(包括仪器名称、型号规格、出厂编号、出厂日期、制造厂等)、合格证、使用说明书。

2.2　沸煮箱由不锈钢材料制成,箱体外表面应平整光亮,箱盖板结合处应密封、平整;雷氏夹试件架由支撑金属丝和隔离金属丝组成,材质为不锈钢或铜质材料;沸煮箱的绝缘电阻不小于2MΩ,沸煮箱在工作过程中,水封槽和箱体应不漏水。

2.3　沸煮箱箱体内部尺寸:长(410±3)mm,宽(240±3)mm,高(310±3)mm。

2.4　自动控制程序:能够在(30±5)min 内将箱中试验用水从室温加热至沸腾状态并保持(180±5)min 时自动停止,整个试验过程中不需补充水量。

3　校准项目

3.1　外观检查。

3.2　沸煮箱箱体内部尺寸。

3.3　自动控制程序。

4　校准环境及校准器具

4.1　校准环境:校准工作应在室内进行,环境温度为(20±2)℃,相对湿度大于50%,校准现场应洁净,周围无影响校准结果的振动、污染、腐蚀性气体。

4.2　校准器具:

4.2.1　钢直尺:量程不小于500mm,分度值1mm。

4.2.2　秒表:分度值不大于0.1s。

5　校准方法

5.1　外观检查:按照本方法2.1条、2.2条要求进行外观检查。

5.2　沸煮箱箱体内部尺寸校准:用钢直尺在沸煮箱口两对边测量内长、内宽;在沸煮箱内四角测量高度,每次测量结果均应符合技术要求。

5.3 自动控制程序校准:在沸煮箱内加入一定量的室温水,接通电源,将控制器开关设置到自动位置,启动运行开关,同时开启秒表计时,待箱中的试验用水达到沸腾状态时记录时间显示器和秒表显示时间,待箱中的试验用水停止沸腾时按下秒表,记录所用时间。1 次测试完成后,放掉箱内的开水,待沸煮箱内温度冷却至室温后再加入室温水,重复测量 1 次,取 2 次平均值。

6 校准周期

校准周期一般不超过 12 个月。

7 结果处理

填写校准记录表(表 B03-07),提交审核确认。

雷氏沸煮箱校准记录表(表 B03-07)

设备名称				设备编号				
规格型号				出厂编号				
生产厂家				校准日期				
校准器具名称及编号								
校准环境								
外观检查								
校准项目		技术要求	实 测 值					
			1	2	3	4	平均	
沸煮箱箱体内部尺寸	长(mm)	410 ±3					—	
	宽(mm)	240 ±3					—	
	高(mm)	310 ±3					—	
加热至沸腾的时间(min)		30 ±5						
维持沸煮的时间(min)		180 ±5						
校准结果								
备 注								
校 准		校 核			日 期			

3.8 行星式水泥胶砂搅拌机校准方法(JTJZ 03—08)

1 适用范围

本方法适用于行星式水泥胶砂搅拌机的校准,参照《行星式胶砂搅拌机检定规程》[JJG(建材)123—1999]及《行星式水泥胶砂搅拌机》(JC/T 681—2005)编制。

2 技术要求

2.1 仪器应带有铭牌(包括仪器名称、型号规格、出厂编号、出厂日期、制造厂等)、合格证、使用说明书。

2.2 搅拌机外表面不得有粗糙不平、凸起、凹陷,搅拌机非加工表面均应进行防锈处理,外表面油漆应平整、光滑、均匀和色调一致,搅拌机的零件加工面不得有碰伤、划痕和锈斑,在机头醒目位置标有搅拌叶片公转方向的标志,搅拌叶片应顺时针自转、逆时针公转,运转时声音正常,搅拌锅和搅拌叶片没有明显的晃动现象,搅拌锅应由不锈钢或带有耐锈电镀层的铁质材料制成,搅拌叶片由铸钢或不锈钢制造。

2.3 搅拌锅:内径(202±1)mm,深度(180±3)mm,壁厚(1.5±0.5)mm。

2.4 搅拌叶片尺寸:叶片总宽$135^{+0.63}$mm,叶翅宽(8±1)mm,叶翅厚(5±1)mm,叶片总长198mm。

2.5 搅拌叶片转速:

低速:自转转速为(140±5)r/min,公转转速为(62±5)r/min。

高速:自转转速为(285±10)r/min,公转转速为(125±10)r/min。

2.6 控制器程序:低速(30±1)s,同时自动加砂(30±1)s内全部加完,

　　　　　　　 高速(30±1)s,停机(90±1)s,再高速(60±1)s。

2.7 叶片与锅底、锅壁之间工作间隙:(3±1)mm。

3 校准项目

3.1 外观检查。

3.2 搅拌锅尺寸。

3.3 搅拌叶片尺寸。

3.4 搅拌叶片转速。

3.5 控制器程序。

3.6 叶片与锅底、锅壁之间间隙。

4 校准环境及校准器具

4.1 校准环境:校准工作应在室内进行,环境温度为(20±2)℃,相对湿度大于50%,校准现场应洁净,周围无影响校准结果的振动、污染、腐蚀性气体。

4.2 校准器具:

4.2.1 内径千分尺:量程(50~250)mm,分度值0.01mm。

4.2.2 深度尺:量程不小于200mm,分度值0.02mm。

4.2.3 游标卡尺:量程不小于300mm,分度值0.02mm。

4.2.4 转速测定仪:量程(50~3 000)r/min,精度1r/min。

4.2.5 秒表:分度值0.1s。

4.2.6 专用塞尺:2~4mm。

5 校准方法

5.1 外观及运行检查:按照本方法2.1条、2.2条要求进行目测检查。

5.2 搅拌锅尺寸校准:用内径千分尺在距锅口50mm处的圆柱段测量搅拌锅内径,每120°测量1次,共测量3次,每次测量结果均应符合技术要求;用深度尺测定搅拌锅圆弧最低点至锅口平面的距离,每120°测量1次,共测量3次,每次测量结果均应符合技术要求。

5.3 搅拌叶片尺寸校准:用游标卡尺分别测量叶片总宽、叶翅宽、叶翅厚和叶片总长,分别重复测试3次,取平均值。

5.4 搅拌叶片转速校准:手动控制启动搅拌机,分别在高速和低速下,采用转速测定仪测定搅拌公转的转速n_1,重复测试3次,取平均值,然后通过下式计算搅拌叶比自转转速n_2。

$$n_2 = i_2 \times n_1$$

式中:i_2——搅拌机行星机构减速比。

$$i_2 = (Z_1 - Z_2)/Z_2$$

式中:Z_1——行星机构齿圈齿数;

Z_2——行星机构齿轮齿数。

5.5　控制器程序校准:准确称量一袋 ISO 砂后将其倒入砂桶,启动自动工作程序,同时启动秒表,记录加砂时间及低速、停机、高速各阶段所用时间,重复测试 3 次,取平均值。

5.6　叶片与锅底、锅壁间隙校准:用专用塞尺检查检测叶片与锅壁、锅底之间的最小间隙是否在(3±1)mm 之间,如果超出范围,可以通过调节叶片的上下位置来调整,直到满足要求。

6　校准周期

校准周期一般不超过 12 个月。

7　结果处理

填写校准记录表(表 B03-08),提交审核确认。

行星式水泥胶砂搅拌机校准记录表(表 B03-08)

设备名称				设备编号			
规格型号				出厂编号			
生产厂家				校准日期			
校准器具名称及编号							
校准环境							
外观检查							
校准项目		技术要求	实　测　值				
			1	2	3	平均	
搅拌锅	内径(mm)	202±1				—	
	深度(mm)	180±3				—	
搅拌叶片尺寸	总宽(mm)	$135^{+0.63}$					
	叶翅宽(mm)	8±1					
	叶翅厚(mm)	5±1					
	总长度(mm)	198					
搅拌叶片转速	低速 公转(r/min)	62±5					
	低速 自转(r/min)	140±5					
	高速 公转(r/min)	125±10					
	高速 自转(r/min)	285±10					
控制程序各阶段所需时间	低速(s)	30±1					
	自动加砂(s)	30±1					
	高速(s)	30±1					
	停机(s)	90±1					
	高速(s)	60±1					
叶片与锅底、锅壁之间的最小间隙(mm)		3±1					
校准结果							
备　注							
校　准			校　核			日　期	

3.9 水泥胶砂振实台校准方法（JTJZ 03—09）

1 适用范围

本方法适用于水泥胶砂试体成型振实台的校准,参照《胶砂试体成型振实台检定规程》[JJG(建材)124—1999]及《水泥胶砂试体成型振实台》(JC/T 682—2005)编制。

2 技术要求

2.1 仪器应带有铭牌(包括仪器名称、型号规格、出厂编号、出厂日期、制造厂等)、合格证、使用说明书。

2.2 仪器外表面不得有粗糙不平及凸起、凹陷,其非加工面应刷漆防锈,外表面均应打底喷漆,油漆面应平整、光滑、均匀和色调一致,振实零件的加工面不得有碰伤、划痕和锈斑。

2.3 振实台的突头和止动器由钢材制造,凸轮上应标有转向标志,臂杆轴只能转动不允许有晃动,振实台启动后,其台盘无摆动现象,声音正常。

2.4 振实台必须固定于混凝土基座上,基座高约 400mm,混凝土的体积约 $0.25m^3$,重约 600kg。

2.5 振实台振幅:(15 ± 0.3)mm。

2.6 振动频率:60 次/(60 ± 2)s。

2.7 套模框内部尺寸:长(160 ± 0.1)mm、宽(132 ± 0.4)mm、高(20 ± 1)mm,隔板厚(6 ± 0.1)mm。

2.8 自动控制器能够按照所设定的程序完成仪器的控制。

3 校准项目

3.1 外观检查。

3.2 振幅。

3.3 振动频率。

3.4 套模框内部尺寸。

3.5 自动控制器。

4 校准环境及校准器具

4.1 校准环境:校准工作应在室内进行,环境温度为(20 ± 2)℃,相对湿度大于 50%,校准现场应洁净,周围无影响校准结果的振动、污染、腐蚀性气体。

4.2 校准器具:

4.2.1 标准量块:直径 60mm;厚 $14.7^{+0.05}$mm 和 $15.3_{-0.05}$mm。

4.2.2 秒表:分度值 0.1s。

4.2.3 游标卡尺:量程不小于 200mm,分度值 0.02mm

5 校准方法

5.1 外观及安装检查:按照本方法 2.1~2.4 条要求进行检查。

5.2 振幅校准:将厚度为 15.3mm 的标准块放在突头与止动器之间时,凸轮应能自由转动,并不接触随动轮;将厚度为 14.7mm 的标准块放在突头与止动器之间时,凸轮转动应该会碰到随动轮。

5.3 振动频率校准:启动振实台,同时用秒表计时,读取振实台振动 60 次的时间,同样方法测量 3 次,取平均值。

5.4 套模框内部尺寸校准:用游标卡尺分别测量套模长、宽、高及隔板厚度,各部位尺寸重复测量 3 次,取平均值。

5.5 自动控制器校准:开启控制器启动按钮,检查计数器是否灵活,控制器能否按照设定次数有效控制。

6 校准周期

校准周期一般不超过 12 个月。

7 结果处理

填写校准记录表(表 B03-09),提交审核确认。

水泥胶砂振实台校准记录表(表 B03-09)

设备名称			设备编号			
规格型号			出厂编号			
生产厂家			校准日期			
校准器具名称及编号						
校准环境						
外观检查						
校准项目		技术要求	实 测 值			
			1	2	3	平均
振幅	$14.7^{+0.05}$(mm)	15 ± 0.3				
	$15.3_{-0.05}$(mm)					
振动频率 次/秒		$60 /(60 \pm 2)$				
套模尺寸	长(mm)	160 ± 0.1				
	宽(mm)	132 ± 0.4				
	高(mm)	20 ± 1				
	隔板厚(mm)	6 ± 0.1				
自动控制器		—				
校准结果						
备 注						
校 准		校 核			日 期	

3.10 水泥胶砂流动度测定仪校准方法(JTJZ 03—10)

1 适用范围

本方法适用于水泥胶砂流动度测定仪(简称跳桌)的校准,本方法参照《水泥胶砂流动度测定仪(跳桌)》(JC/T 958—2005)及《公路工程水泥及水泥混凝土试验规程》(JTG E30—2005)T 0507 附录《跳桌及其安装》编制。

2 技术要求

2.1 仪器应带有铭牌(包括仪器名称、型号规格、出厂编号、出厂日期、制造厂等)、合格证、使用说明书。

2.2 仪器外表面不得有粗糙不平、凸起、凹陷;非加工内表面应刷防锈漆,外表面均应打底上漆;油漆面应平整、光亮、均匀和色调一致;加工面不得有碰伤、划痕和锈斑,应平整光洁。

2.3 跳桌:圆盘桌面的直径(300 ± 1)mm,
    圆盘桌面和推杆的总质量(4.35 ± 0.15)kg。
2.4 金属截锥圆模:高度(60 ± 0.5)mm;上口内径(70 ± 0.5)mm;
    下口内径(100 ± 0.5)mm;下口外径(120 ± 0.5)mm。
2.5 金属捣棒:直径(20 ± 0.5)mm 长度约为200mm。
2.6 一个周期跳动次数为25次,时间为(25 ± 1)s。

3 校准项目
3.1 圆盘桌面直径、圆盘桌面和推杆总质量。
3.2 截锥圆模尺寸。
3.3 金属棒尺寸。
3.4 程序控制及跳动次数。
3.5 标准样流动度测定。

4 校准环境及校准器具
4.1 校准环境:校准工作应在室内进行,环境温度为(20 ± 2)℃,相对湿度大于50%,校准现场应洁净,周围无影响校准结果的振动、污染、腐蚀性气体。
4.2 校准器具:
4.2.1 钢直尺:量程不小于500mm,分度值1mm。
4.2.2 电子称:量程不小于10kg,感量1g。
4.2.3 游标卡尺:量程不小于500mm,分度值0.02mm。
4.2.4 秒表:分度值0.1s。
4.2.5 流动度标准样。
4.2.6 电子天平:量程不小于2000g,感量0.1g。
4.2.7 万能角度尺:分度值2′。

5 校准方法
5.1 外观检查:按照本方法2.1条、2.2条要求进行外观检查。
5.2 圆盘桌面直径、圆盘桌面和推杆总质量校准:用游标卡尺测量圆盘桌面直径,每120°测量1次,共测量3次,每次测量结果均应符合技术要求;用电子秤称量圆盘桌面和推杆总质量,重复测量3次,取平均值。
5.3 截锥圆模几何尺寸校准:用游标卡尺逐个测量圆模上口内径 d、圆模高度 h,每120°测量1次,共测量3次,每次测量结果均应符合技术要求。用角度尺测量试模内壁与底边的夹角 A。计算出试模下口内径 D,$D = d + h/(2tgA)$,用同样的方法共测量3次,每次测量结果均应符合技术要求。
5.4 程序控制及跳动次数校准:开启控制器启动按钮,同时按下秒表,检查计数器是否灵活,跳动1个周期次数为25次,记录跳动1个周期时间,重复测量3次,取平均值。
5.5 金属棒尺寸校准:用钢直尺测量金属棒长度,用游标卡尺测量金属棒直径,每120°测量1次,共测量3次,每次测量结果均应符合技术要求。
5.6 流动度标准样校准:
5.6.1 把流动度试模放置在桌面中心,加料和捣实按《水泥胶砂流动度测定方法》(GB/T 2419—2005)规定的程序进行。
5.6.2 用小刀由试模中间向两侧以接近水平的角度,刮去多余的试样并抹平。
5.6.3 拆模时,提取流动度试模要求很慢,竖直而不能扭动,以免标准样粘附在试模上,拆模时间约为 10~30s,如果有 5g 以上试样粘附在试模上,试验需重新做。

5.6.4 流动度测定按《水泥胶砂流动度测定方法》(GB/T 2419—2005)规定,测最大扩散直径及与其垂直方向的直径,以 2 次的平均值表示流动度值,结果精确至 1mm。

5.6.5 试验结束后,用小刀小心地把标准样转移至塑料布上,并称质量,标准样质量应在 (610±5)g 之间,在此质量之外,说明捣实的太轻或太重,试验应重做。

5.6.6 同一次搅拌的标准样混合物,流动度试验应重复 2 次[试样质量在(610±5)g]。试验前均需用潮湿棉布擦拭桌面和试模,重复试验时将标准样全部倒入锅内,置于搅拌机上快转 15s,再进行流动度试验。如果 2 次流动度的试验结果超过 3mm 时,则应该进行第 3 次试验,取 2 次相近的平均值结果。

5.6.7 如果测得标准样的流动度值与标准样给定流动度相差在规定范围内,说明流动度测定仪的性能合格,否则为不合格,需重新安装和校准。

6 校准周期

校准周期一般不超过 12 个月。

7 结果处理

填写校准记录表(表 B03-10),提交审核确认。

水泥胶砂流动度测定仪校准记录表(表 B03-10)

设备名称				设备编号		
规格型号				出厂编号		
生产厂家				校准日期		
校准器具名称及编号						
校准环境						
外观检查						
校准项目		技术要求	实 测 值			
			1	2	3	平均
圆盘桌面的直径(mm)		300±1				—
圆盘桌面和推杆质量(kg)		4.35±0.15				
试模尺寸	高度 h(mm)	60±0.5				—
	上口内径 d(mm)	70±0.5				—
	下口外径(mm)	120±0.5				—
	夹角 A(°)	—				—
	计算下口内径 D(mm)	100±0.5				—
捣棒	直径(mm)	20±0.5				—
	长度(mm)	约200				
一个周期程序控制	跳动次数（次）	25				
	所需的时间(s)	25±1				
标准样流动度测定	标准流动度值(mm)	—				
	实测流动度(mm)	—				
校准结果						
备 注						
校 准		校 核			日 期	

3.11 标准养护室校准方法(JTJZ 03—11)

1 适用范围

本方法适用于水泥混凝土试件及无机结合料稳定材料试件养生用标准养护室的校准。

2 技术要求

2.1 标准养护室应清洁,试件放置架应整齐有序,标养室应安装有漏电保护装置和防水照明灯具,加湿装置必须采用雾化方式。

2.2 标养室的温度为(20±2)℃,相对湿度应大于95%,室内各点温湿度应均匀分布。

3 校准项目

3.1 外观检查。

3.2 标准养护室温湿度显示器。

3.3 标准养护室温湿度。

4 校准环境及校准器具

4.1 校准环境:应在标准养护室正常运行状态下校准。

4.2 校准器具:

4.2.1 标准温度计:测量范围为0~50℃,分度值为0.1℃。

4.2.2 标准湿度计。

5 校准方法

5.1 外观检查:按照本方法2.1条要求进行检查。

5.2 标准养护室温湿度显示器校准:

5.2.1 控制器灵敏度检查:温湿度控制器能够有效运行,温度升到22℃应能控制降温,到20℃时能停止;温度降到18℃时应能控制升温,到20℃时能停止。湿度低于95%时能控制加湿,达到设定值时能停止。

5.2.2 控制器传感器校准:将标准温度计、标准湿度计置于测控传感器探头附近,每1h记录1次标准温度计、标准湿度计读数,同时记录温湿度控制器上的数值,连续监测2d,作出标准温湿度计读数与控制器显示值的对比曲线或建立二者的数据对照表,依此设定控制器数值。

5.3 标准养护室温湿度校准:预先在养护室内大致设定东、南、西、北、中5个方位测点,养护室温湿度稳定后开始校准。校准时把标准温度计、标准湿度计置于同一测点上,放置高度离地面约1m,放置时间不少于1h,读取标准温度计、标准湿度计的温度、湿度并记录。然后换1个测点,如此反复直至5个测点全部校准完毕为1轮,每个测量值均为养护室的温度及湿度测定值。

6 校准周期

校准周期一般不超过12个月。

7 结果处理

填写校准记录表(表B03-11),提交审核确认。

标准养护室校准记录表(表 B03-11)

设备名称				设备编号			
规格型号				出厂编号			
生产厂家				校准日期			
校准器具名称及编号							
校准环境							
外观检查							
校准项目		技术要求		实 测 值			
控制器校准	灵敏度检查	—					
	标准温湿度计读数	温度(℃)					
		湿度(%)					
	显示器读数	温度(℃)					
		湿度(%)					
温湿度校准	—	—	东	南	西	北	中	平均
	温度(℃)	20±2					
	湿度(%)	≥95%					
校准结果							
备　注							
校　准		校　核			日　期		

3.12　水泥混凝土振动台校准方法(JTJZ 03—12)

1　适用范围

本方法适用于水泥混凝土试件成型振动台的校准,参照《混凝土试验用振动台》(JG/T 245—2009)编制。

2　技术要求

2.1　振动台应带有铭牌(包括仪器名称、型号规格、出厂编号、出厂日期、制造厂等)、合格证、使用说明书。

2.2　振动台电气控制系统应安全可靠,必须具备短路、过载、断相及漏电保护装置,振动台的旋转零件,必须有牢固可靠的防护装置,以免造成人身伤害。

2.3　振动台宜具有固定混凝土试模的装置,可采用电磁铁或机械等方式固定。固定装置应牢固可靠,保证混凝土试模在振动成型过程中无松动、无位移、无损伤。

2.4　振动台必须经过 30min 空载运转试验,其结构应牢固,焊缝不应开裂,螺纹连接不应松动。振动台在启动、工作、停机时均应平稳、正常、无异常声响。在空载条件下,振动台的启动时间不应大于 2s,停机后的余振时间不应大于 5s。

2.5　振动台的台面尺寸偏差不应大于 ±5mm,台面应平整,其平面度误差不应大于 0.3mm。

2.6　空载时台面中心点的振幅应为(0.5 ± 0.02)mm,台面各点振幅偏差不应超过平均值的 15% 。

2.7　空载时振动频率为(50 ± 3)Hz。

3　校准项目

3.1　外观检查。

3.2　振动台面尺寸、平面度。

3.3　振动振幅及振动频率。

3.4　试模固定的可靠性。

4　校准环境及校准器具

4.1　校准环境:校准工作应在室内进行,环境温度为(20 ± 5)℃,相对湿度不大于 85% ,校准现场应洁净,周围无影响校准结果的振动、污染、腐蚀性气体。

4.2　校准器具:

4.2.1　2m 钢卷尺,分度值为 1mm 。

4.2.2　刀口平尺及塞尺(规格视台面大小确定)。

4.2.3　测振仪:二级精度。

5　校准方法

5.1　外观校准:按照本方法 2.1~2.4 条要求进行目测检查。

5.2　振动台面尺寸、平面度校准:用钢卷尺测量振动台面的尺寸,每边测量,共测量 4 处,每处测量结果均应符合技术要求;用刀口平尺及塞尺检查台面的平面度,测量结果应符合技术要求。

5.3　振动振幅及振动频率:用测振仪测振动台空载时的振动频率与振幅,测量时,应待振动台振动平稳后进行,测点布置在振动台的四周边,共 4 点(图 312-1),如不能同时测 4 点时,至少要同时测 2 点,先测 1、2 点,后侧 3、4 点。四周测完后再测定空载时中心点的振动频率与振幅,各点的振幅偏差不得超过平均值的 15% 。

5.4　试模固定的可靠性:将装满混凝土拌和物的试模放置在振动台上予以固定,然后启动振动台,目测在振动成型过程中试模的固定情况,若试模无松动、无位移现象,则试模固定性良好。

6　校准周期

校准周期一般不超过 12 个月。

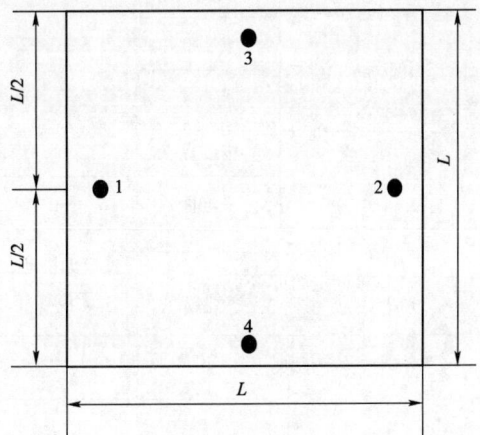

图 312-1　测点布置

7 结果处理

填写校准记录表(表 B03-12),提交审核确认。

水泥混凝土振动台校准记录表(表 B03-12)

设备名称				设备编号			
规格型号				出厂编号			
生产厂家				校准日期			
校准器具名称及编号							
校准环境							
外观检查							
校准项目		技术要求	实测值				
			1	2	3	4	
台面尺寸	长(mm)	±5					
	宽(mm)	±5					
台面平面度(mm)		≤0.3					
振动频率(Hz)	测点1	50±3					
	测点2						
	测点3						
	测点4						
	中心点						
振幅(mm)	测点1	0.5±0.02					
	测点2						
	测点3						
	测点4						
	中心点						
	平均值	—	—	—	—	—	
试模固定的可靠性		试模无松动、无位移					
校准结果							
备注							
校准		校核			日期		

3.13 坍落度测定仪校准方法（JTJZ 03—13）

1 适用范围

本方法适用于水泥混凝土坍落度测定仪的校准。

2 技术要求

2.1 仪器应带有铭牌（包括仪器名称、型号规格、出厂编号、出厂日期、制造厂等）、合格证、使用说明书。

2.2 坍落度筒的外表面应光洁、无毛刺、无伤痕等疵症，并应作防锈处理；内壁光滑无凹凸，在其高度三分之二处设两个把手，下端有脚踏板，底板采用铸铁或钢板制成，具有足够的刚度。

2.3 当采用整体铸造坍落筒时，加工后最小壁厚不应小于4mm；当采用钢板卷制坍落筒时，其筒壁厚度不应小于3mm。

2.4 坍落度筒的尺寸：底部内径为（200 ± 2）mm，顶部内径为（100 ± 2）mm，高度为（300 ± 2）mm。

2.5 捣棒：由圆钢制成，表面应光滑，且端部呈半球形，直径为（16 ± 0.1）mm，长度为（600 ± 5）mm。

3 校准项目

3.1 外观检查。

3.2 坍落度筒尺寸。

3.3 捣棒尺寸。

4 校准环境及校准器具

4.1 校准环境：校准工作应在室内进行，环境温度为（20 ± 5）℃，相对湿度不大于85%，校准现场应洁净，周围无影响校准结果的振动、污染、腐蚀性气体。

4.2 校准器具：

4.2.1 游标卡尺：量程不小于300mm，分度值为0.02mm。

4.2.2 直角尺：量程大于300mm，分度值为1mm。

4.2.3 钢直尺：量程不小于600mm，分度值为1mm。

5 校准方法

5.1 外观检查：按本方法2.1～2.3条要求进行目测检查。

5.2 坍落度筒尺寸校准：用游标卡尺分别测量坍落度筒顶部、底部的内径，每120°测量1次，共测3次，每次测量结果均应符合技术要求；将坍落度筒倒置，立于平整底板或平面上，用直角尺测量筒的高度，每120°测量1次，每次测量结果均应符合技术要求；用游标卡尺测量坍落度筒筒壁厚度，测量部位应在顶面或底面沿圆周均匀取3个点测量，测量结果应符合要求。

5.3 捣棒尺寸校准：用钢直尺测量捣棒长度；用游标卡尺在捣棒上均匀地取3个点测量捣棒直径，每点测量结果均应符合技术要求。

6 校准周期

校准周期一般不超过12个月。

7 结果处理

填写校准记录表（表B03-13），提交审核确认。

坦落度测定仪校准记录表（表B03-13）

设备名称				设备编号		
规格型号				出厂编号		
生产厂家				校准日期		
校准器具名称及编号						
校准环境						
外观检查						
校准项目		技术要求	实 测 值			
			1		2	3
坦落度筒尺寸	底部外径(mm)	—				
	壁厚(mm)	—				
	底部内径(mm)	200±2				
	顶部内径(mm)	100±2				
	高度(mm)	300±2				
	筒壁厚(mm)	≥4				
		≥3				
捣棒尺寸	直径(mm)	16±0.1				
	长度(mm)	600±5				
校准结果						
备　注						
校　准		校　核			日　期	

3.14 混合式气压法含气量测定仪校准方法（JTJZ 03—14）

1 适用范围

本方法适用于混合式气压法含气量测定仪的校准，本方法参考《公路工程水泥及水泥混凝土试验规程》（JTG E30—2005）T 0526—2005 第 3 小节编制。

2 技术要求

2.1 仪器应带有铭牌（包括仪器名称、型号规格、出厂编号、出厂日期、制造厂等）、合格证、使用说明书。

2.2 仪器表面应平整光洁，各部件齐全、正常、无损，盖体与量钵用相同的硬质金属材料制成，盖体部位的气室、操作阀、进气阀、排气阀及压力表应完好，量钵与盖体之间有良好的密封圈,以保证组装后具有良好的气密性。

2.3　量钵:直径、深度均为207mm,容积为(7 000 ± 50)mL。

2.4　压力表的测量范围应为0～0.25MPa,精度0.01MPa,压力表的读数也可以用含气量百分数表示,其读数范围为0～10%,误差小于0.1%。

3　校准项目

3.1　外观检查。

3.2　量钵容积。

3.3　含气量。

4　校准器具

4.1　校准环境:校准工作应在室内进行,环境温度为(20 ± 5)℃,相对湿度不大于85%,校准现场应洁净,周围无影响校准结果的振动、污染、腐蚀性气体。

4.2　校准器具:

4.2.1　台秤:量程不小于30kg,感量1g。

4.2.2　温度计:0～50℃,分度值为0.1℃。

4.2.3　量筒:容量100mL,分度值1mL。

5　校准方法

5.1　外观检查:按照本方法2.1条、2.2条要求进行目测检查。

5.2　量钵容积的校准:先称量含气量测定仪量钵及玻璃板(300mm × 300mm)的总质量 m_1,然后将量钵加满水,测量水温并记录,用玻璃板沿量钵顶面平推,使量钵内盛满水而玻璃板下无气泡,擦干钵体表面后连同玻璃板一起称总质量 m_2,两次质量差值($m_2 - m_1$)除以该温度下水的密度即为量钵的容积。以上操作进行3次,取平均值。

5.3　含气量的校准:

5.3.1　往量钵加满水,并将校正管接在钵盖下面的小龙头端部,将钵盖放在量钵上,用夹子夹紧,打开小龙头,松开排气阀,用注水器从小龙头处加水至排气阀出水口冒水为止,然后拧紧小龙头和排气阀,此时钵盖和钵体之间的空隙被水充满。用手泵向气室充气,使表压稍大于0.1MPa,然后用微调阀调整表压使其为0.1MPa。按下阀门杆1～2次,使气室的压力气体进入量钵内,读压力表读数,此时压力相当于含气量0%。

5.3.2　初始压力刻度标定完后,将校正管接在小龙头上端,通过校正管从量钵中吸水到量筒中,吸量为量钵的1%。当量筒中的水为量钵容积的1%时,关上小龙头。打开排气阀,使量钵内压力与大气压力平衡,再关上排气阀,用手泵打压,气室压力稍过初始压力(0.1MPa)。调压到表针指向初始压力线,停5s,按阀门杆1～2次,待指针稳定后读数,此读数相当于含气量1%。

5.3.3　以同样的方法可测得含气量2%、3%、4%……10%的压力表读数值,以上操作重复3次,求平均值。

5.3.4　以压力表读数为横坐标,含气量为纵坐标,绘制含气量与压力表读数的关系曲线,将此关系曲线贴在仪器上,并注明校准日期。

6　校准周期

校准周期一般不超过12个月。

7 结果处理

填写校准记录表(表 B03-14),提交审核确认。

混合式气压法含气量测定仪校准记录表(表 B03-14)

设备名称				设备编号		
规格型号				出厂编号		
生产厂家				校准日期		
校准器具名称及编号						
校准环境						
外观检查						
校准项目		技术要求	实测值			
			1	2	3	平均
量钵容积	量钵+玻璃板(g)	—				—
	量钵+水+玻璃板(g)	—				—
	水温度(℃)	—				
	量钵容积(mL)	7 000±50				
含气量校准	含气量(%) 吸水量(mL)	—	压力表读数(MPa)			
	1　　70	—				
	2　　140	—				
	3　　210	—				
	4　　280	—				
	5　　350	—				
	6　　420	—				
	7　　490	—				
	8　　560	—				
	9　　630	—				
	10　　700	—				
校准结果						
备　注						
校　准		校　核			日　期	

3.15 混凝土贯入阻力仪校准方法(JTJZ 03—15)

1 适用范围

本方法适用于水泥混凝土拌和物凝结时间测定用混凝土贯入阻力仪的校准。

2 技术要求

2.1 仪器应有铭牌(包括仪器名称、型号规格、出厂编号、出厂日期、制造厂等)、合格证、使用说明书。

2.2 仪器外观完好,不应有锈蚀、碰伤、显著划痕及影响准确度的其他缺陷。手轮应转动自然平顺,主体放置平稳,其他部位结合处无松动滑脱现象。

2.3 加压装置应方便使用,且能保证有效施加贯入压力。

2.4 压力表:量程不小于 1 000N,分度值为 10N。(计量检定合格)

2.5 测针:长约 130mm,平头测针圆面积 $100mm^2$、$50mm^2$ 和 $20mm^2$ 3 种,在距测头 25mm 处有标记。

2.6 试料筒:上口内径 $160_0^{+0.6}$mm,下底内径 $150_0^{+0.6}$mm,筒深(150 ± 0.3)mm。

3 校准项目

3.1 外观检查。

3.2 测针尺寸及标记段长度。

3.3 试料筒尺寸。

4 校准环境及校准器具

4.1 校准环境:校准工作应在室内进行,环境温度为(20 ± 5)℃,相对湿度不大于85%,校准现场应洁净,周围无影响校准结果的振动、污染、腐蚀性气体。

4.2 校准器具:

长爪游标卡尺:量程不小于200mm,分度值为0.02mm。

5 校准方法

5.1 外观检查:按照本方法2.1条、2.2条要求进行目测检查。

5.2 测针尺寸及标记段长度校准:用游标卡尺测量测针的直径,每120°测量1次,共测3次,取平均值,并计算其截面面积;用游标卡尺量测针头至25mm标记处的长度,重复3次,取平均值。

5.3 试料筒尺寸校准:用长爪游标卡尺分别测量试料筒的上口内径和筒深,用游标卡尺测量下底内径及壁厚,每120°测量1次,共测3次,取平均值。

6 校准周期

校准周期一般不超过12个月。

7 结果处理

填写校准记录表(表 B03-15),提交审核确认。

混凝土贯入阻力仪校准记录表(表 B03-15)

设备名称		设备编号	
规格型号		出厂编号	
生产厂家		校准日期	
校准器具名称及编号			
校准环境			
外观检查			

校准项目			技术要求	实测值				
				1	2	3	平均	面积
试针尺寸	1	面积(mm²)	100					
		标记长度(mm)	25					—
	2	面积(mm²)	50					
		标记长度(mm)	25					—
	3	面积(mm²)	20					
		标记长度(mm)	25					—
试料筒尺寸		上口内径(mm)	$160_0^{+0.6}$					
		下底外径(mm)						
		壁厚(mm)						
		下底内径(mm)	$150_0^{+0.6}$					
		筒深(mm)	150 ± 0.3					
校准结果								
备 注								
校 准			校 核			日 期		

3.16 水泥混凝土抗渗仪校准方法(JTJZ 03—16)

1 适用范围

本方法适用于水泥混凝土抗渗性试验用水泥混凝土抗渗仪的校准。

2 技术要求

2.1 仪器应有铭牌(包括仪器名称、型号规格、出厂编号、出厂日期、制造厂等)、合格证、使用说明书。

2.2 仪器外观完好,不应有锈蚀、碰伤、显著划痕及影响准确度的其他缺陷。

2.3 加压系统密封性良好,压力设定的数量级为0.1MPa,水压显示值与压力设定值之间的误差及稳压启动差值均不大于0.05MPa,最高水压时及试验过程中管路系统均不应发生滴漏和机械性损坏。

2.4 压力表:量程0~6MPa,精度为1.0或1.5级(计量检定合格)。

2.5 试模:上口内径(175 ± 0.5)mm、下口内径(185 ± 0.5)mm、高(150 ± 0.5)mm。

3 校准项目

3.1 外观检查。

3.2 加压系统的密封性。

3.3 试模尺寸。

4　校准环境及校准器具

4.1　校准环境:校准工作应在室内进行,环境温度为(20±5)℃,相对湿度不大于85%,校准现场应洁净,周围无影响校准结果的振动、污染、腐蚀性气体。

4.2　校准器具:

4.2.1　游标卡尺:量程不小于200mm,分度值为0.02mm。

4.2.2　万能角度尺:分度值2′。

5　校准方法

5.1　外观检查:按照本方法2.1条、2.2条要求进行目测检查。

5.2　加压系统的密封性校准:按抗渗仪的操作要求,当抗渗仪供水管路畅通,且供水正常时,关闭6个供水阀门,待充分排气后,关闭排气阀门。按设定压力为0.5MPa、1.0MPa、1.5MPa、2.0MPa 4个等级进行加压试验,在达到各级设定压力时及稳压过程中(每级不少于30min),分别检测设定压力与显示压力的误差以及稳压过程中的最大启动压差,并检查抗渗仪整个试验过程中的管路系统是否发生滴漏和其他损坏。

5.3　试模尺寸校准:用游标卡尺逐个测量圆模上口内径d、圆模高度h,每120°测量1次,共测量3次,每次测量结果均应符合技术要求;用角度尺测量试模内壁与底边的夹角A。计算出试模下口内径D,$D=d+h/(2tgA)$,用同样的方法共测量3次,每次测量结果均应符合技术要求。

6　校准周期

校准周期一般不超过12个月。

7　结果处理

填写校准记录表(表B03-16),提交审核确认。

混凝土抗渗仪校准记录表(表B03-16)

设备名称			设备编号			
规格型号			出厂编号			
生产厂家			校准日期			
校准器具名称及编号						
校准环境						
外观检查						
校准项目	技术要求			实　测　值		
加压系统	设定压力(MPa)	显示压力(MPa)				显示与设定差(MPa)
		1	2	3	平均	
	0.5					
	1.0					
	1.5					
	2.0					

校准项目		技术要求	实 测 值	
试模尺寸	上口内径 d(mm)	175 ± 0.5		
	高度 h(mm)	150 ± 0.5		
	夹角 A(°)	—		
	计算下口内径 D(mm)	185 ± 0.5		
校准结果				
备 注		此表可以一分为二,分为加压系统和试模尺寸分别进行校准。		
校 准		校 核		日 期

3.17 水泥砂浆稠度测定仪校准方法(JTJZ 03—17)

1 适用范围

本方法适用于水泥砂浆稠度测定仪的校准。

2 技术要求

2.1 仪器应带有铭牌(包括仪器名称、型号规格、出厂编号、出厂日期、制造厂等)、合格证、使用说明书。

2.2 仪器外观完好,没有锈蚀、碰伤、显著划痕等缺陷,试锥在立柱上自由滑动。

2.3 试锥和滑杆总质量:(300 ± 2)g。

2.4 试锥:高度(145 ± 0.5)mm 锥底直径(75 ± 0.5)mm。

2.5 盛样容器:高度(180 ± 0.5)mm 开口内径(150 ± 0.5)mm。

2.6 可沉入深度为$0 \sim 145$mm,全量程及任一刻度到0点的允许偏差为0.5mm。

3 校准项目

3.1 外观检查。

3.2 试锥和滑杆总质量。

3.3 试锥锥体尺寸。

3.4 盛样容器。

3.5 表盘刻度。

4 校准环境及校准器具

4.1 校准环境:校准工作应在室内进行,环境温度为(20 ± 5)℃,相对湿度不大于85%,校准现场应洁净,周围无影响校准结果的振动、污染、腐蚀性气体。

4.2 校准器具:

4.2.1 电子天平:量程不小于500g,感量为0.01g。

4.2.2 三用游标卡尺:量程不小于200mm,分度值0.02mm。

4.2.3 高度尺:量程不小于500mm,分度值0.02mm。

4.2.4 深度尺:量程不小于200mm,分度值0.02mm。

5 校准方法

5.1 外观检查:按照本方法2.1条、2.2条要求进行目测检查。

5.2 锥体和滑杆总质量校准:用天平称锥体与滑杆的总质量,重复测量3次,取平均值。

5.3 试锥锥体尺寸校准:用高度尺测量锥体的高度,用游标卡尺测量锥体的直径,每120°测量1次,共测量3次,每次测量结果均应满足技术要求。

5.4 盛样容器尺寸校准:用深度尺测量盛样容器高度和开口内径,每120°测量1次,共测量3次,每次测量结果均应满足技术要求。

5.5 表盘刻度校准:卸掉试锥,调整齿条测杆使指针在刻度盘的零点,将高度尺量爪抬高到高度尺主尺刻度145mm以上。将高度尺立于适当的平台上,使高度尺量爪紧贴齿条测杆上端,记录此时高度尺初读数,调整齿条测杆使下沉刻度盘显示为1cm,移动高度尺量爪紧贴齿条测杆上端,记录高度尺终读数,初读数减去终读数为测定值,以此类推,每1cm读数1次,每次测定值偏差不得超过±0.5mm,全量程允许偏差也不得超过±0.5mm。

6 校准周期

校准周期一般不超过12个月。

7 结果处理

填写校准记录表(表B03-17),提交审核确认。

水泥砂浆稠度测定仪校准记录表(表B03-17)

设备名称			设备编号	
规格型号			出厂编号	
生产厂家			校准日期	
校准器具名称及编号				
校准环境				
外观检查				
校准项目	技术要求	实 测 值		
		1	2	3
试锥和滑杆总质量(g)	300±2			
试锥尺寸 高度(mm)	145±0.5			
试锥尺寸 直径(mm)	75±0.5			
盛样容器 高度(mm)	180±0.5			
盛样容器 开口内径(mm)	150±0.5			

			0	10	20	30	40	50	60
表盘刻度	表盘读数(mm)	—	70	80	90	100	110	120	—
	高度尺读数(mm)	—							
	差值(mm)	≤0.5							
全量程差值(mm)									
备 注									
校 准			校 核				日 期		

3.18 水泥砂浆分层度仪校准方法(JTJZ 03—18)

1 适用范围

本方法适用于水泥砂浆分层度仪的校准。

2 技术要求

2.1 仪器应带有铭牌(包括仪器名称、型号规格、出厂编号、出厂日期、制造厂等)、合格证、使用说明书。

2.2 分层度仪应由金属板制成,其内壁应光滑,上下层可用螺栓连接,连接处需加宽为3~5mm,并有橡胶垫圈。

2.3 分层度筒:内径(150±1)mm,上节高(200±1)mm,下节高(100±1)mm。

3 校准项目

3.1 外观检查。

3.2 分层度筒尺寸。

4 校准环境及校准器具

4.1 校准环境:校准工作应在室内进行,环境温度为(20±5)℃,相对湿度不大于85%,校准现场应洁净,周围无影响校准结果的振动、污染、腐蚀性气体。

4.2 校准器具:三用游标卡尺量程不小于300mm,分度值为0.02mm。

5 校准方法

5.1 外观检查:按照本方法2.1条、2.2条要求进行目测检查。

5.2 分层度筒尺寸校准:用三用游标卡尺测量分层度筒内径及上下层高度,每120°测量1次,共测量3次,每次测量结果均应满足技术要求。

6 校准周期

校准周期一般不超过12个月。

7 结果处理

填写校准记录表(表 B03-18),提交审核确认。

水泥砂浆分层度仪校准记录表(表 B03-18)

设备名称			设备编号			
规格型号			出厂编号			
生产厂家			校准日期			
校准器具名称及编号						
校准环境						
外观检查						
校准项目		技术要求	实 测 结 果			
			1	2		3
分层度筒	内径(mm)	150 ± 1				
	上节高(mm)	200 ± 1				
	下节高(mm)	100 ± 1				
校准结论						
备 注						
校 准		校 核			日 期	

4 沥青及沥青混合料类仪器设备校准方法

4.1 沥青针入度仪校准方法(JTJZ 04—01)

1 适用范围

本方法适用于沥青针入度仪的校准,参照《道路石油沥青针入度试验仪》[JJG(交通) 067—2006]编制。

2 技术要求

2.1 仪器应带有铭牌(包括仪器名称、型号规格、出厂编号、出厂日期、制造厂等)、合格证、使用说明书。

2.2 仪器外表不应有明显的损伤、缺陷和锈蚀,仪器示值显示应清晰准确,无缺笔画现象,目测连杆表面是否光滑,并能自由下落,仪器应能保证标准针和针连杆在无明显摩擦下垂直运动,并能准确停止。

2.3 针入度标准针需经过专业机构检定,标准针质量(2.5 ± 0.05)g,标准针及针连杆总质量为(50 ± 0.05)g,另附(50 ± 0.05)g砝码一只,试验时的总质量为(100 ± 0.05)g。

2.4 标准针与仪器底座平面应保持垂直,与底座平面接触时,标准针偏离中心的最大允许值为2.0mm。

2.5 自动式针入度仪示值装置最大允许误差为 ±0.1mm。

2.6 针连杆组释放时间的最大允许误差为 ±0.1s。

2.7 恒温水浴温度的最大允许偏差为 ±0.1℃。

3 校准项目

3.1 外观检查。

3.2 标准针和连杆及砝码的总质量。

3.3 标准针与中心偏离度。

3.4 示值装置。

3.5 时控装置。

3.6 温控器装置。

4 校准环境及校准器具

4.1 校准环境:校准工作应在室内进行,环境温度为(25 ± 10)℃,相对湿度不大于85%,校准现场应洁净,周围无影响校准结果的振动、污染、腐蚀性气体。

4.2 校准器具：

4.2.1 电子天平：量程不小于 200g，感量为 0.01g。

4.2.2 游标卡尺：量程不小于 200mm，分度值 0.02mm。

4.2.3 标准量块：尺寸分别为 1mm、5mm、10mm、20mm 的 4 等量块。

4.2.4 秒表：分度值 0.1s。

4.2.5 标准温度计：量程 0 ~ 50℃，分度值 0.1℃。

5 校准方法

5.1 外观检查：按照本方法 2.1 条、2.2 条要求进行目测检查。

5.2 标准针、连杆及砝码的质量校准：用电子天平分别称量标准针、标准针和针连杆质量，标准针、针连杆和附加砝码的总质量，并分别记录；各重复 3 次，取平均值。

5.3 标准针与中心偏离度校准：将仪器放置平稳，调节仪器水平，把标准针插入针连杆下端并紧固，在底座上放置一玻璃片，取两张白纸，中间夹 1 张复写纸并放在玻璃片上，将针连杆放下，使针尖与纸刚好接触，然后用手轻轻转动 1 周，此时针头在纸上划出 1 个圆圈，用游标卡尺测量圆圈的直径，其直径的一半即为针与中心偏离度，重复 3 次，取平均值。

5.4 示值装置校准：将标准针杆锁定在适当位置，在基座和针杆之间分别放上 1mm、5mm、10mm、20mm 的标准量块，调节升降装置，使针杆与量块顶部表面轻轻接触，调整读数为零，移去量块，手托住标准针杆，启动释放装置，使标准针杆与基座轻轻接触，记录仪器读数；重复 3 次，取平均值。若采用上述 4 个标准量块校准超过误差规定时，应加密校准点，并得到相应的修正因子。

5.5 时控装置校准：从针入度仪上取下标准针，将连杆锁定，将释放时间分别置于 5s 和 60s 两档，同时启动秒表和释放开关，当仪器显示达到 5s（或 60s）的瞬间停止秒表，记录秒表读数，重复进行 3 次，取平均值。

5.6 温度控制校准：

5.6.1 温控器示值误差校准：将标准温度计与控制器探头置于同一位置，以校准温度为基准，自校准温度 -0.2℃ 开始（以 0.1℃ 为级差至需要温度 +0.2℃，必要时可扩大校准范围）设置控制器温度值，每级温度稳定 30min 后，每 10min 读取 1 次标准温度计温度值和显示器温度值，共读取 3 次，取平均值；作出标准温度计温度值与控制器显示温度值之间的对比曲线或建立二者的数据对比表。

5.6.2 控制温度校准：将水浴温度控制器设置在指定的温度，待水温恒定后使用标准温度计在水浴中的四周与中间 5 点测水温，其示值最大偏差应符合规定值。

6 校准周期

校准周期一般不超过 12 个月。

7 结果处理

填写校准记录表（表 B04-01），提交审核确认。

沥青针入度仪校准记录表（表 B04-01）

设备名称					设备编号				
规格型号					出厂编号				
生产厂家					校准日期				
校准器具名称及编号									
校准环境									
外观检查									

校准项目		技术要求	实测值			
			1	2	3	平均
针、连杆及砝码的质量	标准针(g)	2.5 ± 0.05				
	针 + 连杆(g)	50 ± 0.05				
	针 + 连杆 + 砝码(g)	100 ± 0.05				
针与中心偏离度(mm)		≤2				
示值装置	10(0.1mm)	±1				
	50(0.1mm)	±1				
	100(0.1mm)	±1				
	200(0.1mm)	±1				
时控装置	5(s)	±0.1				
	60(s)	±0.1				

温控器示值误差			标准温度计读数				控制器显示温度值			
	—		1	2	3	平均	1	2	3	平均
	—	—								
	…									
	(基准 − 0.2)(℃)									
	(基准 − 0.1)(℃)									
	基准(℃)									
	(基准 + 0.1)(℃)									
	(基准 + 0.2)(℃)									
	…									

温度控制	设定温度(℃)		不同部位实测结果					
			1	2	3	4	5	最大偏差值
	5	±0.1						
	15							
	25							
	30							

校准结果									
备 注									
校 准		校 核			日 期				

4.2　沥青延度仪校准方法(JTJZ 04—02)

1　适用范围

本方法适用于沥青延度仪的校准,参照《沥青延度仪检定规程》[JJG(交通)023—2002]编制。

2　技术要求

2.1　仪器应带有铭牌(包括仪器名称、型号规格、出厂编号、出厂日期、制造厂等)、合格证、使用说明书。

2.2　仪器拉伸装置工作时应无明显振动,控制装置应工作性可靠,试验水槽无渗漏现象;试模内壁及底板上表面应整洁光滑、无锈蚀,试模应在适当的位置设置编号。

2.3　长度测量装置分度值不大于1mm,全长及任一刻度到0点的允许偏差为5mm。

2.4　拉伸速率为(1.00±0.05)cm/min、(5.00±0.25)cm/min。

2.5　温度控制精度:(5±0.1)℃、(10±0.1)℃、(15±0.1)℃、(25±0.1)℃。

2.6　试模尺寸:两端模环中心点距离74.5~75.5mm,端模间距29.7~30.3mm,肩长6.8~7.2mm,半径15.75~16.25mm,最小横断面宽9.9~10.1mm,端模口宽度19.8~20.2mm,两半圆心间距离42.9~43.1mm,端模孔直径6.5~6.7mm,厚度9.9~10.1mm。

3　校准项目

3.1　外观检查。

3.2　长度测量装置容许偏差。

3.3　拉伸速率。

3.4　温度控制。

3.5　试模尺寸。

4　校准环境及校准器具

4.1　校准环境:校准工作应在室内进行,环境温度为(25±10)℃,相对湿度不大于85%。校准现场应洁净,周围无影响校准结果的振动、污染、腐蚀性气体。

4.2　校准器具:

4.2.1　钢直尺:量程大于200mm,分度值1mm。

4.2.2　秒表:分度值0.1s。

4.2.3　钢卷尺:量程不小于3m,分度值1mm。

4.2.4　温度计:量程0~50℃,分度值0.1℃。

4.2.5　游标卡尺:量程不小于200mm,分度值0.02mm。

5　校准方法

5.1　外观检查:按照本方法2.1条、2.2条要求进行目测检查。

5.2　长度测量装置容许偏差:用钢卷尺自0点起每隔250mm读取1次测量装置读数,直至全量程。

5.3　拉伸速率校准:

5.3.1　(1.00±0.05)cm/min速率校准:在起始点做标记,开始拉伸并按动秒表,20min

时停止拉伸,用钢直尺测量并记录拉伸装置移动距离,换算成速率,重复测量 3 次,取平均值。

5.3.2 (5.00±0.25)cm/min 校准:在起始点做标记,开始拉伸并按动秒表,4min 时停止拉伸,用钢直尺测量并记录拉伸装置移动距离,换算成速率,重复测量 3 次,取平均值。

5.4 温度控制校准:

5.4.1 温控器示值误差校准:将标准温度计与控制器探头置于同一位置,以校准温度为基准,自校准温度 −0.2℃开始(以 0.1℃为级差至需要温度 +0.2℃,必要时可扩大校准范围)设置控制器温度值,每级温度稳定 30min 后,每 10min 读取 1 次标准温度计温度值和显示器温度值,共读取 3 次,取平均值;作出标准温度计温度值与控制器显示温度值之间的对比曲线或建立两者的数据对比表。

5.4.2 温度控制精度校准:按温度误差修正值准确调整控制温度为 5℃,待水浴温度稳定后,每 10min 分别测量水浴长度方向两端和中间 3 点的温度,共测量 3 次。同样方法校准 10℃、15℃、25℃3 个温度。

5.5 试模尺寸校准:用游标卡尺分别测量试模各部位尺寸,并分别记录。

6 校准周期

校准周期一般不超过 12 个月。

7 结果处理

填写校准记录表(表 B04-02),提交审核确认。

沥青延度仪校准记录表(表 B04-02)

设备名称			设备编号	
规格型号			出厂编号	
生产厂家			校准日期	
校准器具名称及编号				
校准环境				
外观检查				

项目		技术要求	实测值			
			1	2	3	平均
拉伸速率	20min 时位移(cm)	—				
	拉伸速率(cm/min)	1.00±0.05				
	4min 时位移(cm)	—				
	拉伸速率(cm/min)	5.00±0.25				
位移测量装置容许偏差(mm)		±5	250	500	750	1 000	最大偏差
			1 250	1 500	1 750	2 000

				标准温度计读数				控制器显示温度值			
温控器示值误差		—	—	1	2	3	平均	1	2	3	平均
		—									
		…									
		(基准－0.2)(℃)									
		(基准－0.1)℃									
		基准 ℃									
		(基准＋0.1)℃									
		(基准＋0.2)℃									
		…									
温度控制	设置温度(℃)		—	1			2			3		最大偏差
				左	中	右	左	中	右	左	中	右	
	5	±0.1									
	10	±0.1									
	15	±0.1									
	25	±0.1									
试模尺寸	模环中心点距离(mm)	74.5～75.5									
	端模间距(mm)	29.7～30.3									
	肩长(mm)	6.8～7.2									
	半径(mm)	15.75～16.25									
	最小横断面宽(mm)	9.9～10.1									
	端模口宽度(mm)	19.8～									
	两半圆心间距离(mm)	42.9～									
	端模孔直径(mm)	6.5～6.7									
	厚度(mm)	9.9～10.1									
校准结果											
备注	此表一分为二,试模尺寸校准可以单独制表										
校准		校核				日期					

4.3　沥青软化点仪校准方法(JTJZ 04—03)

1　范围

本方法适用于沥青软化点仪(环球法)的校准,参照《沥青软化点仪检定规程》[JJG(交通)057—2004]编制。

2　技术要求

2.1　仪器应带有铭牌(包括仪器名称、型号规格、出厂编号、出厂日期、制造厂等)、合格证、使用说明书。

2.2 仪器各部件齐全完好,外部无明显损伤和缺陷,加热部分工作安全、正常,应有调控加热功率装置和磁力搅拌装置。

2.3 钢球:直径9.53mm,质量(3.5 ± 0.05)g。

2.4 试样环:上端内径(19.8 ± 0.1)mm,下端内径(15.9 ± 0.1)mm,
高(6.4 ± 0.1)mm。

2.5 钢球定位孔:定位孔直径$9.53^{+0.05}$mm。

2.6 支撑架上试样环底部与下支撑板的距离应为(25.4 ± 0.1)mm,下支撑板距槽底应为$(12.7 \sim 19.0)$mm。

2.7 温度量测范围为$0 \sim 100℃$,误差小于0.5℃。

2.8 升温速率应满足$(5 \pm 0.5)℃/min$。

3 校准项目

3.1 外观检查。

3.2 钢球直径及质量。

3.3 试样环尺寸。

3.4 钢球定位孔尺寸。

3.5 支撑架间距。

3.6 温度示值误差。

3.7 升温速率。

4 校准环境及校准器具

4.1 校准环境:校准工作应在室内进行,环境温度为$(25 \pm 10)℃$,相对湿度不大于85%,校准现场应洁净,周围无影响校准结果的振动、污染、腐蚀性气体。

4.2 校准器具;

4.2.1 游标卡尺:量程不小于200mm,分度值为0.02mm。

4.2.2 电子天平:量程不小于500g,感量0.01g。

4.2.3 专用通止规:两端直径分别为9.53mm、9.58mm。

4.2.4 标准温度计:分段满足$0 \sim 200℃$,分度值为0.1℃。

4.2.5 秒表:分度值0.1s。

5 校准方法

5.1 外观检查:按照本方法2.1条、2.2条要求进行目测检查。

5.2 钢球直径及质量校准:用游标卡尺测量钢球直径,用电子天平称量钢球质量,分别重复测量3次,取平均值。

5.3 试样环尺寸校准:用游标卡尺测量试样环上、下端内径及高度,每120°测量1次,共测量3次,取平均值。

5.4 钢球定位孔尺寸检查:用专用通止规检查钢球定位孔的内径。

5.5 支撑架距离校准:用游标卡尺分别在两试样环下测量支撑架上试样环底部到下支撑板的距离,重复测量3次,取平均值。

5.6 温度示值误差校准:在恒温水浴槽中将标准温度计与仪器传感器探头置于同一位置,在$5 \sim 80℃$(加热介质为蒸馏水)或$80 \sim 157℃$(加热介质为甘油)范围内均匀选取3~6个测量点，当温度达到测点温度时，同时读取标准温度计读数和仪器显示温度读数，各测点重复测量 3 次。

5.7　升温速率校准：按《公路工程沥青及沥青混合料试验规程》(JTJ 052—2000)试验规程要求，玻璃杯加水，记录起始水温，启动加热设备同时开启秒表，记录时间 3min、8min、13min 时水的温度，分别计算从第 3min 至第 8min、第 8min 至第 13min 时的加热速率，重复 3 次，取 3 次平均值。

6　校准周期

校准周期一般不超过 12 个月。

7　结果处理

填写校准记录表（表 B04-03），提交审核确认。

沥青软化点仪校准记录表（表 B04-03）

<table>
<tr><td colspan="3">设备名称</td><td colspan="3"></td><td colspan="3">设备编号</td><td colspan="3"></td></tr>
<tr><td colspan="3">规格型号</td><td colspan="3"></td><td colspan="3">出厂编号</td><td colspan="3"></td></tr>
<tr><td colspan="3">生产厂家</td><td colspan="3"></td><td colspan="3">校准日期</td><td colspan="3"></td></tr>
<tr><td colspan="3">校准器具名称及编号</td><td colspan="9"></td></tr>
<tr><td colspan="3">校准环境</td><td colspan="9"></td></tr>
<tr><td colspan="3">外观检查</td><td colspan="9"></td></tr>
<tr><td colspan="3" rowspan="3">校准项目</td><td rowspan="3">技术要求</td><td colspan="8">实测值</td></tr>
<tr><td colspan="2">1</td><td colspan="2">2</td><td colspan="2">3</td><td colspan="2">平均</td></tr>
<tr><td>1号</td><td>2号</td><td>1号</td><td>2号</td><td>1号</td><td>2号</td><td>1号</td><td>2号</td></tr>
<tr><td rowspan="2">钢球</td><td colspan="2">直径(mm)</td><td>9.53</td><td></td><td></td><td></td><td></td><td></td><td></td><td></td><td></td></tr>
<tr><td colspan="2">质量(g)</td><td>3.5 ±0.05</td><td></td><td></td><td></td><td></td><td></td><td></td><td></td><td></td></tr>
<tr><td rowspan="3">试样环</td><td colspan="2">上端内径(mm)</td><td>19.8 ±0.1</td><td></td><td></td><td></td><td></td><td></td><td></td><td></td><td></td></tr>
<tr><td colspan="2">下端内径(mm)</td><td>15.9 ±0.1</td><td></td><td></td><td></td><td></td><td></td><td></td><td></td><td></td></tr>
<tr><td colspan="2">高(mm)</td><td>6.4 ±0.1</td><td></td><td></td><td></td><td></td><td></td><td></td><td></td><td></td></tr>
<tr><td colspan="3">定位孔直径(mm)</td><td>$9.53^{+0.05}$</td><td colspan="8"></td></tr>
<tr><td colspan="3">上下支撑架距离(mm)</td><td>25.4 ±0.1</td><td colspan="2"></td><td colspan="2"></td><td colspan="2"></td><td colspan="2"></td></tr>
<tr><td rowspan="12">温度示值误差</td><td rowspan="6">标准温度计读数(℃)</td><td>1</td><td rowspan="6">—</td><td colspan="2"></td><td colspan="2"></td><td colspan="2"></td><td colspan="2">—</td></tr>
<tr><td>2</td><td colspan="2"></td><td colspan="2"></td><td colspan="2"></td><td colspan="2">—</td></tr>
<tr><td>3</td><td colspan="2"></td><td colspan="2"></td><td colspan="2"></td><td colspan="2">—</td></tr>
<tr><td>4</td><td colspan="2"></td><td colspan="2"></td><td colspan="2"></td><td colspan="2">—</td></tr>
<tr><td>5</td><td colspan="2"></td><td colspan="2"></td><td colspan="2"></td><td colspan="2">—</td></tr>
<tr><td>6</td><td colspan="2"></td><td colspan="2"></td><td colspan="2"></td><td colspan="2">—</td></tr>
<tr><td rowspan="6">仪器显示温度(℃)</td><td>1</td><td rowspan="6">±0.5</td><td colspan="2"></td><td colspan="2"></td><td colspan="2"></td><td colspan="2">—</td></tr>
<tr><td>2</td><td colspan="2"></td><td colspan="2"></td><td colspan="2"></td><td colspan="2">—</td></tr>
<tr><td>3</td><td colspan="2"></td><td colspan="2"></td><td colspan="2"></td><td colspan="2">—</td></tr>
<tr><td>4</td><td colspan="2"></td><td colspan="2"></td><td colspan="2"></td><td colspan="2">—</td></tr>
<tr><td>5</td><td colspan="2"></td><td colspan="2"></td><td colspan="2"></td><td colspan="2">—</td></tr>
<tr><td>6</td><td colspan="2"></td><td colspan="2"></td><td colspan="2"></td><td colspan="2">—</td></tr>
</table>

升温速率	初始温度（℃）		—			—
	3min 温度（℃）		—			
	8min 温度（℃）		—			
	13min 温度（℃）		—			
	升温速率（℃/min）	3 ~ 8min	5 ± 0.5			
		8 ~ 13 min	5 ± 0.5			
校准结果						
备　注						
校　准			校　核		日　期	

4.4 克利夫兰开口杯闪点仪校准方法（JTJZ 04—04）

1 适用范围

本方法适用于克利夫兰开口杯闪点仪的校准。

2 技术要求

2.1 仪器应带有铭牌（包括仪器名称、型号规格、出厂编号、出厂日期、制造厂等）、合格证、使用说明书。

2.2 仪器所有部件应齐全，安装到位，打开送气装置，火焰喷嘴能正常喷气。

2.3 克利夫兰开口杯：内径(63.5 ±0.5)mm、深度(33.6 ±0.5)mm
　　　　　　　　　刻度线距上口(9.4 ±0.4)mm。

2.4 升温速率能控制为 14 ~17℃/min 和 5.0 ~6.0℃/min。

3 校准项目

3.1 外观检查。

3.2 克利夫兰开口杯尺寸。

3.3 升温速率。

4 校准环境及校准器具

4.1 校准环境：校准工作应在室内进行，环境温度为(25 ±10)℃，相对湿度不大于85%，校准现场应洁净，周围无影响校准结果的振动、污染、腐蚀性气体。

4.2 校准器具：

4.2.1 游标卡尺：量程不小于200mm，分度值 0.02mm。

4.2.2 深度尺：量程不小于200mm，分度值 0.02mm。

4.2.3 温度计：0 ~400℃，分度为2℃。

4.2.4 秒表：分度值 0.1s。

5 校准方法

5.1 外观检查：按照本方法2.1条、2.2条要求进行目测检查。

5.2 克利夫兰开口杯尺寸校准：用游标卡尺测量开口杯内径及刻度线距上口距离，用深度尺测量开口杯深度，每120°测量1次，共测量3次，每次测量结果均应满足技术要求。

5.3 升温速率校准：打开加热器，调节使其升温速率控制为(14 ~ 17)℃/min，升温至200℃左右时降低升温速率，能使温度再上升28℃后，升温速率控制为(5.0 ~ 6.0)℃/min。

6 校准周期

校准周期一般不超过 12 个月。

7 结果处理

填写校准记录表(表 B04-04),提交审核确认。

沥青闪点仪校准记录表(表 B04-04)

设备名称			设备编号		
规格型号			出厂编号		
生产厂家			校准日期		
校准器具名称及编号					
校准环境					
外观检查					

校准项目		技术要求	实测值		
			1	2	3
开口杯尺寸	内径(mm)	63.5±0.5			
	深度(mm)	33.6±0.5			
	标线距杯口距离(mm)	9.4±0.4			

升温速率(℃/min)	温度读数(℃)	—	至各温度时所经历时间(s)			升温速率(℃/min)		
			1	2	3	1	2	3
	80					—	—	—
	150	14~17						
	200							
	228	—						
	250	5.0~6.0						
	270					—	—	—

校准结果	
备　注	

校　准		校　核		日　期	

4.5 沥青标准黏度计校准方法(JTJZ 04—05)

1 适用范围

本方法适用于道路沥青标准黏度计的校准,参照《沥青标准黏度计检定规程》[JJG(交通) 055—2004]编制。

2 技术要求

2.1 仪器应带有铭牌(包括仪器名称、型号规格、出厂编号、出厂日期、制造厂等)、合格证、使用说明书。

2.2 仪器的外表、面板及零部件的表面处理应光滑、均匀且牢固,不应有明显的裂纹、起泡和脱落等损伤和缺陷。试样管的内壁应光滑整洁,无锈蚀,各开关、按钮功能正常,操作灵活可靠。

2.3 盛样管:内径(40±0.05)mm,流孔直径(3±0.025)mm、(4±0.025)mm(5±0.025) mm、(10±0.025)mm。

2.4 球塞:直径(12.7±0.05)mm 或(6.35±0.05)mm;
标记高度(92±0.25)mm 或(90.3±0.25)mm。

2.5 接受瓶的容量为100mL,在25mL,50mL,75mL,100mL 处有刻度,误差小于1mL。

2.6 恒温水浴:控温精度±0.1℃。

3 校准项目

3.1 外观检查。

3.2 盛样管尺寸。

3.3 球塞尺寸。

3.4 接受瓶的容量。

3.5 恒温水浴控温精度。

4 校准环境及校准器具

4.1 校准环境:校准工作应在室内进行,环境温度为(25±10)℃,相对湿度不大于85%,校准现场应洁净,周围无影响校准结果的振动、污染、腐蚀性气体。

4.2 校准器具:

4.2.1 游标卡尺:量程不小于200mm,分度值0.02mm。

4.2.2 专用通止规:(3±0.025)mm、(4±0.025)mm、(5±0.025)mm、(10±0.025)mm。

4.2.3 标准温度计:量程不小于100℃,分度值0.1℃。

5 校准方法

5.1 外观检查:按照本方法2.1条、2.2条要求进行目测检查。

5.2 盛样管尺寸校准:用游标卡尺测量盛样管的内径,每120°测量1次,共测量3次,取平均值;用专用通止规在孔的两端各检查1次流孔直径。

5.3 球塞尺寸校准:用游标卡尺在与标记杆垂直的球面上测量球塞直径,每120°测量1次,共测量3次,取平均值,用游标卡尺测量标记高度。

5.4 接受瓶的容量校准:按照"玻璃器皿校准方法"(JTJZ 05—07)进行。

5.5 恒温水浴控温精度校准:将循环水浴的进出口与黏度计水槽的进出口用橡胶管连接,使水流正常循环,将温度设定为40℃和60℃两点,调整恒温水槽的试验温度,当温度达到设定温度至少 30min 后,用标准温度计进行测试。每隔 2min 记录 1 次温度值,共进行 6 次测试。

6 校准周期

校准周期一般不超过 12 个月。

7 结果处理

填写校准记录表(表 B04-05),提交审核确认。

沥青标准黏度计校准记录表(表 B04-05)

设备名称				设备编号					
规格型号				出厂编号					
生产厂家				校准日期					
校准器具名称及编号									
校准环境									
外观检查									
校准项目		技术要求	实测值						
			1	2		3		平均	
盛样管尺寸	内径(mm)	40 ± 0.05							
	流孔直径(mm)	3	3 ± 0.025						
		4	4 ± 0.025						
		5	5 ± 0.025						
		10	10 ± 0.025						
球塞尺寸	I	直径(mm)	12.7 ± 0.05						
		标记高度(mm)	92 ± 0.25						
	II	直径(mm)	6.35 ± 0.05						
		标记高度(mm)	90.3 ± 0.25						
温度控制	设定温度(℃)	—	1	2	3	4	5	6	最大偏差值
	40	40 ± 0.1							
	60	60 ± 0.1							
校准结果									
备 注									
校 准			校 核				日 期		

4.6　沥青混合料拌和机校准方法(JTJZ 04—06)

1　适用范围

本方法适用于沥青混合料拌和机的校准,参照《沥青混合料拌和机》[JJG(交通)064—2006]。

2　技术要求

2.1　仪器应带有铭牌(包括仪器名称、型号规格、出厂编号、出厂日期、制造厂等)、合格证、使用说明书。

2.2　仪器传动系统外露部分应有防护措施,外露表面应做防锈处理,油漆表面应光滑、色调一致,铸件和焊接件表面应平整,拌和机运转部位应无异常声音,拌和叶片降低到最低位置应与锅底保持一定的距离。

2.3　搅拌叶片转速:自转为 70 ~ 80r/min,公转为 40 ~ 50r/min,精度 ±0.5%。

2.4　拌和时间控制精度 ±0.5%。

3　校准项目

3.1　外观检查。

3.2　搅拌叶片转速。

3.3　加热时锅内壁温度均匀度。

3.4　拌和时间控制误差。

4　校准环境及校准器具

4.1　校准环境:校准工作应在室内进行,环境温度为(25 ± 10)℃,相对湿度不大于85%,校准现场应洁净,周围无影响校准结果的振动、污染、腐蚀性气体。

4.2　校准器具:

4.2.1　秒表:分度值0.1s。

4.2.2　转速测定仪:量程(0 ~ 3 000)r/min,精度 1r/min。

5　校准方法

5.1　外观检查:按照本方法2.1条、2.2条要求进行目测检查。

5.2　搅拌叶片转速校准:上升搅拌叶或下降搅拌锅,启动搅拌机按钮,同时开启秒表,人工计数的方法量测1min搅拌叶片的自转和公转的次数,即为其自转和公转转速,重复测试3次,取平均值。

5.3　拌和时间控制误差校准:启动搅拌机按钮,同时开启秒表,测量设定 3min 运行所需的实际时间,重复测量 3 次,取平均值。

6　校准周期

校准周期一般不超过 12 个月。

7　结果处理

填写校准记录表(表 B04-06),提交审核确认。

沥青混合料拌和机校准记录表（表 B04-06）

设备名称				设备编号			
规格型号				出厂编号			
生产厂家				校准日期			
校准器具名称及编号							
校准环境							
外观检查							
校准项目		技术要求	实测值				
			1	2	3	平均	
搅拌叶片转速	自转(r/min)	70~80					
	公转(r/min)	40~50					
时间控制误差		设定值的 ±0.5%	拌和机设定时间(s)	实际运行时间(s)	容许时间差值(s)	实测时间差值(s)	
校准结果							
备　注							
校　准		校　核			日　期		

4.7　马歇尔自动击实仪校准方法（JTJZ 04—07）

1　适用范围

本方法适用于沥青混合料标准击实仪和大型击实仪的校准,参照《沥青混合料马歇尔击实仪》[JJG(交通)065—2006]编制。

2　技术要求

2.1　仪器应带有铭牌(包括仪器名称、型号规格、出厂编号、出厂日期、制造厂等)、合格证、使用说明书。

2.2　仪器外观应平整、光滑,击实仪运转时不应有异常声音,传动系统应运转灵活可靠。

2.3　击实锤质量:标准(4 536 ±9)g,大型(10 210 ±10)g。

135

2.4 击实锤落高:标准(457.2±1.5)mm,大型(457.2±2.5)mm。

2.5 压头直径:标准(98.5±0.5)mm,大型(149.5±0.8)mm。

2.6 击实速率:(60±5)次/min。

3 校准项目

3.1 外观检查。

3.2 击实锤质量。

3.3 击实锤落高。

3.4 压头直径。

3.5 击实速率。

4 校准环境及校准器具

4.1 校准环境:校准工作应在室内进行,环境温度为(25±10)℃,相对湿度不大于85%,校准现场应洁净,周围无影响校准结果的振动、污染、腐蚀性气体。

4.2 校准器具:

4.2.1 电子秤:量程15kg,分度值1g。

4.2.2 钢直尺:量程不少于500mm,分度值为1mm。

4.2.3 游标卡尺:量程不小于200mm,分度值为0.02mm。

4.2.4 秒表:分度值为0.1s。

5 校准方法

5.1 按照本方法2.1条、2.2条要求进行目测检查。

5.2 击实锤质量校准:取下击实锤放置在天平上准确称量,重复测量3次,取平均值。

5.3 击实锤落高校准:手动将击实锤提升至最高位置,自击实锤最低端至压头顶面用钢直尺测量击实锤的提升高度,重复测量3次,取平均值。

5.4 压头直径校准:取下击实压头,用游标卡尺测量压头直径,每120°测量1次,共测量3次,每次测量结果均应满足技术要求。

5.5 击实速率校准:运行击实仪,记录1min内的击实次数,即击实速率,重复测量3次,取平均值。

6 校准周期

校准周期一般不超过12个月。

7 结果处理

填写校准记录表(表B04-07),提交审核确认。

沥青混合料击实仪校准记录表(表B04-07)

设备名称		设备编号	
规格型号		出厂编号	
生产厂家		校准日期	
校准器具名称及编号			

续上表

校准环境					
外观检查					
校准项目		技术要求	实测值			
			1	2	3	平均
击实锤质量(g)	标准击实仪	4 536 ±9				
	大型击实仪	10 210 ±10				
击实锤落高(mm)	标准击实仪	457.2 ±1.5				
	大型击实仪	457.2 ±2.5				
压头直径(mm)	标准击实仪	98.5 ±0.5				
	大型击实仪	149.5 ±0.8	—			
击实速率（次/min）		60 ±5	—			
校准结果						
备 注						
校 准		校 核		日 期	

4.8 马歇尔稳定度仪校准方法(JTJZ 04—08)

1 适用范围

本方法适用于标准马歇尔稳定度仪和大型马歇尔稳定度仪的校准,参照《马歇尔稳定度试验仪》[JJG(交通)066—2006]编制。

2 技术要求

2.1 仪器应带有铭牌(包括仪器名称、型号规格、出厂编号、出厂日期、制造厂等)、合格证、使用说明书。

2.2 仪器应结构坚固,显示清晰、准确,在加载卸载过程中,各仪表不应有停滞和跳动现象。

2.3 流值(位移)测量装置:测量范围 0 ~ 10mm,精度 0.1mm,误差 ±0.1mm。

2.4 上下压头的曲率半径:标准(50.8 ±0.1)mm,大型(76.2 ±0.1)mm。

2.5 钢球直径为(16 ±0.05)mm。

2.6 托盘的垂直上升速率:不加荷时(50 ±2)mm/min,加荷时(50 ±5) mm/min。

2.7 测力装置:测力范围 0 ~ 25(50)kN,精度 0.1kN,需计量检定合格。

3 校准项目

3.1 外观检查。

3.2 流值(位移)测量装置。

3.3 上下压头的曲率半径。

3.4 钢球直径。

3.5 托盘的垂直上升速率。

4 校准环境及校准器具

4.1 校准环境:校准工作应在室内进行,环境温度为(25 ±10)℃,相对湿度不大于85%,

校准现场应洁净,周围无影响校准结果的振动、污染、腐蚀性气体。

4.2 校准器具:

4.2.1 钢直尺:量程不小于 300mm,分度值 1 mm。

4.2.2 秒表:分度值 0.1s。

4.2.3 专用通规、止规:技术要求见附录 408。

4.2.4 游标卡尺:量程不小于 200mm,分度值 0.02 mm。

4.2.5 四等标准量块一组。

5 校准方法

5.1 外观检查:按照本方法 2.1 条、2.2 条要求进行目测检查。

5.2 流值(位移)测量装置校准:选用 0.5 ~ 10mm 7 个量块进行校准,以 1.0mm 量块定零位,分别将 0.5mm、0.8mm、2.0mm、3.0mm、5.0mm、10.0mm 量块置于位移传感器下,记录流值显示值,每个校准点显示值与标准值之差不得超过 ±0.1mm。

5.3 上下压头的曲率半径校准:用专用通规、止规分别支起每个加荷压头,检查专用通规、止规与加荷压头的贴合情况,通规上下与压头紧密贴合,止规左右与压头紧密贴合为合格。

5.4 钢球直径校准:用游标卡尺测量钢球的直径,在不同 3 个位置测量 3 次,取其平均值。

5.5 托盘的垂直上升速率校准:

5.5.1 空载时托盘上升速率:将托盘置于最低位置,将钢直尺竖立于上升托盘旁边,测量此时位置;然后开启上升开关,同时按下秒表记时,当托盘上升高度为 20mm 时关闭秒表,记录秒表读数,其上升数值与上升时间之比即为托盘上升速率,重复测量 3 次,取其平均值。

马歇尔稳定度仪校准记录表(表 B04-08)

设备名称			设备编号		
规格型号			出厂编号		
生产厂家			校准日期		
校准器具名称及编号					
校准环境					
外观检查					
校准项目	技术要求	实测值			
		1	2	3	平均
流值(位移)测量 (mm)	—	标准值	仪器显示值	差值	—
	±0.1	0.5			—
		0.8			—
		2.0			—
		3.0			—
		5.0			—
		10.0			—

压头曲率半径	标准（mm）	50.8±0.1				
	大型（mm）	76.2±0.1				
钢球直径(mm)		16±0.05				
上升速率	空载	初始位置(mm)	—			—
		终止位置(mm)	—			—
		上升时间(s)	—			—
		速率(mm/min)	50±2			
	加载	初始位置(mm)				
		终止位置(mm)				
		上升时间(s)				
		速率(mm/min)	50±5			
校准结果						
备 注						
校 准			校 核		日 期	

5.5.2 加载时托盘上升速率：将托盘置于最低位置，装上试件（该试件应满足马歇尔稳定度试验时试件在恒温水槽中的保温条件和要求）；然后启动电机，在试件承受载荷的瞬间，开启秒表、记下位移测量装置的起始值；当试验载荷达到最大值的瞬间，停止秒表、记下位移测量装置的终止值，计算托盘上升速率，重复测量 3 次，取其平均值。

6 校准周期

校准周期一般不超过 12 个月。

7 结果处理

填写校准记录表（表 B04-08），提交审核确认。

附录408 专用通规、止规技术要求

1 专用通规、止规的形状和规格尺寸

专用通规、止规的形状如图 408-1 所示，其规格尺寸见表 408-1。

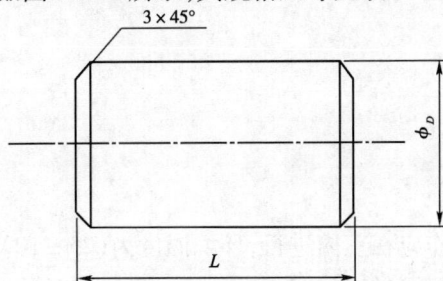

图 408-1

139

规 格 尺 寸   表 408-1

分 类	项 目	ϕ_D(mm)	L(mm)
甲 组	通规	101.44 ± 0.01	100 ± 1
	止规	101.76 ± 0.01	100 ± 1
乙 组	通规	152.20 ± 0.02	130 ± 1
	止规	152.60 ± 0.02	130 ± 1

2 专用通规、止规的技术要求

2.1 专用通规、止规应由硬化回火的不锈钢制造,洛氏硬度为 HRC58 ~ HRC65。

2.2 测量表面不得有锈迹、毛刺、黑斑、划痕等缺陷,表面粗糙度优于 0.32μm。

2.3 专用通规、止规的圆度、直线度优于 IT16 级。

4.9 轮碾成型机校准方法(JTJZ 04—09)

1 适用范围

本方法适用于沥青混合料轮碾成型机的校准。

2 技术要求

2.1 仪器应带有铭牌(包括仪器名称、型号规格、出厂编号、出厂日期、制造厂等)、合格证、使用说明书。

2.2 轮碾成型机的外观应平整、光洁、无缺损,工作时试模应固定不动,通过碾压轮的运动进行压实。

2.3 碾压轮:半径为(500 ±5)mm,轮宽(300 ±5)mm。

2.4 碾压轮温度范围:室温 ~200℃,可任意设定,偏差不得超过 ±5℃。

2.5 碾压轮压力:总荷载为9kN,线荷载为300N/cm。

2.6 试模:试模内侧尺寸为300mm(宽)×300mm(长)×50mm(高)。

3 校准项目

3.1 外观检查。

3.2 碾压轮尺寸。

3.3 温度控制装置。

3.4 碾压轮压力。

3.5 试模尺寸。

4 校准环境及校准器具

4.1 校准环境:校准工作应在室内进行,环境温度为(25 ±10)℃,相对湿度不大于85%,校准现场应洁净,周围无影响校准结果的振动、污染、腐蚀性气体。

4.2 校准器具:

4.2.1　钢直尺:量程不小于1 000mm,分度值1mm。

4.2.2　红外线测温仪:量程不小于200℃,分度值1℃。

5　校准方法

5.1　外观检查:按照本方法2.1条、2.2条要求进行目测检查。

5.2　碾压轮尺寸校准:用钢直尺分别测量碾压轮半径和轮宽,每次测量结果均应满足技术要求。

5.3　温度控制装置校准:启动加热装置,察看加热装置能否正常工作,能否达到设定的温度,当达到设定温度时,用红外线测温仪在碾压轮表面不同部位测量温度,至少测量6处,计算平均值及平均值与设定值差值。

5.4　碾压轮压力校准:查看仪器说明书,根据仪器的加荷原理计算荷载压力是否正确,否则予以调整。

5.5　试模尺寸校准:用钢尺测量试模尺寸,每边测量1次,每次测量结果均应符合技术要求。

6　校准周期

校准周期一般不超过12个月。

7　结果处理

填写校准记录表(表B04-09),提交审核确认。

轮碾成型机校准记录表(表B04-09)

设备名称			设备编号	
规格型号			出厂编号	
生产厂家			校准日期	
校准器具名称及编号				
校准环境				
外观检查				

校准项目		技术要求	实测值		
			1	2	3
碾压轮尺寸	直径(mm)	500±5			
	轮宽(mm)	300±5			
温度控制装置	设定温度(℃)	—			—
	实测温度(℃)	—			—
	差值(℃)	±5			
碾压轮压力		9kN			—

		长(mm)	300				
试模 尺寸	试模1	宽(mm)	300				
		高(mm)	50				
	试模2	长(mm)	300				
		宽(mm)	300				
		高(mm)	50				
	…	长(mm)	300				
		宽(mm)	300				
		高(mm)	50				
校准结果							
备　注							
校　准			校　核			日　期	

4.10　车辙试验机校准方法(JTJZ 04—10)

1　适用范围

本方法适用于车辙试验机的校准,参照《车辙试验机》(JT/T 670—2006)编制。

2　技术要求

2.1　仪器应带有铭牌(包括仪器名称、型号规格、出厂编号、出厂日期、制造厂等)、合格证、使用说明书。

2.2　试验机的外观应平整、光洁、无缺损;表面漆层应光滑、均匀;表面电镀层不得有漏镀、划伤等缺陷;工作运行必须是碾压轮在试模上反复碾压,而非试模运行。

2.3　试验轮:外径(200 ±4)mm,轮宽(50 ±1)mm,橡胶层厚度(15 ±1)mm。橡胶硬度(国际标准硬度)20℃时为 84 ±4,60℃时为 78 ±2,往返碾压速率为(42 ±1)次/min,试验轮行走距离为(230 ±10)mm。

2.4　加载装置:试验轮与试件的接触压强在 60℃时为(0.7 ±0.05)MPa,施加的总荷重为78kg 左右。

2.5　温度控制装置:温度传感器测量范围满足 0 ~80℃,精度为 0.5℃,能控温(60 ±1)℃。

2.6　变形量装置:位移传感器测量范围为 0 ~30mm,分度值为 0.01mm,误差不得超过0.3%。

3　校准项目

3.1　外观检查。

3.2 试验轮:尺寸、硬度、往返速率及行走距离。

3.3 加载装置。

3.4 温度控制装置。

3.5 变形量装置。

4 校准环境及校准器具

4.1 校准环境:校准工作应在室内进行,环境温度为(25 ± 10)℃,相对湿度不大于85%,校准现场应洁净,周围无影响校准结果的振动、污染、腐蚀性气体。

4.2 校准器具:

4.2.1 游标卡尺:量程不小于200mm,分度值0.02mm。

4.2.2 橡胶硬度计:国际标准硬度40~90。

4.2.3 钢直尺:量程不小于500mm,分度值1mm。

4.2.4 秒表:分度值0.1s。

4.2.5 电子秤:量程不小于200kg,精度0.1kg。

4.2.6 标准温度计或温度巡检仪:0~100℃,分度值0.1℃。

4.2.7 四等标准量块一组。

5 校准方法

5.1 外观检查:按照本方法2.1条、2.2条要求进行目测检查。

5.2 试验轮校准:

5.2.1 试验轮尺寸校准:用游标卡尺检测试验轮的外径、轮宽及橡胶层厚度,每120°测量1次,共测量3次,每次测量结果均应符合技术要求。

5.2.2 试验轮橡胶硬度校准:在20℃和60℃时,分别恒温30min后,用橡胶硬度计垂直于橡胶轮外径切线方向测量橡胶硬度,每120°测量1次,共测量3次,取平均值。

5.2.3 试验轮往返速率及行走距离校准:在室温下启动试验机主机,试验轮空运行数个行程,待试验轮即将又运行至最左端时,同时启动秒表,记录在5min之内试验轮往返碾压的次数,计算运行速率;关闭试验机主机,放下试验轮,使之与试验台上平面保持10mm的直线距离,将滑动板手动移至最左端,对准试验轮的中心线,在试验台侧面做一标记,再将滑动板手动移至最右端,对准试验轮的中心线,在试验台侧面做一标记,用游标卡尺测量两个标记之间的直线距离,即试验轮行走距离。

5.3 加载装置校准:恒温室温度达到60℃,试验台上放置一块钢板或试模底板,其上铺上一张新的毫米方格纸,再铺上复写纸,施加规定的荷载后,在方格纸上得出轮压面积;卸载后将电子秤置于加载轮下方(注意将电子秤垫起以保证加载后荷载轮和电子秤台面的接触),然后加载,称取荷载总质量,求出接触压强,重复测量3次,取平均值。

5.4 温度控制装置校准:将标准温度计(或温度巡检仪探头)置于恒温室内,检测点选择在试验台对角线的1/4和3/4位置的上方40~60mm处,进行恒温室内60℃时温度示值误差的检查,待恒温室温度稳定30min后,每隔10min观测1次温度计读数,同时记录显示温度值,计算两者差值。观测时间不小于1h。

5.5 变形量装置校准:在位移传感器测头和检测平台之间,放入标准值为1.00mm的标准量块,记录此时显示窗口位移值,然后取下1.00mm标准量块,依此方法,分别放入标准值为 2.00 mm、3.00 mm、5.00 mm、10.00 mm 的标准量块,分别记录显示窗口位移示值,按照此方法重复 3 次,分别计算 5 种规格的标准量块对应的位移显示示值的平均值,作为显示示值;标准量块的标准值与位移传感器显示值之差,即为位移传感器位移示值误差。

6 校准周期

校准周期一般不超过 12 个月。

7 结果处理

填写校准记录表(表 B04-10),提交审核确认。

车辙试验机校准记录表(表 B04-10)

设备名称				设备编号			
规格型号				出厂编号			
生产厂家				校准日期			
校准器具名称及编号							
校准环境							
外观检查							
校准项目		技术要求	实测值				
			1	2	3	平均	
试验轮尺寸	外径(mm)	200 ±4				—	
	轮宽(mm)	50 ±1				—	
	橡胶层厚度(mm)	15 ±1					
橡胶硬度	20℃标准硬度	84 ±4					
	60℃标准硬度	78 ±2					
往复碾压速率	5min 碾压次数(次)	—					
	碾压速率(次/min)	42 ±1					
试验轮行走距离(mm)		230 ±10					
接触压强	面积(mm²)	—					
	荷载总质量(kg)	—					
	压强(MPa)	0.7 ±0.05					
温度控制装置	温度计值(℃)	—				—	
	显示值(℃)	—				—	
	差值(℃)	0.5				—	

续上表

	标准量块值	—	1	2	3	平均	差值
变形量测装置	1.00(mm)	±0.003					
	2.00(mm)	±0.006					
	3.00(mm)	±0.009					
	5.00(mm)	±0.015					
	10.0(mm)	±0.030					
校准结果							
备　注							
校　准		校　核			日　期		

4.11　沥青全自动抽提仪校准方法(JTJZ 04—11)

1　适用范围

本方法适用于沥青全自动抽提仪的校准。

2　技术要求

2.1　仪器应带有铭牌(包括仪器名称、型号规格、出厂编号、出厂日期、制造厂等)、合格证、使用说明书。

2.2　仪器外表不应有明显的损伤、缺陷和锈蚀,仪器应安装水平,溶剂供给、回收系统、冷却水循环系统应连接密封、完好。

2.3　筛分、过滤系统:筛网应完好,不得有孔洞、裂口等并通过校准,各筛能够密封套合,喷淋盖能够密闭,喷淋孔应畅通,电磁振动系统应有效运行。

2.4　回收系统:由溶剂室、溶剂回收室、冷凝箱等组成,溶剂室设有冷却管、直读液位计、溶剂排放阀。

2.5　抽提精度:油石比差值≤0.2,矿粉筛余百分率差值≤0.2。

3　校准项目

3.1　外观检查。

3.2　抽提精度。

4　校准环境及校准器具

4.1　校准环境:校准工作应在室内进行,环境温度为(25±10)℃,相对湿度不大于85%,校准现场应洁净,周围无影响校准结果的振动、污染、腐蚀性气体。

4.2　校准器具:电子天平量程不小于2 000g,感量为0.01g。

5　校准方法

5.1　外观检查:按照本方法2.1～2.5条要求进行目测检查。

5.2　抽提精度:采用经校准的设备自制已知配比的沥青混合料,进行抽提试验,重复进行3次,取平均值;计算油石比及矿料筛余百分率。

6 校准周期

校准周期一般不超过 12 个月。

7 结果处理

填写校准记录表(表 B04-11),提交审核确认。

全自动抽提仪校准记录表 (表 B04-11)

设备名称			设备编号		
规格型号			出厂编号		
生产厂家			校准日期		
校准器具名称及编号					
校准环境					
外观检查					

检验项目		技术要求	标准值	实测值				
				1	2	3	平均	差值
油石比(%)		差值≤0.2						
各级筛孔(mm)筛余百分率(%)	...	—						
	19.0	—						
	16.0	—						
	13.2	—						
	9.5	—						
	4.75	—						
	2.36	—						
	1.18	—						
	0.6	—						
	0.3	—						
	0.15	—						
	0.075	差值≤0.2						
校准结果								
备 注								
校 准		校 核			日 期			

4.12　马歇尔试模校准方法(JTJZ 04—12)

1　适用范围

本方法适用于马歇尔试模的校准。

2　技术要求

2.1　试模及套模应由高碳钢或工具钢制成,有足够的厚度和刚度,以保证使用中不产生变形;外观应圆整,无明显的变形、锈蚀、严重附着污染物等缺陷。

2.2　试模:标准试模内径(101.6 ±0.2)mm、高(87 ±0.3)mm;
　　　　大型试模内径(152.4 ±0.2)mm、高(115 ±0.3)mm。

2.3　套筒:标准套筒内径(101.6 ±0.3)mm、高(70 ±0.4)mm;
　　　　大型套筒内径(155.6 ±0.3)mm,高(83 ±0.4)mm。

3　校准项目

3.1　外观检查。

3.2　试模尺寸。

3.3　套筒尺寸。

4　校准环境及校准器具

4.1　校准环境:校准工作应在室内进行,环境温度为(25 ±10)℃,相对湿度不大于85%,校准现场应洁净,周围无影响校准结果的振动、污染、腐蚀性气体。

4.2　校准器具:游标卡尺量程不小于200mm,分度值0.02mm。

5　校准方法

5.1　外观检查:按照本方法2.1条要求进行目测检查。

5.2　试模尺寸校准:用游标卡尺分别测量试模的内径和高度,每120°测量1次,共测量3次,每次测量结果均应符合技术要求。

5.3　套筒尺寸校准:用游标卡尺分别测量套筒的内径和高度,每120°测量1次,共测量3次,每次测量结果均应符合技术要求。

6　校准周期

校准周期一般不超过12个月。

7　结果处理

填写校准记录表(表B04-12),将不合格的试模废弃,合格试模收集好编号备用。

马歇尔试模校准记录表(表B04-12)

设备名称		设备编号	
规格型号		出厂编号	
生产厂家		校准日期	
校准器具名称及编号			
校准环境			

续上表

	编号	外观检查	技术要求	内径			高度			校准结果
				1	2	3	1	2	3	
试模尺寸（mm）			101.6 ±0.2 87 ±0.3 或 152.4 ±0.2 115 ±0.3							
套筒尺寸（mm）			101.6 ±0.3 70 ±0.4 或 155.6 ±0.3 83 ±0.4							
备 注										
校 准				校 核			日 期			

4.13　恒温烘箱校准方法（JTJZ 04—13）

1　适用范围

本方法适用于各种恒温烘箱的校准。

2　技术要求

2.1　烘箱应带有铭牌（包括仪器名称、型号规格、出厂编号、出厂日期、制造厂等）、合格证、使用说明书。

2.2　烘箱外观完好，不应有影响仪器准确度的缺陷；读数显示应清晰，控制器使用正常，鼓风机可正常运行，烘箱加热装置应为不少于4组的炉瓦电阻丝。

2.3　烘箱温控范围常温至250℃，显示器分度值为1℃。

2.4　温度控制不应超过设定值 ±5℃。

2.5　烘箱内部温度应分布均匀，均匀度允许差为 ±5℃。

3 校准项目

3.1 外观检查。

3.2 显示器示值。

3.3 温度控制稳定性。

3.4 温度均匀性。

4 校准环境及校准器具

4.1 校准环境:校准工作应在室内进行,环境温度为(25±10)℃,相对湿度不大于85%,校准现场应洁净,周围无影响校准结果的振动、污染、腐蚀性气体。

4.2 校准器具:

4.2.1 标准温度计:量程不小于200℃,分度值1℃。

4.2.2 温度巡检仪:测量范围-50~250℃,分度值0.1℃,至少4个探头。

5 校准方法

5.1 外观检查:按照本方法2.1条、2.2条要求进行目测检查。

5.2 显示器示值校准:从室温开始设置控制器温度值,以10℃的倍数为温度级差,每级温度稳定时间不少于30min,用标准温度计测定烘箱内部温度并记录,同时记录数显装置温度值,作出两者之间的对比曲线或建立烘箱数显温度值与标准温度计读数的数据对比表。

5.3 温度控制稳定性校准:将烘箱温度分段设置为65℃、105℃、175℃,待温度稳定后,3h内每小时随机观察1次读数,每次读数偏差不超过设定值±5℃为温度控制稳定性合格。

5.4 温度分布均匀性校准:

5.4.1 测点布置:在烘箱工作室布置13个测点,工作室的几何中心为中心点,中心点平面设置4个点,其余8个点设在8个角附近,如图413-1所示,试点距有加热装置一侧约200mm,无加热装置一侧约150mm。

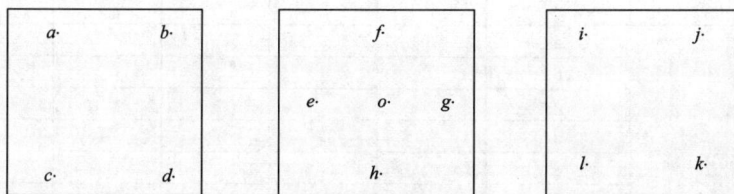

图413-1 温度分布均匀性校准测点布置图

5.4.2 温度测量:设置烘箱温度至使用温度,待烘箱温度稳定30min,用温度巡检仪测量各测点的温度,测量时将温度巡检仪探头分别置于各测点,观察10min左右,待各探头读数稳定后分别记录,各测点重复量测量3次,取平均值。

5.4.3 不均匀度确定:计算13个测点的平均值,以此平均值为基准值,计算各测点温度值与平均值之差,其差值的绝对值最大值即为不均匀度温度值。

6 校准周期

校准周期一般不超过12个月。

7 结果处理

填写校准记录表(表B04-13),提交审核确认。

恒温烘箱校准记录表（表 B04-13）

设备名称			设备编号	
规格型号			出厂编号	
生产厂家			校准日期	
校准器具名称及编号				
校准环境				
外观检查				

校准项目	实测值			校准结果
	标准温度计读数（℃）	显示器温度值（℃）		
显示器示值准确性	30			
	40			
	50			
	60			
	70			
	80			
	90			
	100			
	110			
	120			

温度控制稳定性	设定温度（℃）	读数1（℃）	读数2（℃）	读数3（℃）	
	65				
	105				
	175				

温度分布均匀性	设定温度（℃）	测点	实测温度（℃）				差值（℃）	基准值（℃）
			1	2	3	平均		
		a						
		b						
		c						
		d						
		e						
		f						
		g						
		h						
		o						
		i						
		j						
		k						
		l						
		不均匀度温度值						

备 注				
校准		校核		日期

5 其他类仪器设备校准方法

5.1 灌砂筒校准方法(JTJZ 05—01)

1 适用范围

本方法适用于路基、路面材料压实层密度和压实度检测用灌砂筒的校准。

2 技术要求

2.1 仪器应带有铭牌(包括仪器名称、型号规格、出厂编号、出厂日期、制造厂等)、合格证、使用说明书。

2.2 灌砂筒由钢材或塑钢制成,外表应做防锈处理,油漆表面应光滑,色调一致,外观完好,没有锈蚀、碰伤、显著划痕等缺陷;金属标定罐由薄铁板制作,上端周围有一罐缘;基板为薄铁板制作的金属方盘,盘中心有一圆孔。

2.3 灌砂筒各组成部分的规格要求见表501-1。

灌砂筒各组成部分规格要求 表501-1

灌砂筒的种类	储砂筒尺寸(mm)			倒置圆锥形漏斗(mm)			标定罐尺寸(mm)	
	内径	筒深	筒底中心开口内径	上口内径	下口内径	高	内径	深
内径100mm	100 ± 1	270 ± 1	10 ± 0.1	10 ± 0.1	100 ± 1	90 ± 1	100 ± 1	150/200 ± 1
内径150mm	150 ± 1	260 ± 1	15 ± 0.1	15 ± 0.1	150 ± 1	90 ± 1	150 ± 1	150/200 ± 1

3 校准项目

3.1 外观检查。

3.2 储砂筒尺寸。

3.3 标定罐尺寸。

3.4 圆锥形漏斗尺寸。

4 校准环境及校准器具

4.1 校准环境:校准工作应在室内进行,环境温度为(25 ± 10)℃,相对湿度不大于85%,校准现场应洁净,周围无影响校准结果的振动、污染、腐蚀性气体。

4.2 校准器具:

4.2.1 游标卡尺:量程300mm,分度值0.02mm。

4.2.2 钢直尺:量程500mm,分度值1.0mm。

4.2.3 专用通止规:(10 ± 0.1)mm,(15 ± 0.1)mm。

5 校准方法

5.1 外观检查:按照本方法2.1条、2.2条要求目测进行检查。

5.2 储砂筒尺寸校准:用游标卡尺测量储砂筒内径,用钢直尺测量储砂筒深度,每120°测量1次,共测量3次,每次测量结果均应符合技术要求;用专用通止规测量筒底中心开口直径。

5.3 标定罐尺寸校准:用游标卡尺测量标定罐内径,用钢直尺测量标定罐深度,每120°测量1次,共测量3次,每次测量结果均应符合技术要求。

5.4 圆锥形漏斗尺寸校准:用游标卡尺测量圆锥形漏斗下口内径,用钢直尺在筒外测量圆锥形漏斗高度,每120°测量1次,共测量3次,每次测量结果均应符合技术要求;用专用通止规测量圆锥形漏斗上口内径。

6 校准周期

校准周期一般不超过12个月。

7 结果处理

填写校准记录表(表B05-01),提交审核确认。

灌砂筒校准记录表(表B05-01)

设备名称				设备编号		
规格型号				出厂编号		
生产厂家				校准日期		
校准器具名称及编号						
校准环境						
外观检查						
校准项目		技术要求	实测值			
			1	2	3	
储砂筒	内径(mm)	100/150 ± 1				
	筒深(mm)	270/260 ± 1				
	底口孔径(mm)	10/15 ± 0.1				
标定罐	内径(mm)	100/150 ± 1				
	深度(mm)	150/200 ± 1				
倒置圆锥漏斗	上口内径(mm)	10/15 ± 0.1				
	下口内径(mm)	100/150 ± 1				
	高度(mm)	90 ± 1				
校准结果						
备 注						
校 准		校 核			日 期	

5.2 贝克曼梁路面弯沉仪校准方法(JTJZ 05—02)

1 适用范围

本方法适用于贝克曼梁路面弯沉仪的校准,参照《贝克曼梁路面弯沉仪检定规程》[JJG(交通)025—2002]编制。

2 技术要求

2.1 仪器应带有铭牌(包括仪器名称、型号规格、出厂编号、出厂日期、制造厂等)、合格证、使用说明书。

2.2 弯沉仪外观整洁完好,支撑点活动自如,支座和指示表架调节螺栓应无锈蚀,水平泡应无破损、左右移动灵敏;臂杆材质应为铸铝或合金铝。

2.3 弯沉仪尺寸:前臂长 2 400mm 或 3 600mm,后臂长 1 200 或 1 800mm,杠杆比为2:1,比值误差不大于 0.002。

2.4 测头的尺寸:长分别为(50 ± 0.5)mm、(100 ± 1.0)mm、(150 ± 1.5)mm、(200 ± 2.0)mm 四种,宽度(15 ± 0.5)mm,厚度(10 ± 0.5)mm。

2.5 弯沉仪应有足够的刚度,在悬臂梁测头或指示表处加载 200g 砝码时挠度不大于0.1mm。

3 校准项目

3.1 外观检查。

3.2 前后臂长度(杠杆比)。

3.3 测头尺寸。

3.4 刚度。

4 校准环境及校准器具

4.1 校准环境:校准工作应在室内进行,环境温度为(25 ± 10)℃,相对湿度不大于85%,校准现场应洁净,周围无影响校准结果的振动、污染、腐蚀性气体。

4.2 校准器具:

4.2.1 钢卷尺:量程不小于 5 000mm,分度值为 1mm。

4.2.2 游标卡尺:量程不小于 300mm,分度值为 0.02mm。

4.2.3 标准砝码:200g。

4.2.4 百分表:量程不小于 10mm,分度值为 0.01mm。

5 校准方法

5.1 外观检查:按照本方法 2.1 条、2.2 条要求进行目测检查。

5.2 前后臂长度(杠杆比)校准:用钢卷尺测量弯沉仪前后臂长,重复测量 3 次,取平均值,计算杠杆比。

5.3 测头尺寸校准:用游标卡尺测量测头尺寸,重复测量 3 次,取平均值。

5.4 刚度校准:将弯沉仪置于检测台上,支轴至测头悬空,将百分表放于测头上部前杠杆梁端面上,百分表归零,然后把 200g 标准砝码加在测头上,记录百分表读数,此读数即为前臂杠杆挠度,重复测量 3 次,取平均值。用同样的方法测后臂杠杆挠度。

6 校准周期

校准周期一般不超过 12 个月。

7 结果处理

填写校准记录表（表 B05-02），提交审核确认。

贝克曼梁弯沉仪校准记录表（表 B05-02）

设备名称				设备编号		
规格型号				出厂编号		
生产厂家				校准日期		
校准器具名称及编号						
校准环境						
外观检查						
校准项目		技术要求	实测值			
			1	2	3	平均
杠杆比	前臂长（mm）	2 400 ± 4.0 或 3 600 ± 6.0				
	后臂长（mm）	1 200 ± 2.0 或 1 800 ± 3.0				
	杠杆比	2:1，误差 ≤ 0.002				
测头尺寸	1 长（mm）	50 ± 0.5				
	1 宽（mm）	15 ± 0.5				
	1 厚（mm）	10 ± 0.5				
	2 长（mm）	100 ± 1.0				
	2 宽（mm）	15 ± 0.5				
	2 厚（mm）	10 ± 0.5				
	3 长（mm）	150 ± 1.5				
	3 宽（mm）	15 ± 0.5				
	3 厚（mm）	10 ± 0.5				
	4 长（mm）	200 ± 2.0				
	4 宽（mm）	15 ± 0.5				
	4 厚（mm）	10 ± 0.5				
挠度	前臂（mm）	≤ 0.1				
	后臂（mm）	≤ 0.1				
校准结果						
备 注						
校 准		校 核			日 期	

5.3　摆式摩擦系数测定仪校准方法(JTJZ 05—03)

1　适用范围

本方法适用于摆式摩擦系数测定仪的校准,参照《摆式摩擦系数测定仪》[JTG(交通)053—2004]及《摆式摩擦系数测定仪》(JT/T 763—2009)编制。

2　技术要求

2.1　仪器应带有铭牌(包括仪器名称、型号规格、出厂编号、出厂日期、制造厂等)、合格证、使用说明书。

2.2　仪器表面应光滑、平整,外表不应有明显的损伤、缺陷和锈蚀;刻度盘应清晰,无影响读数的缺陷,仪器上的摆轴等应工作灵活可靠。

2.3　摆式仪的摆及摆的连接部分总质量为(1 500 ± 30)g,摆动中心至摆的重心距离为(410 ± 5)mm,摆的橡胶片端部距摆中心的距离为(510 ± 2)mm。

2.4　橡胶片的正向静压力为(22.2 ± 0.5)N。

2.5　用于测定路面抗滑值的橡胶片尺寸为 76.2mm × 25.4mm × 6.35mm;用于测量加速磨光机试验后弧形试件抗滑值的橡胶片的尺寸为 31.5mm × 25.4mm × 6.35mm;橡胶硬度为邵氏硬度 55 ± 5。

3　校准项目

3.1　外观检查。

3.2　摆及连接部分总质量、摆动中心至摆的重心距离及橡胶片端部距摆中心的距离。

3.3　橡胶片的正向静压力。

3.4　橡胶片的尺寸及硬度。

4　校准环境及校准器具

4.1　校准环境:校准工作应在室内进行,环境温度为(25 ± 10)℃,相对湿度不大于85%,校准现场应洁净,周围无影响校准结果的振动、污染、腐蚀性气体。

4.2　校准器具:

4.2.1　电子天平:量程不小于2 000g,感量0.1g。

4.2.2　钢直尺:量程不小于800mm,分度值1mm。

4.2.3　游标卡尺:最大量程不小于200mm,分度值0.02mm。

4.2.4　压力标尺(含三角架):量程0～5 000g,分度值1g。

4.2.5　砝码(与天平配套):一套(M₂级),单位为g。

4.2.6　橡胶硬度计(邵氏硬度):量程0～100,分度值1。

5　校准方法

5.1　外观检查:按照本方法2.1条、2.2条要求进行目测检查。

5.2　摆及连接部分总质量、摆动中心至摆的重心距离及橡胶片端部距摆中心的距离校准:

5.2.1　摆及摆的连接部分的总质量校准:将摆式仪的摆及连接部分拆下来置于电子天平上称其总质量,称量3次,取其平均值。

5.2.2 摆动中心距摆的重心距离校准:将连接螺母置于摆臂的远端,将装有滑溜块的摆置于刀口上,找出平衡点,然后旋进或旋出平衡锤,直到摆壳边部水平为止,并将平衡点作一记号,此平衡点即为摆的重心;然后用钢直尺量出摆动中心至摆的重心的距离,重复测量 3 次,取平均值。

5.2.3 摆上橡胶片端部距摆动中心的距离校准:用钢直尺量出摆上橡胶片端部距摆动中心的距离,并根据测试结果调整止滑螺制,重复测量 3 次,取平均值。

5.3 橡胶片的正向静压力校准:

5.3.1 放松摆式仪滑溜块固定螺母,并使两螺母并紧,以保证滑溜块能绕自身的轴转动,而在轴上的窜动量不大于 0.2mm。

5.3.2 将压力标尺平置于试验台上,调至指针指中,此时压力标尺左右秤盘处于空载平衡状态。

5.3.3 把三脚架置于右侧秤盘的后部,摆式仪放在三脚架上。用夹子将摆杆固定在立柱上,使滑溜块橡胶片下端对准右秤盘中部并压下 3 ~ 5mm,摆式仪与右秤盘保持接触。

5.3.4 在左秤盘中加 1g 质量,使天平稳定(此时天平指针指向右方),然后调节天平底座调节螺钉,使指针对准右方 20mm,并注意应保持天平水准泡居中。

5.3.5 在左侧秤盘上加砝码,使指针回零,则天平重新恢复平衡。

5.3.6 清点左秤盘的砝码,其总质量应为(2 263 ±64)g,此时橡胶片对路面的正向静压力满足本方法 2.4 条要求。

5.4 橡胶片的尺寸及硬度的校准:

5.4.1 橡胶片的尺寸校准:用游标卡尺测量橡胶片的尺寸大小,每个橡胶片重复测量 3 次,每次测量结果均应符合技术要求。

5.4.2 橡胶片的硬度校准:用橡胶硬度计测量橡胶片的硬度,重复测量 3 次,取平均值。

6 校准周期

校准周期一般不超过 12 个月。

7 结果处理

填写校准记录表(表 B05-03),提交审核确认。

摆式摩擦系数测定仪校准记录表(表 B05-03)

设备名称		设备编号			
规格型号		出厂编号			
生产厂家		校准日期			
校准器具名称及编号					
校准环境					
外观检查					
校准项目	技术要求	实测值			
		1	2	3	平均
摆及连动部分总质量(g)	1 500 ± 30				

续上表

摆动中心距摆重心的距离(mm)		410±5			
橡胶片端部距摆动中心距离(mm)		510±2			
正向静压力(N)		22.2±0.5			
橡胶片尺寸	长度(mm)	31.5			—
	宽度(mm)	25.4			—
	厚度(mm)	6.35			—
橡胶片硬度(邵氏硬度)		55±5			
橡胶片尺寸	长度(mm)	76.2			—
	宽度(mm)	25.4			—
	厚度(mm)	6.35			—
橡胶片硬度(邵氏硬度)		55±5			
校准结果					
备　注					
校　准		校　核		日　期	

5.4　2m、3m直尺校准方法(JTJZ 05—04)

1　适用范围

本方法适用于道路工程检测用2m、3m直尺的校准。

2　技术要求

2.1　直尺应带有铭牌(包括名称、型号规格、出厂编号、出厂日期、制造厂等)、合格证、使用说明书。

2.2　直尺由硬木或铝合金钢等材质制成,外观光滑,无损无刺,应有一定的刚度。

2.3　直尺全长:(2 000±5)mm,(3 000±10)mm。

2.4　直尺平面度:<0.6mm。

2.5　塞尺的量程:0~10mm,分度值1mm,刻度误差不超过0.1mm。

3　校准项目

3.1　外观检查。

3.2　直尺全长。

3.3　直尺平面度。

3.4　塞尺刻度误差。

4　校准环境及校准器具

4.1　校准环境:校准工作应在室内进行,环境温度为(25±10)℃,相对湿度不大于85%,校准现场应洁净,周围无影响校准结果的振动、污染、腐蚀性气体。

4.2 校准器具：

4.2.1 钢卷尺：量程不小于5m，分度值1mm。

4.2.2 塞尺：0.6mm。

4.2.3 游标卡尺：最大量程不小于200mm，分度值0.02mm。

5 校准方法

5.1 外观检查：按照本方法2.1条、2.2条要求进行目测检查。

5.2 直尺全长校准：用钢卷尺测量直尺全长，重复测量3次，取平均值。

5.3 直尺平面度校准：将直尺靠在保证没有变形的玻璃板上，用0.6mm的塞尺在直尺的全长范围内进行检查，如能通过，则不合格。

5.4 塞尺刻度误差校准：用游标卡尺分别测量2mm、4mm、6mm、8mm、10mm刻度处塞尺的厚度值，每一刻度重复测量3次，取平均值。

6 校准周期

校准周期一般不超过12个月。

7 结果处理

填写校准记录表(表B05-04)，提交审核确认。

2m、3m 直尺校准记录表(表 B05-04)

设备名称			设备编号			
规格型号			出厂编号			
生产厂家			校准日期			
校准器具名称及编号						
校准环境						
外观检查						
检验项目	技术要求	实测值				
		1	2	3	平均	
直尺全长(mm)	2 000±5					
	3 000±10					
直尺平面度(mm)	<0.6					
塞尺刻度误差 (mm)	2	±0.1				
	4					
	6					
	8					
	10					
校准结果						
备 注						
校 准		校 核			日 期	

5.5　酸度计校准方法(JTJZ 05—05)

1　适用范围

本方法适用于实验室酸度计的校准。

2　技术要求

2.1　仪器应带有铭牌(包括仪器名称、型号规格、出厂编号、出厂日期、制造厂等)、合格证、使用说明书。

2.2　仪器外观完好,不应有碰伤、显著的划痕及影响仪器准确度的其他缺陷。

3　校准项目

3.1　外观检查。

3.2　仪器 pH 示值。

4　校准环境及校准器具

4.1　校准环境:校准工作应在室内进行,环境温度为(25±10)℃,相对湿度不大于85%,校准现场应洁净,周围无影响校准结果的振动、污染、腐蚀性气体。

4.2　校准器具:

4.2.1　标准温度计:量程0~50℃,分度值0.1℃。

4.2.2　标准物质:邻苯二甲酸氢钾、混合磷酸盐、硼砂。

5　校准方法

5.1　外观检查:按照本方法2.1条、2.2条要求进行目测检查。

5.2　pH 值校准:

5.2.1　pH 标准溶液配制:使用有证标准物质配制标准溶液,标准溶液配制和 pH 值参照标准物质证书,标准溶液必须准确配制,不得使用配制时间较长或已变质的标准溶液进行校准。

5.2.2　pH7 的校准:用标准温度计测量 pH7 标准溶液的温度,将仪器后面板的 pH/mV 转换开关拨至 pH 挡,调节仪器板上的"温度"旋钮,使旋钮上的刻度线对准待测溶液的温度值。将电极置入 pH7 标准溶液中,调节"定位"旋钮,直至屏幕上显示设置温度下的 pH7 值(例如:pH7 标准液在10℃的值为6.92pH,在15℃的值为6.90pH……详见表505-1)。将电极从 pH7 标准液中取出,在蒸馏水中洗净,用滤纸吸干电极上的水珠(电极从一个溶液取出置入另一个溶液中前,都必须在蒸馏水中清洗并用滤纸吸干电极上的水珠)。

标准溶液的 pH 值与温度的对照表　　　　　　　　　　　　　　表505-1

温度(℃)	0.5mol 邻苯二甲酸氢钾	0.025mol 混合磷酸盐	0.01mol 硼砂
0	4.01	6.98	9.46
5	4.00	6.95	9.39
10	4.00	6.92	9.33
15	4.00	6.90	9.28
20	4.00	6.88	9.23
25	4.00	6.86	9.18

温度（℃）	0.5mol 邻苯二甲酸氢钾	0.025mol 混合磷酸盐	0.01mol 硼砂
30	4.01	6.85	9.14
35	4.02	6.84	9.10
40	4.03	6.84	9.07
45	4.04	6.83	9.04
50	4.06	6.83	9.02
55	4.07	6.83	8.99
60	4.09	6.84	8.97
70	4.12	6.85	8.93
80	4.16	6.86	8.89
90	4.20	6.88	8.86
95	4.22	6.89	8.84

5.2.3　pH4（pH9）的校准：用标准温度计测量 pH4（pH9）标准溶液的温度，调节仪器板上的"温度"旋钮，使旋钮上的刻度线对准待测溶液的温度值，将电极置入 pH4（pH9）标准溶液中，调节"斜率"旋钮，直至屏幕显示设置温度下 pH4（pH9）的值。

（说明：如果待测溶液为酸性液体，请选用 pH4 标准溶液进行校准；如果待测溶液为碱性液体，请选用 pH9 标准溶液进行校准。）

5.2.4　重复 5.2.2 ~ 5.2.3 的步骤，直至仪器上显示值符合第二个标准缓冲溶液的 pH 为止。仪器一旦校准完毕，"定位"及"斜率"旋钮不得再旋动，否则必须重新校准。

6　校准周期

校准周期一般不超过 6 个月。

7　结果处理

填写校准记录表（表 B05-05），提交审核确认。

酸度计校准记录表（表 B05-05）

设备名称				设备编号		
规格型号				出厂编号		
生产厂家				校准日期		
校准器具名称及编号						
校准环境						
外观检查						
校准项目	技术要求		实测值			
			温度		pH 值	
pH 值	0.5mol 邻苯二甲酸氢钾溶液的 pH 值					
	0.025mol 混合磷酸盐溶液的 pH 值					
	0.025mol 混合磷酸盐溶液的 pH 值					
校准结论						
备　注						
校　准			校　核		日　期	

5.6 玻璃量器校准方法(JTJZ 05—06)

1 适用范围

本方法适用于常用玻璃量器(滴定管、移液管、容量瓶、量筒)的校准,参照《常用玻璃量器检定规程》(JJG 196—2006)编制。

2 技术要求

2.1 玻璃量器外观应完整,无破损,应充分清洗干净、干燥并编号。滴定管必须分别按照酸、碱滴定管的要求备好。

2.2 常用玻璃量器的容许误差如表506-1所示。

常用玻璃量器的容许误差　　　　　　　　　　　　　　　　表506-1

容积(mL)	容许误差(mL)							
	滴定管		移液管		容量瓶		量 筒	
	A 级	B 级	A 级	B 级	A 级	B 级	量入式	量出式
1	±0.010	±0.020	±0.007	±0.015	±0.010	±0.020	—	—
2	±0.010	±0.020	±0.010	±0.020	±0.015	±0.030	—	—
3	—	—	±0.015	±0.030	—	—	—	—
5	±0.010	±0.020	±0.015	±0.030	±0.020	±0.040	±0.05	±0.10
10	±0.025	±0.050	±0.020	±0.040	±0.020	±0.040	±0.10	±0.20
15	—	—	±0.025	±0.050	—	—	—	—
20	—	—	±0.030	±0.060	—	—	—	—
25	±0.04	±0.08	±0.030	±0.060	±0.03	±0.06	±0.25	±0.50
50	±0.05	±0.10	±0.05	±0.10	±0.05	±0.10	±0.25	±0.50
100	±0.10	±0.20	±0.08	±0.16	±0.10	±0.20	±0.5	±1.0
200	—	—	—	—	±0.15	±0.30	—	—
250	—	—	—	—	±0.15	±0.30	±1.0	±2.0
500	—	—	—	—	±0.25	±0.50	±2.5	±5.0
1 000	—	—	—	—	±0.40	±0.80	±5.0	±10
2 000	—	—	—	—	±0.60	±1.20	±10	±20

注:玻璃量器未标注级别的按B级处理。

3 校准项目

3.1 外观检查。

3.2 容积及刻度。

4 校准环境及校准器具

4.1 校准环境:校准工作应在室内进行,环境温度为(20±5)℃,相对湿度不大于85%,校准现场应洁净,周围无影响校准结果的振动、污染、腐蚀性气体。

4.2 校准器具:

4.2.1 电子天平:量程200g,分度值0.001g。

4.2.2 电子天平:量程2 000g,分度值0.01g。

4.2.3 标准温度计:量程不小于50℃,精度0.1℃。

5 校准方法

5.1 外观检查:按照本方法2.1条要求进行目测检查。

5.2 容积及刻度校准:容积不大于100mL的量器校准称量时选用分度值为0.001g的电子天平;容积大于100mL的量器校准称量时选用分度值为0.01g的电子天平。

5.2.1 滴定管的校准:

(1)将校准所要用的标准器具、蒸馏水等提前放到校准环境中恒温;称量已经烘干并恒重的三角瓶质量。

(2)往滴定管中加入蒸馏水至最上面的"0"刻线处,静置2min后重新调整水面至"0"刻线处。

(3)按照滴定管的最大量程分成五等份,依次放蒸馏水至三角瓶中,静置30min,称量每次放出的蒸馏水和三角瓶的总质量,同时用标准温度计测量校准用蒸馏水的温度。

(4)根据校准所用蒸馏水质量(m)和测定水温所对应的$K(t)$值(见表506-2和表506-3),计算所校准容量瓶在20℃时的实际容量$V_{20}=m \times K(t)$。同样方法测量3次,取平均值。

5.2.2 移液管的校准:

(1)将校准所要用的标准器具、蒸馏水等提前放到校准环境中恒温;称量已经烘干并恒重的三角瓶质量。

(2)往移液管中加入蒸馏水至刻线处,静置2min后重新调整水面至刻线处。

(3)将移液管中的蒸馏水放出至三角瓶中,静置30min,称量放出的蒸馏水和三角瓶的总质量,同时用标准温度计测量校准用蒸馏水的温度。

(4)采用与5.2.1(4)相同的方法确定所校准容积,同样方法测量3次,取平均值。

5.2.3 容量瓶的校准:

(1)将校准所要用的标准器具、蒸馏水等提前放到校准环境中恒温;称量已经烘干并恒重的容量瓶质量。

(2)将已知质量的蒸馏水加入容量瓶中至刻线处,静置2min后重新调整水面至刻线处,称量容量瓶和蒸馏水的总质量,同时用标准温度计测量试验用蒸馏水的温度。

(3)采用与5.2.1(4)相同的方法确定所校准容积,同样方法测量3次,取平均值。

5.2.4 量筒的校准:

(1)将校准所要用的标准器具、蒸馏水等提前放到校准环境中恒温;称量已经烘干并恒重的量筒质量。

(2)按照量筒的最大量程分成五等份,依次加入蒸馏水至量筒对应的刻线处,称量量筒和蒸馏水的总质量,同时用标准温度计测量试验用蒸馏水的温度。

表 506-2

常用玻璃量器衡量法 $K(t)$ 值表（钠钙玻璃器皿）

水温 t(℃)	0.0	0.1	0.2	0.3	0.4	0.5	0.6	0.7	0.8	0.9
15	1.002 08	1.002 09	1.002 10	1.002 11	1.002 13	1.002 14	1.002 15	1.002 17	1.002 18	1.002 19
16	1.002 21	1.002 22	1.002 23	1.002 25	1.002 26	1.002 28	1.002 29	1.002 30	1.002 32	1.002 33
17	1.002 35	1.002 36	1.002 38	1.002 39	1.002 41	1.002 42	1.002 44	1.002 46	1.002 47	1.002 49
18	1.002 51	1.002 52	1.002 54	1.002 55	1.002 57	1.002 58	1.002 60	1.002 62	1.002 63	1.002 65
19	1.002 67	1.002 68	1.002 70	1.002 72	1.002 74	1.002 76	1.002 77	1.002 79	1.002 81	1.002 83
20	1.002 85	1.002 87	1.002 89	1.002 91	1.002 92	1.002 94	1.002 96	1.002 98	1.003 00	1.003 02
21	1.003 04	1.003 06	1.003 08	1.003 10	1.003 12	1.003 14	1.003 15	1.003 17	1.003 19	1.003 21
22	1.003 23	1.003 25	1.003 27	1.002 39	1.003 31	1.003 33	1.003 35	1.003 37	1.003 39	1.003 41
23	1.003 44	1.003 46	1.003 48	1.003 50	1.003 52	1.003 54	1.003 56	1.003 59	1.003 61	1.003 63
24	1.003 66	1.003 68	1.003 70	1.003 72	1.003 74	1.003 76	1.003 79	1.003 81	1.003 83	1.003 86
25	1.003 89	1.003 91	1.003 93	1.003 95	1.003 97	1.004 00	1.004 02	1.004 04	1.004 07	1.004 09

注：钠钙玻璃体胀系数 25×10^{-6}℃$^{-1}$，空气密度 0.001 2g/cm³。

表 506-3

常用玻璃量器衡量法 $K(t)$ 值表（硼硅玻璃器皿）

水温 t(℃)	0.0	0.1	0.2	0.3	0.4	0.5	0.6	0.7	0.8	0.9
15	1.002 00	1.002 01	1.002 03	1.002 04	1.002 06	1.002 07	1.002 09	1.002 10	1.002 12	1.002 13
16	1.002 15	1.002 16	1.002 18	1.002 19	1.002 21	1.002 22	1.002 24	1.002 25	1.002 27	1.002 29
17	1.002 30	1.002 32	1.002 34	1.002 35	1.002 37	1.002 39	1.002 40	1.002 42	1.002 44	1.002 46
18	1.002 47	1.002 49	1.002 51	1.002 53	1.002 54	1.002 56	1.002 58	1.002 60	1.002 62	1.002 64
19	1.002 66	1.002 67	1.002 69	1.002 71	1.002 73	1.002 75	1.002 77	1.002 79	1.002 81	1.002 83
20	1.002 85	1.002 86	1.002 88	1.002 90	1.002 92	1.002 94	1.002 96	1.002 98	1.003 00	1.003 03
21	1.003 05	1.003 07	1.003 09	1.003 11	1.003 13	1.003 15	1.003 17	1.003 19	1.003 22	1.003 24
22	1.003 27	1.003 19	1.003 31	1.003 33	1.003 35	1.003 37	1.003 39	1.003 41	1.003 43	1.003 46
23	1.003 49	1.003 51	1.003 53	1.003 55	1.003 57	1.003 59	1.003 62	1.003 64	1.003 66	1.003 69
24	1.003 72	1.003 74	1.003 76	1.003 78	1.003 81	1.003 83	1.003 86	1.003 88	1.003 91	1.003 94
25	1.003 97	1.003 99	1.004 01	1.004 03	1.004 05	1.004 10	1.004 10	1.004 13	1.004 16	1.004 19

注：硼硅玻璃体胀系数 $10 \times 10^{-6}℃^{-1}$，空气密度 $0.001\ 2 g/cm^3$。

(3)采用与5.2.1(4)相同的方法确定所校准容积,同样方法测量3次,取平均值。

(4)以上是量入式量筒的校准方法,量出式量筒的校准与5.2.1滴定管相同,可以参照进行。

6 校准周期

校准周期一般不超过12个月。

7 结果处理

填写校准记录表(表B05-06),提交审核确认。

玻璃量器校准记录表(表 B05-06)

设备名称			设备编号		
规格型号			出厂编号		
生产厂家			校准日期		
校准器具名称及编号					
校准环境					

仪器编号	仪器容积读数（mL）	瓶与水的质量（g）	水的质量（g）	水的温度（℃）	$K(t)$值	实际容积（mL）	容积差值（mL）

备　注					
校　准		校　核		日　期	

5.7 工作温度计校准方法（JTJZ 05-07）

1 适用范围

本方法适用于工作温度计的校准,本方法依据《工作用玻璃液体温度计检定规程》(JJG 130—2004)检定规程编制。

2 技术要求

2.1 数显温度计显示屏应清晰,电池电量充足,探头应无损伤、凹痕、氧化锈蚀及其他附着物。玻璃温度计的玻璃棒及毛细管应均匀笔直,感温泡和玻璃棒无裂痕,液柱无断节和气泡。

2.2 示值误差:常用温度计示值误差应满足表507-1、表507-2 要求。

常用局浸式温度计示值允许误差　　　　　　　　　　　　　　　　　表507-1

感温材料	温度上限或下限所在温度范围(℃)	分度值(℃)					
		0.1	0.2	0.5	1	2	5
有机液体	−30～100	—	—	±1.0	±1.5	—	—
水银	−30～100	—	—	±1.0	±1.5	±3.0	—
	0～50	±1.0					
	0～100	±1.0	±1.0				
	>100～200	—		±1.5	±2.0	±3.0	
	>200～300	—			±2.0	±3.0	±7.5
	>300～400	—			—	6.0	12.0

常用全浸式温度计示值允许误差　　　　　　　　　　　　　　　　　表507-2

感温材料	温度上限或下限所在温度范围℃	分度值℃					
		0.1	0.2	0.5	1	2	5
有机液体	−30～100	±4	±0.5	±0.5	±1.0	—	—
水银	−30～100	±0.2	±0.3	±0.5	±1.0	±2.0	—
	>100～200	±0.6	±0.6	±1.0	±1.5	±2.0	—
	>200～300	±1.0	±1.0	±1.0	±1.5	±2.0	—
	>300～400		±1.0	±1.5	±2.0	±4.0	±10.0

3 校准项目

3.1 外观检查。

3.2 示值误差。

4 校准环境及校准器具

4.1 校准环境:校准工作应在室内进行,环境温度为(25 ± 10)℃,相对湿度不大于85%,校准现场应洁净,周围无影响校准结果的振动、污染、腐蚀性气体。

4.2 校准器具:

4.2.1 标准温度计。

4.2.2 恒温装置。

5 校准方法

5.1 外观检查:按照本方法2.1条要求进行目测检查。

5.2 温度示值误差

5.2.1 校准点的选择:在温度计全量程范围选择3～5个校准点,校准点间隔按照表507-3进行,当按表中规定所选择的温度计的校准点少于三个时,则应对下限、上限和中间任意点进行校准。

校准点间隔 表507-3

温度计分度值(℃)	校准点间隔(℃)	温度计分度值(℃)	校准点间隔(℃)
0.1	10	0.5	50
0.2	20	1、2、5	100

5.2.2 温度示值误差校准

将标准温度计和被检温度计垂直插入恒温装置中,恒温装置恒定温度偏离检定点不超过0.20℃(以标准温度计为准),温度计在恒定的恒温槽中要稳定10min后方可读数,视线应与温度计垂直,读取液柱弯月面的最高点(水银温度计)或最低点(有机液体温度计),读数要估计到分度值的1/10,每10min读数1次,共读数3次,计算平均值,得到标准温度计和被检温度计的示值,计算修正值即差值。

6 校准周期

校准周期一般不超过12个月。

7 结果处理

填写校准记录表(表B05-07),提交审核确认。

工作温度计校准记录表(表B05-07)

设备名称		设备编号	
规格型号		出厂编号	
生产厂家		校准日期	
校准器具名称及编号			
校准环境			
校准项目		实测值	
外观检查	测量范围(℃)		
	分度值(℃)		
	其他		

示值误差校准	1	温度计的示值(℃)				
		标准温度计的示值(℃)				
		修正值(℃)				
	2	温度计的示值(℃)				
		标准温度计的示值(℃)				
		修正值(℃)				
	3	温度计的示值(℃)				
		标准温度计的示值(℃)				
		修正值(℃)				
	4	温度计的示值(℃)				
		标准温度计的示值(℃)				
		修正值(℃)				
	5	温度计的示值(℃)				
		标准温度计的示值(℃)				
		修正值(℃)				
校准结论						
备　注						
校　准			校　核		日　期	

6 常用仪器设备检查方法

6.1 电动脱模器检查方法(JTJC 01)

1 适用范围

本方法适用于实验室用电动脱模器的检查。

2 技术要求

2.1 仪器应带有铭牌(包括仪器名称、型号规格、出厂编号、出厂日期、制造厂等)、合格证、使用说明书。

2.2 外观完好,外表面油漆应平整、光滑、均匀和色调一致,安装平稳,操作方便灵活,传动装置灵活,不得有缺油干涩等。

2.3 顶板孔径:大型 154 ± 1mm,小型 102 ± 1mm。

2.4 托盘直径:大型 151 ± 1mm,小型 99 ± 1mm。

2.5 托盘的中心与上升轴中心的同心度。

3 检查项目

3.1 外观检查。

3.2 顶板孔径。

3.3 托盘的直径。

3.4 托盘的中心与上升轴中心的同心度。

4 检查环境及检查器具

4.1 检查环境:检查工作应在室内进行,环境温度为(25 ± 10)℃,相对湿度不大于85%,现场应清洁,周围无影响工作的振动、污染性气体及腐蚀性气体。

4.2 检查器具:游标卡尺量程不小于200mm,分度值0.02mm。

5 检查方法

5.1 外观检查:按照本方法2.1条、2.2条要求进行目测检查,外观符合要求再进行其他检查。

5.2 顶板孔径检查:用游标卡尺测量顶板的孔径,每120°测量1次,共测3次,每次测量结果均应符合技术要求。

5.3 托盘直径检查:用游标卡尺测量顶板的直径,每120°测量1次,共测3次,每次测量结果均应符合技术要求。

5.4 托盘的中心与上升轴中心的同心度检查:将托盘置于上升轴上,查看托盘能否水平居中于上升轴上,否则应进行维修处理。

6 检查周期

检查周期一般不超过 12 个月。

7 结果处理

填写附表 B06-01 检查记录表,检查有不合格的项目应及时进行维修。

电动脱模器检查记录表(表 B06-01)

设备名称				设备编号		
规格型号				出厂编号		
生产厂家				检查日期		
检查器具名称及编号						
检查环境						
外观检查		有无铭牌				
		外观是否良好				
		安装是否端正牢固				
		操作是否灵活方便				
		传动装置灵活,有无缺油				
检查项目		技术要求	实测值			
			1	2		3
顶板孔径	小型(mm)	102±1				
	大型(mm)	154±1				
托盘的直径	小型(mm)	99±1				
	大型(mm)	151±1				
托盘的中心与上升轴中心的同心度		托盘能否水平居中放置于上升轴上				
检查结果						
备 注						
检 查			校 核		日 期	

6.2 水泥混凝土搅拌机检查方法(JTJC 02)

1 适用范围

本方法适用于实验室用卧式水泥混凝土搅拌机的检查,参照《混凝土试验用搅拌机》(JG 244—2009)编制。

2 技术要求

2.1 仪器应带有铭牌(包括仪器名称、型号规格、出厂编号、出厂日期、制造厂等)、合格证、使用说明书。

2.2 搅拌机外露表面应作防锈处理,油漆涂层应光滑,色调均匀一致,不应有皱皮、脱皮、气泡和流痕等现象;铸件表面光滑,不应有毛刺和飞边等缺陷,气割边缘应圆滑平直,产品标牌应字迹清楚,不得有刻痕、脱漆,安装应端正牢固,控制操作系统应灵活。

2.3 搅拌机加料口的位置应便于加料操作,其距地面的高度不应大于1.2m;搅拌机移动应灵活,工作时应具有良好的稳定性,且应具备防尘装置,搅拌时无粉尘污染;搅拌机的叶片和侧刮板应使用性能不低于45A材质的钢材或耐磨球墨铸铁制造;搅拌机传动系统应运转灵活,不得有异常声响。搅拌机传动部位应有防护罩,搅拌机电气控制系统必须安全可靠,电器控制箱安装牢固,走线分明,绝缘可靠,电器箱应具有防水、防震、防尘措施。

2.4 搅拌机在搅拌过程中不应溢料、漏浆,且卸料干净;搅拌机在搅拌混凝土拌和物时,应具有搅拌干物料的能力,且搅拌中不卡石子,持续时间应大于30s。

3 检查项目

3.1 外观检查。

3.2 干拌性能(无卡料)。

4 检查环境及检查器具

4.1 检查环境:检查工作应在室内进行,环境温度为(20±5)℃,相对湿度不大于85%,检查现场应洁净,周围无影响检查结果的振动、污染、腐蚀性气体。

4.2 检查器具:

4.2.1 秒表:分度值为0.1s。

4.2.2 磅秤:量程不小于50kg,感量5g。

5 检查方法

5.1 外观检查:按照本方法2.1~2.4条要求进行目测检查,外观符合要求再进行检查。

5.2 干拌性能检查:按表602-1的配比加入水泥、砂、碎石干物料,启动搅拌机进行搅拌,观察搅拌情况,持续30s后停机,卸出物料。然后重新加入物料进行搅拌。干搅拌试验重复3次,以3次均无卡石子现象为合格。干搅拌试验应采用粒径为5~40mm的碎石进行试验。

干拌材料配比 表 602-1

公称容量(L)	混合材料数量(kg)		
	水泥	砂	碎石
30	8	15	30
60	16	30	60
100	26	50	100

6 检查周期

检查周期一般不超过 12 个月。

7 结果处理

填写表 B06-02 检查记录表,检查有不合格的项目应及时进行维修。

水泥混凝土搅拌机检查记录表(表 B06-02)

设备名称		设备编号	
规格型号		出厂编号	
生产厂家		检查日期	
检查器具名称及编号			
检查环境			
检查项目	有无铭牌		
	外观是否良好		
	安装是否端正牢固		
	控制操作系统是否灵活		
	电器、电路有无安全保护		
	是否便于加料操作		
	移动是否灵活		
	防尘装置		
	传动系统能否运转灵活		
	干拌无卡料无溢料		
检查结果			
备 注			
检 查		校 核		日 期	

6.3 水泥砂浆搅拌机检查方法(JTJC 03)

1 适用范围

本方法适用于水泥砂浆搅拌机的检查,参照《试验用砂浆搅拌机》(JG/T 3033—1996)编制。

2 技术要求

2.1 仪器应有铭牌(包括仪器名称、型号规格、出厂编号、出厂日期、制造厂等)、合格证、使用说明书。

2.2 搅拌机外露表面应作防锈处理,油漆表面应光滑,色调一致;传动系统外露部分应有防护装置;铸件和焊缝表面应平整,不应有毛刺和飞边等缺陷;减速器不得漏油,渗油点不得多于一处;搅拌机运转时不应有异常声音,传动系统必须运转灵活可靠,搅拌筒工作时应稳固无晃动。

2.3 搅拌机料口应易加料,上料高度不宜大于1m;搅拌机工作时应无渗浆和溢料情况发生;操作手柄上下运动应安全可靠,便于卸料;搅拌机应有接地标志,电器绝缘性能良好,绝缘电阻不应低于2MΩ;搅拌机在公称容量运转时,停机5min后,应能继续启动运转,无异常声音和减速现象;搅拌筒旋转方向应有明显指示,不应逆转;筒底定位构造要简单、可靠、准确。搅拌叶片与筒底之间的间隙应能调整;搅拌机宜装脚轮,便于移位和搬运。

2.4 搅拌机叶片转速:顺转(80±4)r/min,逆转(60±2)r/min。

2.5 搅拌机叶片与搅拌筒之间的工作间隙不应大于3mm;刮板与搅拌筒壁之间的间隙不应大于2mm。

3 检查项目

3.1 外观检查。

3.2 搅拌机叶片转速。

3.3 叶片与搅拌筒、刮板与搅拌筒壁的间隙。

4 检查环境及检查器具

4.1 检查环境:检查工作应在室内进行,环境温度为(25±10)℃,相对湿度不大于85%,检查现场应洁净,周围无影响检查结果的振动、污染、腐蚀性气体。

4.2 检查器具:

4.2.1 秒表:分度值0.1s。

4.2.2 转速测定仪:量程0~9 999r/min,分度值1r/min。

4.2.3 专用塞尺:2mm、3mm。

5 检查方法

5.1 外观检查:按照本方法2.1条、2.2条要求进行目测检查。

5.2 搅拌机叶片转速检查:开动搅拌机,分别在正转和逆转的状态下,用转速测定仪测量搅拌机转速,分别重复测量3次,取平均值。

5.3 叶片与搅拌筒壁、刮板与搅拌筒壁的间隙检查:人工转动叶片,用塞尺检测叶片与搅拌筒、刮板与搅拌筒壁的间隙,检测点为至少不重复的6点。

6 检查周期

检查周期一般不超过12个月。

7 结果处理

填写检查记录表(表B06-03),检查有不合格的项目应及时进行维修。

水泥砂浆搅拌机检查记录表(表B06-03)

设备名称			设备编号		
规格型号			出厂编号		
生产厂家			检查日期		
检查器具名称及编号					
检查环境					
外观检查	有无铭牌				
	外观是否良好				
	安装是否端正牢固				
	控制操作系统是否灵活				
	电器、电路有无安全保护				
	是否便于加料操作				
	移动是否灵活				
	传动系统能否运转灵活				
检查项目		技术要求	实测值		
			1	2	3	平均
搅拌机叶片转速	顺转(r/min)	80±4				
	逆转(r/min)	60±2				
叶片与搅拌筒壁间隙(mm)		≤3				
刮板与搅拌筒壁间隙(mm)		≤2				
检查结果					
备 注					
检 查		校 核		日 期	

6.4　取芯机检查方法(JTJC 04)

1　适用范围

本方法适用于路面或混凝土取芯机的检查。

2　技术要求

2.1　仪器应有铭牌(包括仪器名称、型号规格、出厂编号、出厂日期、制造厂等)、合格证、使用说明书。

2.2　取芯机外露表面应作防锈处理,油漆表面应光滑,色调一致;传动系统外露部分应有防护装置。

2.3　取芯机在运行过程中应无晃动或摆动,应平稳运行,可准确定位于取芯位置,仪器操作应方便、灵活。

2.4　取芯机运转时主轴无跳动。

2.5　钻头刀口内径为 100 ± 1 mm,150 ± 1 mm。

3　检查项目

3.1　外观检查。

3.2　主轴径向跳动。

3.3　主轴与立柱的平行度。

3.4　钻头刀口内径。

4　标准环境及检查器具

4.1　检查环境:检查工作应在室内进行,环境温度为 (25 ± 10) ℃ ,相对湿度不大于85% ,检查现场应洁净,周围无影响检查结果的振动、污染、腐蚀性气体。

4.2　检查器具:

4.2.1　百分表:量程 10mm,分度值 0.01mm。

4.2.2　游标卡尺:量程不小于200mm,分度值 0.02mm。

4.2.3　长爪标卡尺:量程不小于500mm,分度值 0.02mm。

5　检查方法

5.1　外观检查:按照本方法2.1～2.3条要求进行目测检查。

5.2　主轴径向跳动:安装钻头,将百分表通过表架固定在立柱上,使百分表探头接触在钻头上,手动转动钻头一周,查看百分表读数跳动不超过 0.5mm。该测试分别在钻头的上、中、下三个部位进行。

5.3　主轴与立柱的平行度:将钻机放置于水平的地面上,在不安装钻头的情况下,将主轴降低至最低处,用游标卡尺测量主轴最上端、中间和最下端与立柱间的距离,计算主轴与立柱的平行度。

5.4　钻头刀口处内径:用游标卡尺测量钻头刀口处内径,每120°测量1次,共测量3次,每次测量结果均应符合技术要求。

6　检查周期

检查周期一般不超过12个月。

7 结果处理

填写表 B06-04 检查记录表,检查有不合格的项目应及时进行维修。

取芯机检查记录表(表 B06-04)

设备名称			设备编号	
规格型号			出厂编号	
生产厂家			检查日期	
检查器具名称及编号				
检查环境				
外观检查	有无铭牌			
	外观是否良好			
	运行过程中有无晃动或摆动			
	能否准确定位			
	操作是否方便、灵活			
	电机是否能够正常运转			
检查项目	技术要求	1	2	3	平均
主轴径向跳动(mm)	≤0.5				
主轴与立柱的平行度 (mm/500mm)	≤0.2				
钻头刀口内径(mm)	100±1				—
	150±1				—
检查结果				
备 注				
检 查		校 核		日 期	

6.5 环刀取土器检查方法(JTJC 05)

1 适用范围

本方法适用于测定细粒土及无机结合料稳定细粒土密度用环刀取土器的检查。

2 技术要求

2.1 仪器应带有铭牌(包括仪器名称、型号规格、出厂编号、出厂日期、制造厂等)、合格证、使用说明书。

2.2 人工取土器:

2.2.1 人工取土器包括环刀盖、定向筒、击实锤系统(捣杆、落锤和手柄)。

2.2.2 环刀盖应方便装卸。

2.2.3 捣杆应光滑、顺直,落锤能够自由滑动。

2.2.4 定向筒应有一定刚度,稍大于环刀及环刀盖。

2.3 电动取土器:

2.3.1 底座平台应平整,且有足够的刚度,定位销、行走轮均能够灵活使用。

2.3.2 立柱应光滑、顺直,有一定刚度,垂直于底座平台。

2.3.3 升降手轮和紧锁手柄能方便操作,可轻松升降取芯机高度,并可拧紧定位。

2.3.4 取芯头应为金属圆筒,下口对称焊接两个合金钢切削刀头,上端面焊有平盖,其上焊螺母,靠螺旋连接于升降轴上。

2.3.5 电机、调速器及传动机构应能够正常运行,转速可调节至 50～70r/min。

3 检查项目

3.1 人工取土器:环刀与环刀盖的配套,击锤及捣杆、定向筒的匹配。

3.2 电动取土器:底座、立柱、升降装置、取芯头、电机、调速器及传动机构。

4 检查环境:检查工作应在室内进行,环境温度为(25±10)℃,相对湿度不大于85%,检查现场应洁净,周围无影响检查结果的振动、污染、腐蚀性气体。

5 检查方法:

5.1 人工取土器:按照本方法2.2条要求逐项检查取土器。

5.2 电动取土器:按照本方法2.3条要求逐项检查取土器。

6 检查周期

检查周期一般不超过12个月。

7 结果处理

填写表B06-05检查记录表,检查有不合格的项目应及时进行维修。

环刀取土器检查记录表(表 B06-05)

设备名称		设备编号		
规格型号		出厂编号		
生产厂家		检查日期		
检查器具名称及编号				
检查环境				
人工取土器	有无铭牌			
	环刀与环刀盖的配套性			
	击锤及捣杆是否灵活			
	定向筒的匹配			
电动取土器	有无铭牌			
	底座平台是否平整、有刚度			
	立柱光滑、顺直,有刚度			
	升降手轮和紧锁手柄灵活			
	取芯头是否圆滑			
	电机能否正常运转			
	调速器及传动机构能否运转			
检查结果				
备 注				
检 查		校 核		日 期

附表　校准器具（物质）配置一览表

类别	校准/检查设备	校准器具（物质）
土工	土工标准筛、电热鼓风干燥箱、液塑限联合测定仪、电动击实仪、路面强度材料试验仪、土工环刀、CBR试验装置	电子天平（0～200g/0.01g）、电子天平（0～5 000g/1g）、电子天平（0～2 000g/0.01g）、三用游标卡尺（0～300mm/0.02mm）、刻度放大镜（不小于40倍/不小于0.01mm）、万能角度尺（分度值2'）、带磁性表架百分表（0.01mm）、塞尺（0.02～2mm）、标准温度计（0～200℃/1℃）、秒表（分度值0.1s）、专用通止规（圆孔筛）、水平尺（0～500mm/1mm）、四等标准量块一组、钢直尺（0～500mm/1mm）
集料	标准筛、针片状规准仪、压碎值试验仪、洛杉矶磨耗试验机、加速磨光机、砂当量仪、细集料棱角性（流动时间法）测定仪、容量筒	电子天平（0～2 000g/0.01g）、电子天平（0～15kg/1g）、电子秤或磅秤（0～50kg/5g）、万能角度尺（分度值2'）、三用游标卡尺（0～300mm/0.02mm）、游标卡尺（0～500mm/0.02 mm）、国际标准橡胶硬度计（0～0）、钢直尺（0～500mm/1mm）、钢卷尺（0～3m/1mm）、秒表（分度值0.1s）、转速测定仪（0～9 999r/min，分度值1r/min）、手提拉力测试仪（不小于1 000N）I级精度、专用通止规（0.9～1.1mm）
水泥及水泥混凝土砂浆	透气比表面积仪、水泥负压筛析仪、水泥净浆搅拌机、量水器、水泥胶砂搅拌机、行星式水泥胶砂搅拌机、水泥标准稠度与凝结时间测定仪、雷氏夹、雷氏沸煮箱、标准养护室、水泥胶砂振实台、水泥胶砂流动度测定仪、混凝土振动台、坍落度测定仪、混合式气量法含气量测定仪、水泥砂浆搅拌机、水泥混凝土贯入阻力仪、水泥混凝土抗透仪、水泥砂浆稠度仪、水泥混凝土分层仪、水泥混凝土试模、砂浆试模	电子天平（0～2 000g/0.01g）、分析天平（0～100g/0.000 1g）、电子天平（0～15kg/1g）、电子秤或磅秤（0～50kg/5g）、三用游标卡尺（0～300mm/0.02mm）、钢直尺（0～200mm/1mm）、钢直尺（0～1 000mm/1mm）、直角尺（0～300mm/1mm）、钢卷尺（0～3m/1mm）、内径千分尺（200～225mm/0.01mm）、高度尺（0～600mm/0.02mm）、专用塞尺（搅拌机校准用1～4mm）、转速测定仪（0～3 000r/min，精度值1r/min）、秒表（分度值0.1s）、300g标准砝码、标准量块（直径60mm厚14.7mm和15.3mm）、移液管（10mL）、容量瓶（100mL）、刻度移液仪（10mL/0.1mL）、标准温度计（0～50℃/0.1℃）、标准湿度计、测振仪（二级精度）、0级刀平口直角套筒塞规、0级刀口直角套筒塞规、钢水平尺及配套塞尺、水泥细度标准样、流动度标准样、深度尺（200mm/0.02mm）

续上表

类别	校准/检查设备	校准器具(物质)
沥青及沥青混合料	沥青针入度仪、沥青延度仪、沥青软化点仪、克利夫兰开口杯闪点仪、沥青标准黏度计、沥青混合料拌和机、马歇尔自动击实仪、马歇尔稳定度仪、沥青碳化成型机、轮碾成型机、车辙试验机、沥青全自动抽提仪、马歇尔试模、恒温烘箱	电子天平(0～2 000g/0.01g)、电子秤(0～15kg/1g)、电子秤(量程不小于200kg/0.1kg)、三用游标卡尺(0～300mm/0.02mm)、钢直尺(0～500mm/1mm)、专用通止规、四等标准量块一组、国际标准橡胶硬度计、专用通止规(9.50 mm～9.58 mm)、秒表(分度值0.1s)、专用稳定度压头专规(3±0.025、4±0.025、5±0.025、10±0.025)mm、马歇尔稳定度压头专用通止规、标准温度计(0～50℃/0.1℃)、标准温度计(0～400℃/2℃)、标准温度计(0～200℃/0.1℃)、标准沥青混合料温度巡检仪(0～200℃/1℃)、红外线测温仪(0～200℃/分度值0.1℃)4个探头/分度值0.1℃
其他	灌砂筒、贝克曼梁弯沉仪、摆式摩擦系数测定仪、2m直尺、3m直尺、酸度计、玻璃量器、工作温度计	三用游标卡尺(0～300mm/0.02mm)、钢卷尺(0～1 000mm/1.0mm)、钢直尺(0～500mm/1.0mm)、专用通止规、200g标准砝码、钢直尺(0～5 000mm/1mm)、专用通止规(10±0.1mm,15±0.1mm)、200g砝码、电子天平(0～2 000g/0.01g)、电子天平(0～200g/0.001g)、压力标尺(0～5 000g/1g含三角架)、砝码一套(M_2级/g)、邵氏A型橡胶硬度计、pH值标准物质(邻苯二甲酸氢钾、混合磷酸盐、硼砂)、标准温度计(0～50℃/0.1℃)、标准温度计(0～400℃/2℃)、标准温度计(-30～300℃/0.1℃)、标准温度计(0～200℃/0.1℃)、恒温装置
工具设备	电动脱模器、水泥混凝土搅拌机、水泥砂浆搅拌机、取芯机、环刀取土器	三用游标卡尺(0～300mm/0.02mm)、秒表(分度值0.1s)、电子秤或磅秤(0～50kg/5g)、专用塞尺(1～4mm)、转速测定仪(0～9 999r/min,分度值1r/min)

第三部分　附　　录

附录 1

中华人民共和国计量法

（1985 年 9 月 6 日第六届全国人民代表大会常务委员会第十二次会议通过
1985 年 9 月 6 日中华人民共和国主席令第 28 号公布）

第一章　总　　则

第一条　为了加强计量监督管理,保障国家计量单位制的统一和量值的准确可靠,有利于生产、贸易和科学技术的发展,适应社会主义现代化建设的需要,维护国家、人民的利益,制定本法。

第二条　在中华人民共和国境内,建立计量基准器具、计量标准器具,进行计量检定,制造、修理、销售、使用计量器具,必须遵守本法。

第三条　国家采用国际单位制。

国际单位制计量单位和国家选定的其他计量单位,为国家法定计量单位。国家法定计量单位的名称、符号由国务院公布。

非国家法定计量单位应当废除。废除的办法由国务院制定。

第四条　国务院计量行政部门对全国计量工作实施统一监督管理。

县级以上地方人民政府计量行政部门对本行政区域内的计量工作实施监督管理。

第二章　计量基准器具、计量标准器具和计量检定

第五条　国务院计量行政部门负责建立各种计量基准器具,作为统一全国量值的最高依据。

第六条　县级以上地方人民政府计量行政部门根据本地区的需要,建立社会公用计量标准器具,经上级人民政府计量行政部门主持考核合格后使用。

第七条　国务院有关主管部门和省、自治区、直辖市人民政府有关主管部门,根据本部门的特殊需要,可以建立本部门使用的计量标准器具,其各项最高计量标准器具经同级人民政府计量行政部门主持考核合格后使用。

第八条　企业、事业单位根据需要,可以建立本单位使用的计量标准器具,其各项最高计量标准器具经有关人民政府计量行政部门主持考核合格后使用。

第九条　县级以上人民政府计量行政部门对社会公用计量标准器具,部门和企业、事业单位使用的最高计量标准器具,以及用于贸易结算、安全保护、医疗卫生、环境监测方面的列入强制检定目录的工作计量器具,实行强制检定。未按照规定申请检定或者检定不合格的,不得使用。实行强制检定的工作计量器具的目录和管理办法,由国务院制定。

对前款规定以外的其他计量标准器具和工作计量器具,使用单位应当自行定期检定或者送其他计量检定机构检定,县级以上人民政府计量行政部门应当进行监督检查。

第十条 计量检定必须按照国家计量检定系统表进行。国家计量检定系统表由国务院计量行政部门制定。

计量检定必须执行计量检定规程。国家计量检定规程由国务院计量行政部门制定。没有国家计量检定规程的,由国务院有关主管部门和省、自治区、直辖市人民政府计量行政部门分别制定部门计量检定规程和地方计量检定规程,并向国务院计量行政部门备案。

第十一条 计量检定工作应当按照经济合理的原则,就地就近进行。

第三章 计量器具管理

第十二条 制造、修理计量器具的企业、事业单位,必须具备与所制造、修理的计量器具相适应的设施、人员和检定仪器设备,经县级以上人民政府计量行政部门考核合格,取得《制造计量器具许可证》或者《修理计量器具许可证》。

制造、修理计量器具的企业未取得《制造计量器具许可证》或者《修理计量器具许可证》的,工商行政管理部门不予办理营业执照。

第十三条 制造计量器具的企业、事业单位生产本单位未生产过的计量器具新产品,必须经省级以上人民政府计量行政部门对其样品的计量性能考核合格,方可投入生产。

第十四条 未经国务院计量行政部门批准,不得制造、销售和进口国务院规定废除的非法定计量单位的计量器具和国务院禁止使用的其他计量器具。

第十五条 制造、修理计量器具的企业、事业单位必须对制造、修理的计量器具进行检定,保证产品计量性能合格,并对合格产品出具产品合格证。

县级以上人民政府计量行政部门应当对制造、修理的计量器具的质量进行监督检查。

第十六条 进口的计量器具,必须经省级以上人民政府计量行政部门检定合格后,方可销售。

第十七条 使用计量器具不得破坏其准确度,损害国家和消费者的利益。

第十八条 个体工商户可以制造、修理简易的计量器具。

制造、修理计量器具的个体工商户,必须经县级人民政府计量行政部门考核合格,发给《制造计量器具许可证》或者《修理计量器具许可证》后,方可向工商行政管理部门申请营业执照。

个体工商户制造、修理计量器具的范围和管理办法,由国务院计量行政部门制定。

第四章 计量监督

第十九条 县级以上人民政府计量行政部门,根据需要设置计量监督员。计量监督员管理办法,由国务院计量行政部门制定。

第二十条 县级以上人民政府计量行政部门可以根据需要设置计量检定机构,或者授权其他单位的计量检定机构,执行强制检定和其他检定、测试任务。执行前款规定的检定、测试任务的人员,必须经考核合格。

第二十一条 处理因计量器具准确度所引起的纠纷,以国家计量基准器具或者社会公用计量标准器具检定的数据为准。

第二十二条 为社会提供公证数据的产品质量检验机构,必须经省级以上人民政府计量行政部门对其计量检定、测试的能力和可靠性考核合格。

第五章　法律责任

第二十三条　未取得《制造计量器具许可证》、《修理计量器具许可证》制造或者修理计量器具的,责令停止生产、停止营业,没收违法所得,可以并处罚款。

第二十四条　制造、销售未经考核合格的计量器具新产品的,责令停止制造、销售该种新产品,没收违法所得,可以并处罚款。

第二十五条　制造、修理、销售的计量器具不合格的,没收违法所得,可以并处罚款。

第二十六条　属于强制检定范围的计量器具,未按照规定申请检定或者检定不合格继续使用的,责令停止使用,可以并处罚款。

第二十七条　使用不合格的计量器具或者破坏计量器具准确度,给国家和消费者造成损失的,责令赔偿损失,没收计量器具和违法所得,可以并处罚款。

第二十八条　制造、销售、使用以欺骗消费者为目的的计量器具的,没收计量器具和违法所得,处以罚款;情节严重的,并对个人或者单位直接责任人员按诈骗罪或者投机倒把罪追究刑事责任。

第二十九条　违反本法规定,制造、修理、销售的计量器具不合格,造成人身伤亡或者重大财产损失的,比照《刑法》第一百八十七条的规定,对个人或者单位直接责任人员追究刑事责任。

第三十条　计量监督人员违法失职,情节严重的,依照《刑法》有关规定追究刑事责任;情节轻微的,给予行政处分。

第三十一条　本法规定的行政处罚,由县级以上地方人民政府计量行政部门决定。本法第二十七条规定的行政处罚,也可以由工商行政管理部门决定。

第三十二条　当事人对行政处罚决定不服的,可以在接到处罚通知之日起十五日内向人民法院起诉;对罚款、没收违法所得的行政处罚决定期满不起诉又不履行的,由作出行政处罚决定的机关申请人民法院强制执行。

第六章　附　则

第三十三条　中国人民解放军和国防科技工业系统计量工作的监督管理办法,由国务院、中央军事委员会依据本法另行制定。

第三十四条　国务院计量行政部门根据本法制定实施细则,报国务院批准施行。

第三十五条　本法自一九八六年七月一日起施行。

附录 2

中华人民共和国计量法实施细则

（1987 年 1 月 19 日国务院批准
1987 年 2 月 1 日国家计量局发布）

第一章　总　　则

第一条　根据《中华人民共和国计量法》的规定,制定本细则。

第二条　国家实行法定计量单位制度。

国家法定计量单位的名称、符号和非国家法定计量单位的废除办法,按照国务院关于在我国统一实行法定计量单位的有关规定执行。

第三条　国家有计划地发展计量事业,用现代计量技术装备各级计量检定机构,为社会主义现代化建设服务,为工农业生产、国防建设、科学实验、国内外贸易以及人民的健康、安全提供计量保证,维护国家和人民的利益。

第二章　计量基准器具和计量标准器具

第四条　计量基准器具(简称计量基准,下同)的使用必须具备下列条件:

(一)经国家鉴定合格;

(二)具有正常工作所需要的环境条件;

(三)具有称职的保存、维护、使用人员;

(四)具有完善的管理制度。

符合上述条件的,经国务院计量行政部门审批并颁发计量基准证书后,方可使用。

第五条　非经国务院计量行政部门批准,任何单位和个人不得拆卸、改装计量基准,或者自行中断其计量检定工作。

第六条　计量基准的量值应当与国际上的量值保持一致。国务院计量行政部门有权废除技术水平落后或者工作状况不适应需要的计量基准。

第七条　计量标准器具(简称计量标准,下同)的使用,必须具备下列条件:

(一)经计量检定合格;

(二)具有正常工作所需要的环境条件;

(三)具有称职的保存、维护、使用人员;

(四)具有完善的管理制度。

第八条　社会公用计量标准对社会上实施计量监督具有公证作用。县级以上地方人民政府计量行政部门建立的本行政区域内最高等级的社会公用计量考核;须向上一级人民政府计量行政部门申请考核;其他等级的,由当地人民政府计量行政部门主持考核。

经考核符合本细则第七条规定条件并取得考核合格证的,由当地县级以上人民政府计量行政部门审批颁发社会公用计量标准证书后,方可使用。

第九条 国务院有关主管部门和省、自治区、直辖市人民政府有关主管部门建立的本部门各项最高计量标准,经同级人民政府计量行政部门考核,符合本细则第七条规定条件并取得考核合格证的,由有关主管部门批准使用。

第十条 企业、事业单位建立本单位各项最高计量标准,须向与其主管部门同级的人民政府计量行政部门申请考核。乡镇企业向当地县级人民政府计量行政部门申请考核。经考核符合本细则第七条规定条件并取得考核合格证的,企业、事业单位方可使用,并向其主管部门备案。

第三章 计 量 检 定

第十一条 使用实行强制检定的计量标准的单位和个人,应当向主持考核该项计量标准的有关人民政府计量行政部门申请周期检定。

使用实行强制检定的工作计量器具的单位和个人,应当向当地县(市)级人民政府计量行政部门指定的计量检定机构申请周期检定。当地不能检定的,向上一级人民政府计量行政部门指定的计量检定机构申请周期检定。

第十二条 企业、事业单位应当配备与生产、科研、经营管理相适应的计量检测设施,制定具体的检定管理办法和规章制度,规定本单位管理的计量器具明细目录及相应的检定周期,保证使用的非强制检定的计量器具定期检定。

第十三条 计量检定工作应当符合经济合理、就地就近的原则,不受行政区划和部门管辖的限制。

第四章 计量器具的制造和修理

第十四条 企业、事业单位申请办理《制造计量器具许可证》,由与其主管部门同级的人民政府计量行政部门进行考核;乡镇企业由当地县级人民政府计量行政部门进行考核。经考核合格,取得《制造计量器具许可证》的,准予使用国家统一规定的标志,有关主管部门方可批准生产。

第十五条 对社会开展经营性修理计量器具的企业、事业单位,办理《修理计量器具许可证》,可直接向当地县(市)级人民政府计量行政部门申请考核。当地不能考核的,可以向上一级地方人民政府计量行政部门申请考核。经考核合格取得《修理计量器具许可证》的,方可准予使用国家统一规定的标志和批准营业。

第十六条 制造、修理计量器具的个体工商户,须在固定的场所从事经营。申请《制造计量器具许可证》或者《修理计量器具许可证》,按照本细则第十五条规定的程序办理,凡易地经营的,须经所到地方的人民政府计量行政部门验证核准后方可申请办理营业执照。

第十七条 对申请《制造计量器具许可证》和《修理计量器具许可证》的企业、事业单位或个体工商户进行考核的内容为:

(一)生产设施;

(二)出厂检定条件;

(三)人员的技术状况;

（四）有关技术文件和计量规章制度。

第十八条 凡制造在全国范围内从未生产过的计量器具新产品,必须经过定型鉴定。定型鉴定合格后,应当履行形式批准手续,颁发证书。在全国范围内已经定型,而本单位未生产过的计量器具新产品,应当进行样机试验。样机试验合格后,发给合格证书。凡未经型式批准或者未取得样机试验合格证书的计量器具,不准生产。

第十九条 计量器具新产品定型鉴定,由国务院计量行政部门授权的技术机构进行;样机试验由所在地方的省级人民政府计量行政部门授权的技术机构进行。

计量器具新产品的型式,由当地省级人民政府计量行政部门批准。省级人民政府计量行政部门批准的型式,经国务院计量行政部门审核同意后,作为全国通用型式。

第二十条 申请计量器具新产品定型鉴定和样机试验的单位,应当提供新产品样机及有关技术文件、资料。

负责计量器具新产品定型鉴定和样机试验的单位,对申请单位提供的样机和技术文件、资料必须保密。

第二十一条 对企业、事业单位制造、修理计量器具的质量,各有关主管部门应当加强管理,县级以上人民政府计量行政部门有权进行监督检查,包括抽检和监督试验。凡无产品合格印、证,或者经检定不合格的计量器具,不准出厂。

第五章 计量器具的销售和使用

第二十二条 外商在中国销售计量器具,须比照本细则第十八条的规定向国务院计量行政部门申请型式批准。

第二十三条 县级以上地方人民政府计量行政部门对当地销售的计量器具实施监督检查。凡没有产品合格印、证和《制造计量器具许可证》标志的计量器具不得销售。

第二十四条 任何单位和个人不得经营销售残次计量器具零配件,不得使用残次零配件组装和修理计量器具。

第二十五条 任何单位和个人不准在工作岗位上使用无检定合格印、证或者超过检定周期以及经检定不合格的计量器具。在教学示范中使用计量器具不受此限。

第六章 计 量 监 督

第二十六条 国务院计量行政部门和县级以上地方人民政府计量行政部门监督和贯彻实施计量法律、法规的职责:

（一）贯彻执行国家计量工作的方针、政策和规章制度,推行国家法定计量单位;

（二）制定和协调计量事业的发展规划,建立计量基准和社会公用计量标准,组织量值传送;

（三）对制造、修理、销售、使用计量器具实施监督;

（四）进行计量认证,组织仲裁检定,调解计量纠纷;

（五）监督检查计量法律、法规的实施情况,对违反计量法律、法规的行为,按照本细则的有关规定进行处理。

第二十七条 县级以上人民政府计量行政部门的计量管理人员,负责执行计量监督、管理任务;计量监督员负责在规定的区域、场所巡回检查,并可根据不同情况在规定的权限内对违反计量法律、法规的行为,进行现场处理,执行行政处罚。

计量监督员必须经考核合格后,由县级以上人民政府计量行政部门任命并颁发监督员证件。

第二十八条 县级以上人民政府计量行政部门依法设置的计量检定机构,为国家法定计量检定机构。其职责:负责研究建立计量基准、社会公用计量标准,进行量值传递,执行强制检定和法律规定的其他检定、测试任务,起草技术规范,为实施计量监督提供技术保证,并承办有关计量监督工作。

第二十九条 国家法定计量检定机构的计量检定人员,必须经县级以上人民政府计量行政部门考核合格,并取得计量检定证件,其他单位的计量检定人员,由其主管部门考核发证。无计量检定证件的,不得从事计量检定工作。

计量检定人员的技术职务系列,由国务院计量行政部门会同有关主管部门制定。

第三十条 县级以上人民政府计量行政部门可以根据需要,采取以下形式授权其他单位的计量检定机构和技术机构,在规定的范围内执行强制检定和其他检定、测试任务。

(一)授权专业性或区域性计量检定机构,作为法定计量检定机构;

(二)授权建立社会公用计量标准;

(三)授权某一部门或某一单位的计量检定机构,对其内部使用的强制检定计量器具执行强制检定;

(四)授权有关技术机构,承担法律规定的其他检定、测试任务。

第三十一条 根据本细则第三十条规定被授权的单位,应当遵守下列规定:

(一)被授权单位执行检定、测试任务的人员,必须经授权单位考核合格;

(二)被授权单位的相应计量标准,必须接受计量基准或者社会公用计量标准的检定;

(三)被授权单位承担授权的检定、测试工作,须接受授权单位的监督;

(四)被授权单位成为计量纠纷中当事人一方时,在双方协商不能自行解决的情况下,由县级以上有关人民政府计量行政部门进行调解和仲裁检定。

第七章 产品质量检验机构的计量认证

第三十二条 为社会提供公证数据的产品质量检验机构,必须经省级以上人民政府计量行政部门计量认证。

第三十三条 产品质量检验机构计量认证的内容:

(一)计量检定、测试设备的性能;

(二)计量检定、测试设备的工作环境和人员的操作技能;

(三)保证量值统一、准确的措施及检测数据公证可靠的管理制度。

第三十四条 产品质量检验机构提出计量认证申请后,省级以上人民政府计量行政部门应指定所属的计量检定机构或者被授权的技术机构按照本细则第三十三条规定的内容进行考核。考核合格后,由接受申请的省级以上人民政府计量行政部门发给计量认证合格证书。未取得计量认证合格证书的,不得开展产品质量检验工作。

第三十五条 省级以上人民政府计量行政部门有权对计量认证合格的产品质量检验机

构,按照本细则第三十三条规定的内容进行监督检查。

第三十六条 已经取得计量认证合格证书的产品质量检验机构,需新增检验项目时,应按照本细则有关规定,申请单项计量认证。

第八章 计量调解和仲裁检定

第三十七条 县级以上人民政府计量行政部门负责计量纠纷的调解和仲裁检定,并可根据司法机关、合同管理机关、涉外仲裁机关或者其他单位的委托,指定有关计量检定机构进行仲裁检定。

第三十八条 在调解、仲裁及案件审理过程中,任何一方当事人均不得改变与计量纠纷有关的计量器具的技术状态。

第三十九条 计量纠纷当事人对仲裁检定不服的,可以在接到仲裁检定通知书之日起十五日内向上一级人民政府计量行政部门申诉。上一级人民政府计量行政部门进行的仲裁检定为终局仲裁检定。

第九章 费 用

第四十条 建立计量标准申请考核,使用计量器具申请检定,制造计量器具新产品申请定型和样机试验,制造、修理计量器具申请许可证,以及申请计量认证和仲裁检定,应当缴纳费用,具体收费办法或收费标准,由国务院计量行政部门会同国家财政、物价部门统一制定。

第四十一条 县级以上人民政府计量行政部门实施监督检查所进行的检定和试验不收费。被检查的单位有提供样机和检定试验条件的义务。

第四十二条 县级以上人民政府计量行政部门所属的计量检定机构,为贯彻计量法律、法规,实施计量监督提供技术保证所需要的经费,按照国家财政管理体制的规定,分别列入各级财政预算。

第十章 法 律 责 任

第四十三条 违反本细则第二条规定,使用非法定计量单位的,责令其改正;属出版物的,责令其停止销售,可并处一千元以下的罚款。

第四十四条 违反《中华人民共和国计量法》第十四条规定,制造、销售和进口国务院规定废除的非法定计量单位的计量器具和国务院禁止使用的其他计量器具的,责令其停止制造、销售和进口,没收计量器具和全部违法所得,可并处相当其违法所得百分之十至百分之五十的罚款。

第四十五条 部门和企业、事业单位的各项最高计量标准,未经有关人民政府计量行政部门考核合格而开展计量检定的,责令其停止使用,可并处一千元以下的罚款。

第四十六条 属于强制检定范围的计量器具,未按照规定申请检定和属于非强制检定范围的计量器具未自行定期检定或者送其他计量检定机构定期检定的,以及经检定不合格继续使用的,责令其停止使用,可并处一千元以下的罚款。

第四十七条 未取得《制造计量器具许可证》或者《修理计量器具许可证》制造、修理计量器具的,责令其停止生产、停止营业,封存制造、修理的计量器具,没收全部违法所得,可并处相当其违法所得百分之十至百分之五十的罚款。

第四十八条 制造、销售未经型式批准或样机试验合格的计量器具新产品的,责令其停止制造、销售,封存该种新产品,没收全部违法所得,可并处三千元以下的罚款。

第四十九条 制造、修理的计量器具未经出厂检定或者经检定不合格而出厂的,责令其停止出厂,没收全部违法所得;情节严重的,可并处三千元以下的罚款。

第五十条 进口计量器具,未经省级以上人民政府计量行政部门检定合格而销售的,责令其停止销售,封存计量器具,没收全部违法所得,可并处其销售额百分之十至百分之五十的罚款。

第五十一条 使用不合格计量器具或者破坏计量器具准确度和伪造数据,给国家和消费者造成损失的,责令其赔偿损失,没收计量器具和全部违法所得,可并处两千元以下的罚款。

第五十二条 经营销售残次计量器具零配件的,责令其停止经营销售,没收残次计量器具零配件和全部违法所得,可并处两千元以下的罚款;情节严重的,由工商行政管理部门吊销其营业执照。

第五十三条 制造、销售、使用以欺骗消费者为目的的计量器具的单位和个人,没收其计量器具和全部违法所得,可并处两千元以下的罚款;构成犯罪的,对个人或者单位直接责任人员,依法追究刑事责任。

第五十四条 个体工商户制造、修理国家规定范围以外的计量器具或者不按照规定场所从事经营活动的,责令其停止制造、修理,没收全部违法所得,可并处以五百元以下的罚款。

第五十五条 未取得计量认证合格证书的产品质量检验机构,为社会提供公证数据的,责令其停止检验,可并处一千元以下的罚款。

第五十六条 伪造、盗用、倒卖强制检定印、证的,没收其非法检定印、证和全部违法所得,可并处两千元以下的罚款,构成犯罪的,依法追究刑事责任。

第五十七条 计量监督管理人员违法失职的,徇私舞弊,情节轻微的,给予行政处分;构成犯罪的,依法追究刑事责任。

第五十八条 负责计量器具新产品定型鉴定、样机试验的单位,违反本细则第二十条第二款规定的,应当按照国家有关规定,赔偿申请单位的损失,并给予直接责任人员行政处分;构成犯罪的,依法追究刑事责任。

第五十九条 计量检定人员有下列行为之一的,给予行政处分;构成犯罪的,依法追究刑事责任:

(一)伪造检定数据的;

(二)出具错误数据,给送检一方造成损失的;

(三)违反计量检定规程进行计量检定的;

(四)使用未经考核合格的计量标准开展检定的;

(五)未取得计量检定证件执行计量检定的。

第六十条 本细则规定的行政处罚,由县级以上地方人民政府计量行政部门决定。罚款一万元以上的,应当报省级人民政府计量行政部门决定。没收违法所得及罚款一律上缴国库。

本细则第五十一条规定的行政处罚,也可以由工商行政管理部门决定。

第十一章 附 则

第六十一条 本细则下列用语的含义是：

（一）计量器具是指能用以直接或间接测出被测对象量值的装置、仪器仪表、量具和用于统一量值的标准物质,包括计量基准、计量标准、工作计量器具。

（二）计量检定是指为评定计量器具的计量性能,确定其是否合格所进行的全部工作。

（三）定型鉴定是指对计量器具新产品样机的计量性能进行全面审查、考核。

（四）计量认证是指政府计量行政部门对有关技术机构计量检定、测试的能力和可靠性进行的考核和证明。

（五）计量检定机构是指承担计量检定工作的有关技术机构。

（六）仲裁检定是指用计量基准或者社会公用计量标准所进行的以裁决为目的的计量检定、测试活动。

第六十二条 中国人民解放军和国防科技工业系统涉及本系统以外的计量工作的监督管理,亦适用本细则。

第六十三条 本细则有关的管理办法,管理范围和各种印、证标志,由国务院计量行政部门制定。

第六十四条 本细则由国务院计量行政部门负责解释。

第六十五条 本细则自发布之日起施行。

附录 3

中华人民共和国强制检定的工作计量器具检定管理办法

（1987 年 4 月 15 日国务院发布
1987 年 7 月 1 日起施行）

第一条　为适应社会主义现代化建设需要,维护国家和消费者的利益,保护人民健康和生命、财产的安全,加强对强制检定的工作计量器具的管理,根据《中华人民共和国计量法》第九条的规定,制定本办法。

第二条　强制检定是指由县级以上人民政府计量行政部门所属或者授权的计量检定机构,对用于贸易结算、安全防护、医疗卫生、环境监测方面,并列入本办法所附《中华人民共和国强制检定的工作计量器具目录》的计量器具实行定点定期检定。进行强制检定工作及使用强制检定工作的计量器具,适用本办法。

第三条　县级以上人民政府计量行政部门对本行政区域内的强制检定工作统一实施监督管理,并按照经济合理、就地就近的原则,指定所属或者授权的计量检定机构执行强制检定任务。

第四条　县级以上人民政府计量行政部门所属计量检定机构,为实施国家强制检定所需要的计量标准和检定设施由当地人民政府负责配备。

第五条　使用强制检定的工作计量器具的单位或者个人,必须按照规定将其使用的强制检定的工作计量器具登记造册。报当地县(市)级人民政府计量行政部门备案。并向其指定的计量检定机构申请周期检定。当地不能检定的,向上一级人民政府计量行政部门指定的计量检定机构申请周期检定。

第六条　强制检定的周期,由执行强制检定的计量检定机构根据计量检定规程确定。

第七条　属于强制检定的工作计量器具,未按照本办法规定申请检定或者经检定不合格的,任何单位或者个人不得使用。

第八条　国务院计量行政部门和各省、自治区、直辖市人民政府计量行政部门应当对各种强制检定的工作计量器具作出检定期限的规定。执行强制检定工作的机构应当在规定期限内按时完成检定。

第九条　执行强制检定的机构对检定合格的计量器具,发给国家统一规定的检定证书、检定合格证或者在计量器具上加盖检定合格印;对检定不合格的,发给检定结果通知书或者注销原检定合格印、证。

第十条　县级以上人民政府计量行政部门按照有利于管理、方便生产和使用的原则,结合本地区的实际情况,可以授权有关单位的计量检定机构在规定的范围内执行强制检定工作。

第十一条　被授权执行强制检定任务的机构,其相应的计量标准,应当接受计量基准或者社会公用计量标准的检定;执行强制检定的人员,必须经授权单位考核合格;授权单位应当对其检定工作进行监督。

第十二条　被授权执行强制检定任务的机构成为计量纠纷中当事人一方时,按照《中华人民共和国计量法实施细则》的有关规定处理。

第十三条　企业、事业单位应当对强制检定的工作计量器具的使用加强管理,制定相应的规章制度,保证按照周期进行检定。

第十四条　使用强制检定的工作计量器具的任何单位或者个人,计量监督、管理人员和执行强制检定工作的计量检定人员,违反本办法规定的,按照《中华人民共和国计量法实施细则》的有关规定,追究法律责任。

第十五条　执行强制检定工作的机构,违反本办法第八条规定拖延检定期限的。应当按照送检单位的要求,及时安排检定,并免收检定费。

第十六条　国务院计量行政部门可以根据本办法和《中华人民共和国强制检定的工作计量器具目录》,制定强制检定的工作计量器具的明细目录。

第十七条　本办法由国务院计量行政部门负责解释。

第十八条　本办法自一九八七年七月一日起施行。

附录 4

中华人民共和国强制检定的工作计量器具明细目录

（1987 年 5 月 28 日国家计量局发布）

一、根据《中华人民共和国强制检定的工作计量器具检定管理办法》第十六条的规定，制定本目录。

二、本目录所列的计量器具为《中华人民共和国强制检定的工作计量器具目录》的明细项目。本目录内项目，凡用于贸易结算、安全防护、医疗卫生、环境监测的，均实行强制检定，具体项目为：

1. 尺：竹木直尺、套管尺、钢卷尺、带锤钢卷尺、铁路轨距尺；

2. 面积计：皮革面积计；

3. 玻璃液体温度计：玻璃液体温度计；

4. 体温计：体温计；

5. 石油闪点温度计：石油闪点温度计；

6. 谷物水分测定仪：谷物水分测定仪；

7. 热量计：热量计；

8. 砝码：砝码、增砣、定量砣；

9. 天平：天平；

10. 秤：杆秤、戥秤、案秤、台秤、地秤、皮带秤、吊秤、电子秤、行李秤、邮政秤、计价收费专用秤、售粮机；

11. 定量包装机：定量包装机、定量灌装机；

12. 轨道衡：轨道衡；

13. 容重器：谷物容重器；

14. 计量罐、计量罐车：立式计量罐、卧式计量罐、球形计量罐、汽车计量罐车、铁路计量罐车、船舶计量仓；

15. 燃油加油机：燃油加油机；

16. 液体量提：液体量提；

17. 食用油售油器：食用油售油器；

18. 酒精计：酒精计；

19. 密度计：密度计；

20. 糖量计：糖量计；

21. 乳汁计：乳汁计；

22. 煤气表：煤气表；

23. 水表：水表；

24. 流量计：液体流量计、气体流量计、蒸气流量计；

25. 压力表:压力表、风压表、氧气表;

26. 血压计:血压计、血压表;

27. 眼压计:眼压计;

28. 汽车里程表:汽车里程表;

29. 出租汽车里程计价表:出租汽车里程计价表;

30. 测速仪:公路管理速度监测仪;

31. 测振仪:振动监测仪;

32. 电度表:单相电度表、三相电度表、分时记度电度表;

33. 测量互感器:电流互感器、电压互感器;

34. 绝缘电阻、接地电阻测量仪:绝缘电阻测量仪、接地电阻测量仪;

35. 场强计:场强计;

36. 心、脑电图仪:心电图仪、脑电图仪;

37. 照射量计(含医用辐射源):照射量计、医用辐射源;

38. 电离辐射防护仪:射线监测仪、照射量率仪、放射性表面污染仪、个人剂量计;

39. 活度计:活度计;

40. 激光能量、功率计(含医用激光源):激光能量计、激光功率计、医用辐射源;

41. 超声功率计(含医用超声源):超声功率计、医用超声源;

42. 声级计:声级计;

43. 听力计:听力计;

44. 有害气体分析仪:CO 分析仪、CO_2 分析仪、SO_2 分析仪、测氢仪、硫化氢测定仪;

45. 酸度计:酸度计、血气酸碱平衡分析仪;

46. 瓦斯计:瓦斯报警器、瓦斯测定仪

47. 测汞仪:汞蒸气测定仪;

48. 火焰光度计:火焰光度计;

49. 分光光度计:可见光分光光度计、紫外分光光度计、红外分光光度计、荧光分光光度计、原子吸收分光光度计;

50. 比色计:滤光光电比色计、荧光光电比色计;

51. 烟尘、粉尘测量仪:烟尘测量仪、粉尘测量仪;

52. 水质污染监测仪:水质监测仪、水质综合分析仪、测氰仪、溶氧测定仪;

53. 呼出气体酒精含量探测器:呼出气体酒精含量探测器;

54. 血球计数器:电子血球计数器;

55. 屈光度计:屈光度计。

三、各省、自治区、直辖市人民政府计量行政部门可根据本目录,结合本地区情况确定具体实施的项目。

四、本目录由国务院计量行政部门负责解释。

五、本目录自一九八七年七月一日起施行。

新纳入《中华人民共和国强制检定的工作计量器具目录》的工作计量器具明细目录

根据国家质量技术监督局 1999 年 1 月 19 日以质技监局政发［1999］15 号文"关于调整《中华人民共和国强制检定的工作计量器具目录》的通知",将以下计量器具纳入《中华人民共和国强制检定的工作计量器具目录》。

1. 电子计时计费装置:电话计时计费装置;
2. 棉花水分测量仪:棉花水分测量仪;
3. 验光仪:验光仪、验光镜片组;
4. 微波辐射与泄漏测量仪:微波辐射与泄漏测量仪。

附录 5

中华人民共和国依法管理的计量器具目录

（1987 年 7 月 10 日国家计量局发布）

一、根据《中华人民共和国计量法实施细则》第六十一条、第六十三条的规定，制定本目录。

二、本目录所列的各类计量器具为依法管理的范围，项目名称为：

（一）计量基准：项目名称另行公布。

（二）计量标准和工作计量器具：

1. 长度计量器具（英文略）

比长仪、干涉仪、稳频激光器、测长机、测长仪、工具显微镜、读数显微镜、光学计、测量用投影仪、三坐标测量仪、球径仪、球径仪样板、圆度仪、锥度测量仪、孔径测量仪、比较仪、测微仪、光学仪器检具、量块、尺、基线尺、线纹尺、光栅尺、光栅测量装置、磁尺、容栅尺、水准标尺、感应同步器、测绳、卡尺、千分尺、百分表、千分表、测微计、小孔内径表、平晶、刀口尺、棱尺、平尺、测量平板、木直尺检定器、多面棱体、度盘、测角仪、分度台、分度头、准直仪、角度块、角度规、直角尺、正弦尺、方箱、水平仪、象限仪、直角尺检定仪、水平尺检定仪、塞规、卡规、环规、圆锥套规、塞尺、半径样板、螺纹量规、螺纹样板、三针、粗糙度样板、粗糙度测量显微镜、表面轮廓仪、齿轮渐开线检查仪、齿轮周节检查仪、齿轮基节检查仪、齿轮啮合检查仪、齿轮径向跳动检查仪、齿轮螺旋线检查仪、齿轮公法线检查仪、正规齿厚规、万能测齿仪、齿轮参数综合测量仪、齿轮渐开线样板、齿轮螺旋线样板、丝杠检查仪、经纬仪、水准仪、平板仪、测高仪、高度表、测距仪、测厚仪、刀具检查仪、轴承检查仪、面积计、皮革面积板。

2. 热学计量器具

热电偶、热电阻、温度灯、温度计、高温计、辐射感温器、体温计、温度指示调节仪、温度变送器、温度自动控制仪、温度巡回检测仪、测温电桥、热电计、比热装置、热物性测定装置、热流计、热像仪。

3. 力学计量器具

砝码、天平、秤、定量包装机、称重传感器、轨道衡、检衡车、台秤检定器、量器、量提、注射器、计量罐、计量罐车、加油机、售油器、容重器、密度计、酒精计、乳汁计、糖量计、盐量计、压力计、压力真空计、气压计、微压计、眼压计、血压计、压力表、压力真空表、微压表、压力变送器、压力传感器、压力表校验仪、血压计检定器、真空计、流量计、水表、煤气表、明渠流量测量仪、流速计、流量二次仪表、流量变送器、流量检定装置、标准体积管、水表检定装置、硬度块、压头、硬度计、测力机、测力计、扭矩机、扭矩计、拉力表、力传感器、冲击试验机、疲劳试验机、拉力试验机、压力试验机、弯曲试验机、万能材料试验机、抗折试验机、无损检测仪、杯突试验机、扭转试验机、高温蠕变试验机、木材试验机、强力计、应变仪、应变仪检定装置、引伸计、应变计参数测量装置、应变模拟仪、振动检定装置,振动台、冲击检定装置,冲击试验台、加速度计、测振仪、振动冲击测量仪、振动传感器、速度传感器、重力仪、转速表检定装置、速度表、测速仪、转速表、里程表、里程计价表、里程计价表检定装置。

4. 电磁学计量器具

标准电池、标准电压源、标准电流源、标准电功率源、标准电阻、电阻箱、标准电容、测量用可变电容器、电容箱、标准电感、标准互感线圈、电感箱、电位差计、标准电池比较仪、电桥、电阻测量仪、欧姆表、毫欧计、兆欧表、高阻计、电表检定装置、电流表、毫安表、微安表、电压表、毫伏表、微伏表、电功率表、频率表、功率因数表、相位表、检流计、万用表、电度表、电度表检定装置、互感器校验仪、互感器校验仪检定装置、测量互感器、感应分压器、直流分压箱、分流计、磁性材料磁特性测量装置、标准磁性材料、标准磁带、磁通量具;磁通测量线圈、磁通计、磁强计。

5. 无线电计量器具

高频电压标准、同轴热电转换器、微电位计、高频电压表、高频毫伏表、高频微伏表、低频电压标准源、低频电压表、高频电流表、校准接收表、标准信号发生器、调幅度仪、频偏仪、调制度仪、失真度仪检定装置、失真度仪、低失真信号发生器、间频分析仪、脉冲发生器、时标发生器、标准脉冲幅度发生器、脉冲电压表、高频阻抗分析仪、高频标准电阻、高频标准电感、高频标准电容、Q表、高表面Q值标准线圈、高频介质标准样片、高频电容损耗标准、高频零示电桥、谐振式阻抗仪、矢量阻抗表、矢量阻抗分析仪、高频电容损耗仪、高频介质损耗仪、高频微波功率座、高频微波功率计、高频微波功率指示器、高频微波功率计校准装置、衰减器校准装置、衰减器、相位标准、相位计、移相器、相位发生器、微波阻抗标准装置、微波阻抗标准负载、测量线、反射计、阻抗图示仪、网络分析仪;高频微波噪声发生器、高频微波噪声测量仪、标准场强发生器、高频近区标准场装置、微波标准天线、高频场强计、微波漏能仪、测量接收机、干扰测量仪、脉冲响应校准器、晶体管图示仪、晶体管图示仪校准装置、晶体管参数测试仪、电子管参数测试仪、频谱分析仪、波形分析仪、电视综合测试仪,电视参数测试仪、示波器、示波器校准仪、抖晃仪、雷达综合测试仪、心电图仪检定装置、脑电图仪检定装置、心脑电图仪、半导体材料工艺参数测量标准、半导体材料工艺参数测量仪、集成电路参数测量标准、集成电路参数测量仪。

6. 时间频率计量器具

原子频率标准、石英晶体频率标准、频率合成器、频标比对器、相应噪声测量装置、比相仪、彩色电视副载频校频仪,频率计、频率表、频率计数器、时间间隔计数器、时间合成器、原子钟、标准石英钟、精密钟检定仪、精密钟、航海钟、校表仪、时钟检定仪、秒表检定仪、秒表、电子毫秒表、电子计时器。

7. 声学计量器具

测量用传声器、标准传声器、专用级校准器、声级计、杂音计、声学标准噪声源、倍频程与1/3倍频程滤波器、仿真耳、水听器、听力计、耳机测量标准耦合腔、助听器测量仪、超声功率计、医用超声源。

8. 光学计量器具

光学标准灯、微弱光标准、积水球、脉冲光测量仪、光探测器、照度计、亮度计、色温计、标准黑体、标准色板、色差计、白度计、测色光谱光度计、标准滤色片、感光度标准、感光仪、光密度计、激光能量计、激光功率计、医用激光源、标准鉴别率板、折射计、焦距仪、光学传递函数仪、屈光度计、验光镜片、验光机、光泽度计。

9.电离辐射计量器具

标准辐射源、活度标准装置,甜度计、4nγ 电离室、医用活度测量装置、γ 谱仪、X 谱仪、电离辐射计数器、比释动能测量仪、计量标准装置、剂量计、剂量率标准装置、辐射量计、医用辐射源、照射量率标准装置、注量标准装置、注量测量仪、注量率标准装置、注量率测量仪、活化探测器、电子束能量测量仪、电离辐射防护仪。

10.物理化学计量器具

电导仪、酸度计、离子计、电位滴定仪、库仑计、极谱仪、伏安分析仪、比色计、分光光度计、光度计、光谱仪、旋光仪、折射率仪、浊度计、色谱仪、电泳仪、烟尘粉尘测量仪、粒度测量仪、水质监测仪、测氧仪、气体分析仪,瓦斯计、测汞仪、测爆仪、呼出气体酒精含量探测器、熔点测定仪、水分测定仪、温度计、标准湿度发生器、露点仪、黏度计、测量用电子显微镜、X 光衍射仪、能谱仪、电子探针、离子探针、质谱仪、波谱仪、血球计数器、验血板。

11.标准物质

钢铁成分分析标准物质、有色金属成分分析标准物质、建材成分分析标准物质、核材料成分分析与放射性测量标准物质、高分子材料特性测量标准物质、化工产品成分分析标准物质、地质矿产成分分析标准物质、环境化学分析标准物质、临床化学分析与药品成分分析标准物质、环境化学分析标准物质、临床化学分析与药品成分分析标准物质、食品成分分析标准物质、煤炭石油成分分析和物理特性测量标准物质、物理特性与物理化学特性测量标准物质、工程技术特性测量标准物质。

12.专用计量器具

(三)属于计量基准、计量标准和工作计量器具的新产品。

三、专用计量器具的具体项目名称,由国务院有关部门计量机构拟定,报国务院计量行政部门审核后另行发布。

四、本目录由国务院计量行政部门负责解释。

五、本目录自发布之日起施行。

附录6

强制检定的工作计量器具实施检定的有关规定（试行）

（1991年8月6日国家技术监督局 技监局量发[1991]374号）

一、凡列入《中华人民共和国强制检定的工作计量器具目录》并直接用于贸易结算、安全防护、医疗卫生、环境监测方面的工作计量器具，以及涉及上述四个方面用于执法监督的工作计量器具必须实行强制检定。

二、根据强制检定的工作计量器具的结构特点和使用状况，强制检定采取以下二种形式：

1. 只作首次强制检定。

按实施方式分为二类：

（1）只作首次强制检定，失准报废；

（2）只作首次强制检定，限期使用，到期轮换。

2. 进行周期检定。

三、竹木直尺、（玻璃）体温计、液体量提只作首次强制检定，失准报废；直接与供气、供水、供电部门进行结算用的生活用煤气表、水表和电能表只作首次强制检定，限期使用，到期轮换。

四、竹木直尺、（玻璃）体温计、液体量提，由制造厂所在地县（市）级人民政府计量行政部门所属或授权的计量检定机构在计量器具出厂前实施全数量的首次强制检定；也可授权制造厂实施首次强制检定。当地人民政府计量行政部门必须加强监督。

使用中的竹木直尺、（玻璃）体温计、液体量提，使用单位要严格加强管理，当地县（市）级人民政府计量行政部门必须加强监督检查。

五、第三项中规定的生活用煤气表、水表和电能表，制造厂所在地政府计量行政部门必须加强对其产品质量的监督检查，其首次强制检定由供气、供水、供电的管理部门或用户在使用前向当地县（市）级人民政府计量行政部门所属或者授权的计量检定机构提出申请。合格的计量器具上应注明使用期限。

六、除本规定第三项规定的计量器具外，其他强制检定的工作计量器具均实施周期检定。

其中对非固定摊位流动商贩间断使用的杆秤，使用时必须具有有效期内的合格证，未经检定合格的杆秤，不准使用。

七、强制检定的工作计量器具的检定周期，由相应的检定规程确定。凡计量检定规程规定的检定周期作了修订的，应以修订后的检定规程为准。

八、强制检定的工作计量器具的强检形式、强检适用范围见《强制检定的工作计量器具强检形式及强检适用范围表》。

附：强制检定的工作计量器具强检形式及强检适用范围表

强制检定的工作计量器具强检形式及强检适用范围表

项别号	项　别	种别号	种　别	强检形式	强检范围及说明
1	尺	(1)	竹木直尺	只作首次强制检定,使用中的竹木直尺,不得有裂纹、弯曲,一端包头必须牢固紧附尺身,刻线应清晰,不符合上述要求的不准使用	用于贸易结算:商品长度的测量
		(2)	套管尺	周期检定	用于贸易易结算:计量罐容积的测量
		(3)	钢卷尺	周期检定	用于贸易易结算:商品长度的测量 用于安全防护:安全距离的测量
		(4)	带锤钢卷尺	周期检定	用于贸易易结算:计量罐中液体介质高度的测量
		(5)	铁路轨距尺	周期检定	用于安全防护:铁路物距水平、垂直距离安全参数的测量
2	面积计	(6)	皮革面积计	周期检定	用于贸易易结算:皮革面积的测量
3	玻璃液体温度计	(7)	玻璃液体温度计	只作首次强制检定。使用中的玻璃温度计,汞柱显像应清楚鲜明,刻线应清晰,不符合上述要求的不准使用。周期检定	用于贸易易结算:以液体容积结算时进行的温度的测量 用于安全防护:易燃、易爆工艺过程中温度的测量 用于医疗卫生:婴儿保温箱、消毒柜、血库等温度的测量
4	体温计	(8)	体温计:玻璃体温计、其他体温计	只作首次强制检定。汞柱不应中断,不符合上述要求的不准使用。周期检定	用于医疗卫生:人体温度的测量
5	石油闪点温度计	(9)	石油闪点温度计	周期检定	用于安全防护:石油产品闪点温度的测量
6	谷物水分测定仪	(10)	谷物水分测定仪	周期检定	用于贸易易结算:谷物水分的测量
7	热量计	(11)	热量计	周期检定	用于贸易易结算:燃料发热量的测量
8	砝码	(12)	砝码	周期检定	见天平项
		(13)	链码	周期检定	见皮带秤项
		(14)	增砣	周期检定	见台秤、案秤项
		(15)	定量砣	周期检定	见杆秤、戥秤项

续上表

项别号	项 别	种别号	种 别	强 检 形 式	强检范围及说明
9	天平	(16)	天平	周期检定	用于贸易结算：商品及涉及商品定价等价质量的测量 用于安全防护：有害物质样品质量的测量 用于医疗卫生：临床分析及药品、食品质量的测量 用于环境监测：环境样品质量的测量
10	秤	(17)	杆秤	周期检定	用于贸易结算：商品的称重
		(18)	戥秤	周期检定	用于贸易结算和用于医疗卫生：药品的称重
		(19)	案秤	周期检定	用于贸易结算：商品的称重
		(20)	台秤	周期检定	用于贸易结算：商品的称重
		(21)	地秤	周期检定	用于贸易结算：商品的称重
		(22)	皮带秤	周期检定	用于贸易结算：商品的称重
		(23)	吊秤	周期检定	用于贸易结算：商品的称重
		(24)	电子秤	周期检定	用于贸易结算：商品的称重 用于安全防护：车辆轮、轴载的称重 用于环境监测：环境样品的称重
		(25)	行李秤	周期检定	用于贸易结算：包裹、行李的称重
		(26)	邮政秤	周期检定	用于贸易结算：信函、包裹的称重
		(27)	计价收费专用秤	周期检定	用于贸易结算：商品、信函、包裹、行李的称重
		(28)	售粮秤	周期检定	用于贸易结算：粮食的称重
11	定量包装机	(29)	定量包装机	周期检定	用于贸易结算：商品定量包装值的测量
		(30)	定量灌装机	周期检定	用于贸易结算：商品定量包装值的测量

续上表

项别号	项别	种别号	种别	强检形式	强检范围及说明
12	轨道衡	(31)	轨道衡	周期检定	用于贸易结算:商品的称重
13	容量器	(32)	谷物容量器	周期检定	用于贸易结算:谷物收购时定等价定等物质量的测量
14	计量罐、计量罐车	(33)	立式计量罐	周期检定	用于贸易结算:液体容积的测量
		(34)	卧式计量罐	周期检定	用于贸易结算:液体容积的测量
		(35)	球形计量罐	周期检定	用于贸易结算:液体、气体容积的测量
		(36)	汽车计量罐车	周期检定	用于贸易结算:液体容积的测量
		(37)	铁路计量罐车	周期检定	用于贸易结算:液体容积的测量
		(38)	船舶计量舱	周期检定	用于贸易结算:原油、成品油及其他液体或固体容积的测量
15	燃油加油机	(39)	燃油加油机	周期检定	用于贸易结算:成品油容积的测量
16	液体量提	(40)	液体量提	只作首次强制检定。使用中的液体计量提,应平整光滑,壳体应平且,整体无变形,不符合上述要求的不准使用	用于贸易结算:液体商品容积的测量
17	食用油售油机	(41)	食用油售油机	周期检定	用于贸易结算:食用油的称重
18	酒精计	(42)	酒精计	周期检定	用于贸易结算:酒精含量的测量
19	密度计	(43)	密度计	周期检定	用于贸易结算:液体密度的测量
20	糖量计	(44)	糖量计	周期检定	用于贸易结算:制糖原料含糖量的测量
21	乳汁计	(45)	乳汁计	周期检定	用于贸易结算:乳汁计浓度和密度的测量
22	煤气表	(46)	煤气表:工业用煤气表,生活用煤气表	周期检定 只作首次强制检定。使用期限不得超过6年(口径为15~25mm),4年(口径>25~50mm),到期轮换	用于贸易结算:煤气(天然气)用量的测量
23	水表	(47)	水表:工业用水表,生活用水表	周期检定 只作首次强制检定。使用期限不得超过6年(口径为15~25mm),4年(口径>25~50mm),到期轮换	用于贸易结算:用水量的测量(如:冷水表,热水表)

续上表

项别	项别号	种 别	种别号	强检形式	强检范围及说明
流量表	24	液体流量计	(48)	周期检定	用于贸易结算：液体流量的测量； 用于环境监测：排放污水的监测
		气体流量计	(49)	周期检定	用于贸易结算：气体流量的测量； 用于医疗卫生：医用氧气瓶氧气流量的测量
		蒸气流量计	(50)	周期检定	用于贸易结算：蒸汽流量的测量
压力表	25	压力表	(51)	周期检定	用于安全防护： ①锅炉主汽缸和给水压力部位的测量； ②固定式空压机风仓压及总管压力的测量； ③发电机、气轮机油压及机车压力的测量； ④医用高压灭菌器、高压锅压力的测量； ⑤带报警装置压力的测量； ⑥密封增压容器压力的测量； ⑦有害、有毒、腐蚀性严重介质压力的测量（如：弹簧管压力表、电远传和接点压力表）
		风压表	(52)	周期检定	用于安全防护：矿井中巷道风压、风速的测量（如：矿用风压表、矿用风速表）
		氧气表	(53)	周期检定	用于安全防护： ①在灌装氧气瓶过程中易爆，影响安全的氧气压力的测量； ②在工艺过程中易爆，影响安全的氧气压力的测量； 用于医疗卫生：医院用浮标式氧气吸入器和供人器和供氧装置上氧气压力的测量
血压计	26	血压计	(54)	周期检定	用于医疗卫生：人体血压的测量
		血压表	(55)	周期检定	用于医疗卫生：人体血压的测量
眼压计	27	眼压计	(56)	周期检定	用于医疗卫生：人体眼压的测量

续上表

项目号	项目别	种类号	种类别	强检形式	强检范围及说明
28	出租车计价表	(57)	出租车计价表	周期检定	用于贸易结算:汽车计价里程的测量
29	测速仪	(58)	公路管理速度监测仪	周期检定	用于安全防护:机动车行驶速度的监测
30	测振仪	(59)	振动监测仪	周期检定	用于安全防护和用于环境监测:机械、电气等设备和危害人身身体健康的振源的监测
31	电能表	(60)	单项电能表:工业用单项电能表和生活用单项电能表	周期检定 只作首次检定,使用期限不得超过5年(单宝石轴承),10年(双宝石轴承),到期更换	用于贸易结算:用电量的测量
		(61)	三项电能表	周期检定	用于贸易结算:用电量的测量
		(62)	分时记度电能表	周期检定	用于贸易结算:用电量的测量
32	测量互感仪	(63)	电流互感器	周期检定	用于贸易结算:作为电能表的配套设备,对用电量的测量
		(64)	电压互感器	周期检定	用于贸易结算:作为电能表的配套设备,对用电量的测量
33	绝缘电阻、接地电阻测量仪	(65)	绝缘电阻测量仪	周期检定	用于安全防护:绝缘电阻值的测量
		(66)	接地电阻测量仪	周期检定	用于安全防护:电气设备、避雷设施等接地电阻值的测量
34	场强计	(67)	场强计	周期检定	用于安全防护和用于环境监测:空间电磁波场强的测量
35	心、脑电图仪	(68)	心电图仪	周期检定	用于医疗卫生:人体心电位的测量
		(69)	脑电图仪	周期检定	用于医疗卫生:人体脑电位的测量
36	照射量计(含医用辐射源)	(70)	照射量计	周期检定	用于安全防护、用于医疗卫生和用于环境监测:电离辐射照射量的测量
		(71)	医用辐射源	周期检定	用于医疗卫生:对人体进行辐射诊断和治疗(如:医用高能电子束辐射源,X辐射源,γ辐射源)

续上表

项别号	项 别	种别号	种 别	强 检 形 式	强检范围及说明
37	电离辐射防护仪	(72)	射线监测仪	周期检定	用于安全防护和利用于环境监测:射线剂量的测量(如:γ、X、β辐射防护仪、环境监测用X、γ空气吸收剂量率仪,环境监测用热释光剂量计)
		(73)	照射量率仪	周期检定	用于安全防护和利用于环境监测:射线照射量率的测量
		(74)	放射性表面污染仪	周期检定	用于安全防护和利用于环境监测:放射性核素面污染表面活度的测量
		(75)	个人量计	周期检定	用于安全防护:工作人员接受辐射剂量的测量
38	活度计	(76)	活度计	周期检定	用于医疗卫生:以放射性核素进行诊断和治疗的核素活度的测量；用于安全防护和利用于环境监测:放射性核素活度的测量
39	激光能量功率计(含医用激光源)	(77)	激光能量计	周期检定	用于医疗卫生:激光能量的测量
		(78)	激光功率计	周期检定	用于医疗卫生:激光功率的测量
		(79)	医用激光源	周期检定	用于医疗卫生:激光源对人体进行诊断和治疗
40	超声功率计(含医用超声源)	(80)	超声功率计	周期检定	用于医疗卫生:医用超声波诊断、治疗机输出的总超声功率的测量
		(81)	医用超声源	周期检定	用于医疗卫生:对人体超声诊断、治疗和治疗(如:超声诊断仪超声源,多普勒超声治疗仪)
41	声级计	(82)	声级计	周期检定	用于安全防护和利用于环境监测:噪声的测量
42	听力计	(83)	听力计	周期检定	用于医疗卫生:人体听力的测量

续上表

项别号	项　别	种别号	种　别	强检形式	强检范围及说明
43	有害气体分析仪	(84)	CO 分析仪	周期检定	用于安全防护:工作场所中 CO 含量的测量 用于环境监测:大气中 CO 含量的测量
		(85)	CO_2 分析仪	周期检定	用于安全防护:工作场所中 CO_2 含量的测量 用于环境监测:大气中 CO_2 含量的测量
		(86)	SO_2 分析仪	周期检定	用于环境监测:大气及废气排放中的 SO_2 含量的测量
		(87)	测氢仪	周期检定	用于安全防护:工作场所中氢含量的测量
		(88)	硫化氢测定仪	周期检定	用于安全防护:工作场所中硫化氢含量的测量 用于环境监测:大气中硫化氢含量的测量
44	酸度计	(89)	酸度计	周期检定	用于贸易结算:涉及商品定等定价中 pH 的测量 用于医疗卫生:临床分析及药品、食品中 pH 的测量 用于环境监测:环境样品的 pH 的测量
		(90)	血气酸碱平衡分析仪	周期检定	用于医疗卫生:人体血气酸碱平衡的分析
45	瓦斯计	(91)	瓦斯报警器	周期检定	用于安全防护:可燃气体含量的测量(如:瓦斯报警器,可燃性气体报警器)
		(92)	瓦斯测定仪	周期检定	用于安全防护:可燃气体含量的测量
46	测汞仪	(93)	汞蒸气测定仪	周期检定	用于安全防护:工作场所中汞蒸气含量的测量 用于环境监测:环境样品中汞蒸气含量的测量
47	火焰光度计	(94)	火焰光度计	周期检定	用于贸易结算:涉及商品定等定价中化学成分的测量 用于医疗卫生:临床分析及药品、食品中化学成分的测量 用于环境监测:环境样品中化学成分的测量

续上表

项别号	项别	种别号	种别	强检形式	强检范围及说明
	分光光度计	(95)	可见分光光度计	周期检定	用于贸易易结算:涉及商品定等定价中化学成分的测量 用于医疗卫生:临床分析及药品、食品中化学成分的测量 用于环境监测:环境样品中化学成分的测量
		(96)	紫外分光光度计	周期检定	用于贸易易结算:涉及商品定等定价中化学成分的测量 用于医疗卫生:临床分析及药品、食品中化学成分的测量 用于环境监测:环境样品中化学成分的测量
48		(97)	红外分光光度计	周期检定	用于贸易易结算:涉及商品定等定价中化学成分的测量 用于医疗卫生:临床分析及药品、食品中化学成分的测量 用于环境监测:环境样品中化学成分的测量
		(98)	荧光分光光度计	周期检定	用于贸易易结算:涉及商品定等定价中化学成分的测量 用于医疗卫生:临床分析及药品、食品中化学成分的测量 用于环境监测:环境样品中化学成分的测量
		(99)	原子吸收分光光度计	周期检定	用于贸易易结算:涉及商品定等定价中化学成分的测量 用于医疗卫生:临床分析及药品、食品中化学成分的测量 用于环境监测:环境样品中化学成分的测量
49	比色计	(100)	滤光光电比色计	周期检定	用于贸易易结算:涉及商品定等定价中化学成分的测量 用于医疗卫生:临床分析及药品、食品中化学成分的测量 用于环境监测:环境样品中化学成分的测量
		(101)	荧光光电比色计	周期检定	用于贸易易结算:涉及商品定等定价中化学成分的测量 用于医疗卫生:临床分析及药品、食品中化学成分的测量 用于环境监测:环境样品中化学成分的测量
50	烟尘、粉尘测量仪	(102)	烟尘测量仪	周期检定	用于环境监测:大气中烟尘含量的测量
		(103)	粉尘测量仪	周期检定	用于安全防护:工作场所易燃、易爆、有毒、有害粉尘含量的测量 用于环境监测:大气中粉尘含量的测量

续上表

项目号	项 别	种别号	种 别	强 检 形 式	强检范围及说明
51	水质污染监测仪	(104)	水质监测仪	周期检定	用于医疗卫生和用于环境监测;工业水和饮用水中镉、汞等元素的测量;工业水和饮用水中镉、汞等元素含量的测量(如:氨自动监测仪,硝酸根自动监测仪,总有机碳测定仪,测砷仪,氧化物测定仪,余氯测定仪,钠离子监测仪,氟化物含量的测量
		(105)	水质综合分析仪	周期检定	用于医疗卫生和用于环境监测;工业水和饮用水中镉、汞等元素含量的测量
		(106)	测氟仪	周期检定	用于医疗卫生和用于环境监测;工业水和饮用水中氟化物含量的测量
		(107)	溶氧测定仪	周期检定	用于医疗卫生和用于环境监测;工业水和饮用水中氧含量的测量
52	呼出气体酒精含量探测器	(108)	呼出气体酒精含量探测器	周期检定	用于安全防护;对机动车驾驶员是否酒后开车的监测
53	血球计数器	(109)	电子血球计数器	周期检定	用于医疗卫生;人体血液的分析
54	屈光度计	(110)	屈光度计	周期检定	用于医疗卫生;眼镜镜片屈光度的测量
55	电话计时计费装置	(111)	电话计时计费装置	周期检定	用于贸易结算;
56	棉花水分测量仪	(112)	棉花水分测量仪	周期检定	用于贸易结算;
57	验光仪	(113)	验光仪	周期检定	用于医疗卫生;
		(114)	验光镜片组	周期检定	用于医疗卫生;
58	微波辐射与泄漏测量仪	(115)	微波辐射与泄漏测量仪	周期检定	用于安全防护;
59	燃气加气机	(116)	燃气加气机	周期检定	用于贸易结算;
60	热能表	(117)	热能表	周期检定	用于贸易结算;

附录 7

关于企业使用的非强检计量器具由企业依法自主管理的公告

（国家质量技术监督局 1999 年第 6 号）

为落实《国务院办公厅关于印发国家质量技术监督局职能配置、内设机构和人员编制的通知》规定（国办发〔1998〕84 号），国家质量技术监督局决定对企业使用的非强制检定计量器具的检定周期和检定方式由企业依法自主管理的有关事项，公告如下：

一、企业使用的非强制检定计量器具，是指除企业最高计量标准器具以及用于贸易结算、安全防护、医疗卫生、环境监测方面的列入强制检定目录以外的其他的检定周期，由企业根据计量器具的实际使用情况，本着科学、经济和量值准确的原则自行确定。

二、非强制检定计量器具的检定方式，由企业根据生产和科研的需要，可以自行决定在本单位检定或者送其他计量检定机构检定、测试，任何单位不得干涉。

三、企业使用的最高计量标准器具，以及用于贸易结算、安全防护、医疗卫生、环境监测方面列入强制检定目录的工作计量器具，应当进行强制检定。未按照规定申请检定或者检定不合格的，企业不得使用。

特此公告。

国家质量技术监督局
一九九九年三月十九日

附录 8

法定计量检定机构监督管理办法

（国家质量技术监督局令第 15 号）

第一条 为加强法定计量检定机构的监督管理,保障国家计量单位制的统一和量值的准确可靠,根据《中华人民共和国计量法》和《中华人民共和国计量法实施细则》的有关规定,制定本办法。

第二条 法定计量检定机构的监督管理必须遵守本办法。

本办法所称法定计量检定机构是指各级质量技术监督部门依法设置或者授权建立并经质量技术监督部门组织考核合格的计量检定机构。

第三条 国家质量技术监督局对全国法定计量检定机构实施统一监督管理。

省级质量技术监督部门对本行政区域内的法定计量检定机构实施监督管理。

第四条 法定计量检定机构应当认真贯彻执行国家计量法律、法规,保障国家计量单位制的统一和量值的准确可靠,为质量技术监督部门依法实施计量监督提供技术保证。

第五条 申请作为法定计量检定机构应当具备以下条件:

(一)具有法人资格;或者有独立建制,其负责人应当有法人代表的委托书,能独立公正地开展工作;

(二)在申请开展的项目上有相应的技术水平和计量管理能力;

(三)有与其申请开展的项目相适应的计量基、标准装置和配套设备;

(四)有与其申请开展的项目相适应的检定人员和计量管理人员;

(五)有能保证申请开展的项目正常进行的工作环境和设施;

(六)有相应的质量保证体系。

第六条 国家质量技术监督局负责受理下列计量检定机构的考核申请并组织考核:

(一)国家质量技术监督局依法设置或者授权建立的国家级计量检定机构;

(二)省级质量技术监督部门负责依法设置的省级计量检定机构。

第七条 省级质量技术监督部门负责受理本行政区内下列计量检定机构的考核申请并组织考核:

(一)省级质量技术监督部门依法设置的省级以下(不含省级、下同)计量检定机构;

(二)省级质量技术监督部门授权建立的计量检定机构。

省级以下质量技术监督部门授权建立的计量检定机构,由当地省级质量技术监督部门根据实际情况确定受理考核申请和组织考核的质量技术监督部门。

第八条 计量检定机构的考核或者法定计量检定机构的复查考核按照国家计量技术规范《法定计量检定机构考核规范》的规定执行。

第九条 计量检定机构的考核或者法定计量检定机构的复查考核由组织考核的质量技术监督部门指派法定计量检定机构考评员和特邀专家承担。

第十条　经考核合格的计量检定机构由组织考核的质量技术监督部门批准并颁发计量授权证书。

经考核不合格的,应当进行整改,整改期为三个月;整改后考核仍不合格的,不得开展申请授权项目的工作。

第十一条　计量授权证书的有效期由授权部门决定,最长不得超过五年。法定计量检定机构在有效期满前六个月应当向授权的质量技术监督部门提出复查考核申请,经复查合格的,换发计量授权证书。

经复查不合格的,应当限期三个月整改;整改后考核仍不合格的,不得换发计量授权证书。

第十二条　法定计量检定机构需要新增授权项目,应当向授权的质量技术监督部门提出新增授权项目申请,经考核合格并获得授权证书后,方可开展新增授权项目的工作。

法定计量检定机构需要终止所承担的授权项目的工作,应当提前六个月向授权的质量技术监督部门提出书面申请;未经批准,法定计量检定机构不得擅自终止工作。

第十三条　法定计量检定机构根据质量技术监督部门授权履行下列职责:

(一)研究、建立计量基准、社会公用计量标准或者专业项目的计量标准;

(二)承担授权范围内的量值传递,执行强制检定和法律规定的其他检定、测试任务;

(三)开展校准工作;

(四)研究起草计量检定规程、计量技术规范;

(五)承办有关计量检定中的技术性工作。

第十四条　法定计量检定机构不得从事下列行为:

(一)伪造数据;

(二)违反计量检定规程进行计量检定;

(三)使用未经考核合格或者超过有效期的计量基、标准开展计量检定工作;

(四)指派未取得计量检定证件的人员开展计量检定工作;

(五)伪造、盗用、倒卖强制检定印、证。

第十五条　省级以上质量技术鉴定部门应当加强对法定计量检定机构的监督,主要内容包括:

(一)本办法规定内容的执行情况;

(二)《法定计量检定机构考核规范》规定内容的执行情况;

(三)定期或者不定期对所建计量基、标准状况进行赋值比对;

(四)用户投诉举报问题的查处。

第十六条　对质量技术监督部门检定中发现的问题,法定计量检定机构应当认真进行整改,并报请组织实施监督的质量技术监督部门进行复查。对经复查仍不合格的,暂停其有关工作;情节严重的,吊销其计量授权证书。

第十七条　法定计量检定机构有下列行为之一的,予以警告,并处一千元以下的罚款:

(一)未经质量技术监督部门授权开展须经授权方可开展的工作的;

(二)超过授权期限继续开展被授权项目工作的。

第十八条　法定计量检定机构有下列行为之一的,予以警告,并处一千元以下的罚款;情节严重的,吊销其计量授权证书:

（一）违反本办法第十二条规定,未经质量技术监督部门授权或者批准,擅自变更授权项目的;

（二）违反本办法第十四条第一、二、三、四项规定之一的。

第十九条 违反本办法第十四条第五项规定,伪造、盗用、倒卖强制检定印、证的,没收其非法检定印、证和全部违法所得,并处两千元以下的罚款;构成犯罪的,依法追究刑事责任。

第二十条 本办法规定的行政处罚,由省级质量技术监督部门决定。吊销计量授权证书,由发证部门决定。

第二十一条 从事法定计量检定机构监督管理的国家工作人员违法失职、徇私舞弊,情节轻微的,给予行政处分;构成犯罪的,依法追究刑事责任。

第二十二条 计量检定机构或者法定计量检定机构接受考核应当按照国家有关规定承担考核工本费。组织考核的质量技术监督部门不得收取其他费用。

第二十三条 与本办法有关的计量检定机构考核申请书、法定计量检定机构复查考核申请书、变更授权项目申请书以及计量授权证书的式样由国家质量技术监督局统一制定。

第二十四条 本办法由国家质量技术监督局负责解释。

第二十五条 本办法自发布之日起施行。

附录9

关于加强计量检定授权管理工作的通知

（国质检量［2002］301号）

各省、自治区、直辖市、计划单列市质量技术监督局：

经了解，目前计量检定授权管理工作存在诸多问题。其中较为突出的是一些地方质量技术监督局未将计量检定授权纳入量值传递工作统一管理，计量检定授权时不能充分考虑量值传递工作需要，应当授权的不授权、不该授权的滥授权、授权后无人监督、有问题无人解决、被授权单位违规事件时有发生，已影响全国量值传递工作。为加强计量检定授权工作的监督，规范管理行为，确保全国量值传递体系的正常运行，根据《计量授权管理办法》的有关规定，现就计量检定授权管理工作提出以下要求：

一、各省、自治区、直辖市质量技术监督局要充分发挥对省级以下垂直管理的职能作用，加强对本行政区域内计量检定授权工作的监督管理，对违反《计量授权管理办法》的行为应当及时予以制止和纠正。

二、各省、自治区、直辖市质量技术监督局应当将计量检定授权纳入量值传递工作统一管理。要责成局内计量行政部门专事监督管理全省计量检定授权工作（含法定计量检定机构），切实做到量值与授权统一管理、宏观调控、合理布局、严格考核、日常监督、及时处理问题，充分发挥计量检定授权在量值传递工作中的积极作用。

凡未责成局内计量行政专事监督管理全省计量检定授权工作的，需要对所属法定计量检定机构不能开展的计量检定规定项目授权时，应当按照《计量授权管理办法》第20条规定，报请总局统筹安排。

三、总局不再制定新的计量检定授权考核规范。对申请承担单位内部强制检定工作的计量技术机构，统一规定按照《计量标准考核规范》（JJF 1033）进行考核授权；对申请向社会开展计量检定工作的单位，统一规定按照《法定计量检定机构考核规范》（JJF 1096）进行考核授权。

四、各级质量技术监督局应当建立与被授权单位的日常联系档案，指导被授权单位依法行事，帮助解决开展量传遇到的问题。同时应当监督被授权单位（含法定计量检定机构）严格遵守《计量授权管理办法》和《法定计量检定机构监督管理办法》的各项规定，履行授权义务，保持技术水准，在授权的区域和范围内开展量值传递工作。

五、各级质量技术监督局要继续根据本地区实施《计量法》的需要，按照统筹规划、经济合理、就近就地、方便生产、利于管理的原则，通过计量检定授权的形式，充分利用社会计量技术力量为社会开展量值传递工作。

中华人民共和国国家质量监督检验检疫总局

二〇〇二年十月十五日

附录 10

国家计量校准规范编写规则(内容摘录)

1 范围

本规则规定了国家计量校准规范(以下简称"规范")编写的基本原则、要求和方法,适用于编写国家计量校准规范。各类实验室校准规范可参照编写。

2 引用文献

JJF 1001—1998　通用计量术语及定义

JJF 1002—1998　国家计量检定规程编写规则

JJF 1059—1999　测量不确定度评定与表示

GB/T 15481—1995　校准和检验实验室能力的通用要求

使用本规则时,应注意使用上述引用文献的现行有效版本。

3 术语和定义

3.1 校准 Calibration(JJF 1001—1998)

在规定条件下,为确定测量仪器或测量系统所指示的量值,或实物量具或参考物质所代表的量值,与对应的由标准所复现的量值之间关系的一组操作。

注:1. 校准结果既可给出被测量的示值,又可确定示值的修正值。

　　2. 校准也可确定其他计量特性,如影响量的作用。

　　3. 校准结果可以记录在校准证书或校准报告中。

3.2 (测量)标准(Measurement)Standard(JJF 1001—1998)

为了定义、实现、保存或复现量的单位或一个或多个量值,用作参考的实物量具、测量仪器、参考物质或测量系统。

注:1. 一组相似的实物量具或测量仪器,通过它们的组合使用所构成的标准称为集合标准。

　　2. 一组其值经过选择的标准,它们可单个使用或组合使用,从而提供一系列同种量的值,称为标准组。

3.3 实验室测量能力 Laboratory measurement capability

在实验室能达到的最佳测量条件下,对被校对象进行校准所获得的最小测量不确定度,用95%置信概率的扩展不确定度 U_p 表示。

4 总则

4.1 规范编写的一般原则

国家计量校准规范是由国务院计量行政部门组织制定并批准颁布,在全国范围内施行,作为校准时依据的技术文件。根据被校对象的特点、用途和校准的目的所制定的校准规范应做到:

—符合国家有关法律、法规的规定;

—适用范围应按校准实际需要规定,力求完整;

—充分考虑采用先进技术和为采用最新技术留有空间。

4.2 规范表述的基本要求

—文字表述应做到结构严谨、层次分明、用词确切、叙述清楚,不致产生不同的理解;

—所用的术语、符号、代号要统一,并始终表达同一概念;

—按国家规定表述计量单位名称与符号、物理量的名称与符号、计量名词、术语以及缩略语、技术制图、图形符号、尺寸和公差的标准等;

—公式、图样、表格、数据应准确无误地按要求表述;

—相关规范有关内容的表述均应协调一致,不能矛盾。

5 规范的结构

规范由以下部分构成:

封面

扉页

目录

范围

引用文献

术语和计量单位

概述

计量特性

校准条件

校准项目和校准方法

校准结果表达

复校时间间隔

附录

附加说明

注:根据校准的具体情况,规范可不包括上述全部要素,但必须包括具有下划线的要素。所有要素应符合以上顺序。

6 规范各部分的内容

6.1 封面

封面的格式见附录 A。

规范的编号由其代号、顺序号和发布年号(四位数字)组成。

规范名称应简明、准确、规范、概括性强,一般以被校对象或被校参数命名,如不适用,应选用能确切反映其适用范围或性能的名称。

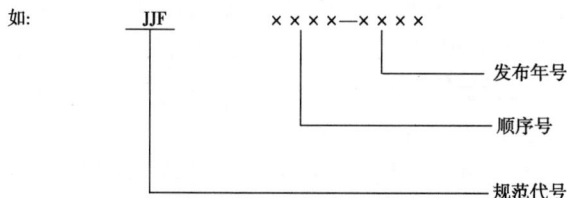

如：　　　JJF　　　×××× — ××××

　　　发布年号

　　　顺序号

　　　规范代号

6.2 扉页

扉页的格式见附录 B。

6.3 目录

目录要能使人对规范有一个总体概念,并便于查阅。一般只列出章、第一层次的条和附录的编号、标题及所在页码。标题与页码之间用虚线连接。其书写格式见附录 C。

6.4 范围

主要叙述规范的主题内容与适用范围,必要时可以写明其不适用的范围和对象。

6.5 引用文献

列出编写规范依据的主要技术文件编号、年号和名称。应尽可能选用国际标准或国家标准、国家计量技术法规。

最后应加注:"使用本规范时,应注意使用上述引用文献的现行有效版本。"

6.6 术语和计量单位

当规范涉及国家尚未作出规定的术语时,应在本章给出必要的定义。

计量单位指规范中所描述的测量仪器的主要计量特性的单位名称和符号,必要时可列出同类计量单位的换算关系。

计量单位一律采用国家法定计量单位。

6.7 概述

主要简述被校对象的用途、原理和结构(包括必要的结构示意图)。如被校对象的原理和结构比较简单,该要素可省略。

6.8 计量特性

本部分规定规范所能覆盖的被校对象各参数的测量范围,各测量范围内的技术指标,如需具备的分辨力和稳定度等性能,以供校准及不确定度评定时参考。

6.9 校准条件

6.9.1 环境条件

是指确保校准过程中(测量)标准、被校对象正常工作所必需的(如温度、湿度、气压、灰尘、振动、电磁干扰等)环境条件。

6.9.2 (测量)标准及其他设备

使用的(测量)标准和其他设备应描述其计量特性,以及对被校对象各测量范围内能提供的实验室测量能力。

6.10　校准项目和校准方法

校准项目应包括被校对象通常可能的示值或量值,具体项目可根据用户要求选择使用。

校准方法应包括校准的原理,优先采用国际或国家标准及计量技术法规中规定的方法,步骤应具体、明确。

必要时,应提供校准原理示意图、公式所含的常数或系数等。

对带有调校器的仪器,经校准后应规定需要采取的保护措施,如封印、漆封等,以防使用不当数据发生变化。

6.11　校准结果

校准结果应在校准证书或校准报告上反映。校准证书或报告应至少包括以下信息:

a)标题,如"校准证书"或"校准报告";

b)实验室名称和地址;

c)进行校准的地点(如果不在实验室内进行校准);

d)证书或报告的唯一性标识(如编号),每页及总页数的标识;

e)送校单位的名称和地址;

f)被校对象的描述和明确标识;

g)进行校准的日期,如果与校准结果的有效性和应用有关时,应说明被校对象的接收日期;

h)如果与校准结果的有效性和应用有关时,应对抽样程序进行说明;

i)对校准所依据的技术规范的标识,包括名称及代号;

j)本次校准所用测量标准的溯源性及有效性说明;

k)校准环境的描述;

l)校准结果及其测量不确定度的说明;

m)校准证书或校准报告签发人的签名、职务或等效标识,以及签发日期;

n)校准结果仅对被校对象有效的声明;

o)未经实验室书面批准,不得部分复制证书或报告的声明。

测量不确定度评定与表示一般应符合 JJF 1059—1999《测量不确定度评定与表示》的要求,包括不确定度的来源及其分类、不确定度合成的公式和表示形式等,其内容应作为规范的附录给出。

6.12　复校时间间隔

复校时间间隔是指保证被校对象准确有效的两次相继校准之间的最大时间间隔。规范应尽可能作出有一定科学依据的复校时间间隔的建议供参考。但由于复校时间间隔的长短是由仪器的使用情况(使用部位的重要性、环境条件、使用频率)、使用者、仪器本身质量等诸因素所决定的。因此,送校单位可根据实际使用情况自主决定。

6.13　附录

附录是规范的重要组成部分。附录可包括:校准记录内容、不确定度评定程序、校准证书或校准报告内页内容及其他表格、推荐的校准方法、有关程序或图表以及相关的参考数据等。

6.14　附加说明

以"附加说明"为标题,写在规范终结线的下面,说明一些规范中需另行表述的事项。

7 层次划分

校准规范内容的层次一般可按章、条、段划分,每个校准规范必须有"条"的编号,层次划分编号示例见附录 D,其条文编排见附录 E。

8 编辑细则(按 JJF 1002—1998 第七章要求)

参 考 文 献

[1] 国家认证认可监督管理委员会.实验室资质认定工作指南[M].北京:中国计量出版社,2007.

[2] 中华人民共和国国家计量技术规范.JJF 1071—2010 国家计量校准规范编写规则[S].北京:中国计量出版社,2010.

[3] 中华人民共和国行业标准.JTG E40—2007 公路土工试验规程[S].北京:人民交通出版社,2007.

[4] 中华人民共和国行业标准.JTG E42—2005 公路工程集料试验规程[S].北京:人民交通出版社,2005.

[5] 中华人民共和国行业标准.JTG E30—2005 公路工程水泥及水泥混凝土试验规程[S].北京:人民交通出版社,2005.

[6] 中华人民共和国行业标准.JTJ 052—2000 公路工程沥青及沥青混合料试验规程[S].北京:人民交通出版社,2000.

[7] 中华人民共和国行业标准.JTG E51—2009 公路工程无机结合料稳定材料试验规程[S].北京:人民交通出版社,2009.

[8] 山东省交通运输厅.山东省公路水运工程试验检测仪器校验方法[M].北京:人民交通出版社,2010.

[9] 中华人民共和国铁道部内部标准.TGX 001~086—2008 工程试验仪器校验检验方法[S].山西:山西人民出版社,2008.

[10] 中华人民共和国国家标准.GB/T 6003.2—1997 金属穿孔板试验筛[S].北京:中国建筑工业出版社,1997.

[11] 中华人民共和国行业标准.JB 20033—2004 热风循环烘箱[S].北京:中国计划出版社,2004.

[12] 中华人民共和国行业标准.JJG(交通)069—2006 土壤液塑限检测仪[S].北京:人民交通出版社,2006.

[13] 中华人民共和国行业标准.JJG(交通)058—2004 土工击实仪[S].北京:人民交通出版社,2004.

[14] 中华人民共和国行业标准.JT/T 764—2009 加速磨光机[S].北京:人民交通出版社,2009.

[15] 中华人民共和国行业标准.JC/T 729—2005 水泥净浆搅拌机[S].北京:中国建材工业出版社,2005.

[16] 中华人民共和国行业标准.JC/T 727—2005 水泥净浆标准稠度与凝结时间测定仪[S]:中国建材工业出版社,2005.

[17] 中华人民共和国行业标准.JC/T 962—2005 雷氏夹膨胀测定仪[S]:中国建材工业出版社,2005.

[18] 中华人民共和国行业标准.JC/T 955—2005 水泥安定性试验用沸煮箱[S]:中国建材工业出版社,2005.

[19] 中华人民共和国行业标准. JC/T 681—2005 行星式水泥胶砂搅拌机［S］:中国建材工业出版社,2005.

[20] 中华人民共和国行业标准. JC/T 682—2005 水泥胶砂试体成型振实台［S］:中国建材工业出版社,2005.

[21] 中华人民共和国行业标准. JG/T 245—2009 混凝土试验用振动台［S］:中国标准出版社,2009.

[22] 中华人民共和国行业标准. JG/T 248—2009 混凝土坍落度仪［S］:中国标准出版社,2009.

[23] 中华人民共和国行业标准. JG 244—2009 混凝土试验用搅拌机［S］. 北京:中国标准出版社,2009.

[24] 中华人民共和国行业标准. JG/T 3033—1996 试验用砂浆搅拌机［S］. 北京:中国标准出版社,1996.

[25] 中华人民共和国行业标准. JG 237—2008 混凝土试模［S］. 北京:中国标准出版社,2008.

[26] 中华人民共和国行业标准. JT/T 756—2009 混凝土贯入阻力测定仪［S］. 北京:人民交通出版社,2009.

[27] 中华人民共和国行业标准. JJG(交通)067—2006 道路石油沥青针入度试验仪［S］. 北京:人民交通出版社,2006.

[28] 中华人民共和国行业标准. JJG(交通)023—2002 沥青延度仪［S］. 北京:人民交通出版社,2002.

[29] 中华人民共和国行业标准. JJG(交通)057—2004 沥青软化点仪［S］. 北京:人民交通出版社,2004.

[30] 中华人民共和国行业标准. JJG(交通)055—2004 沥青标准黏度计［S］. 北京:人民交通出版社,2004.

[31] 中华人民共和国行业标准. JJG(交通)064—2006 沥青混合料拌和机［S］. 北京:人民交通出版社,2006.

[32] 中华人民共和国行业标准. JJG(交通)065—2006 沥青混合料马歇尔击实仪［S］. 北京:人民交通出版社,2006.

[33] 中华人民共和国行业标准. JJG(交通)066—2006 马歇尔稳定度试验仪［S］. 北京:人民交通出版社,2006.

[34] 中华人民共和国行业标准. JT/T 670—2006 车辙试验机［S］. 北京:人民交通出版社,2006.

[35] 中华人民共和国行业标准. JJG(交通)025—2002 贝克曼梁路面弯沉仪［S］. 北京:人民交通出版社,2002.

[36] 中华人民共和国行业标准. JT/T 763—2009 摆式摩擦系数测定仪［S］. 北京:人民交通出版社,2009.

[37] 中华人民共和国国家计量检定规程. JJG 196—2006 常用玻璃量器检定规程［S］. 北京:中国计量出版社,2006.

[38] 中华人民共和国国家计量检定规程. JJG 130—2004 工作用玻璃液体温度计［S］. 北京:中国计量出版社,2004.